Un lieu pour vivre

Du même auteur

AUX ÉDITIONS DU SEUIL

L'Enfant arriéré et sa mère
1964
coll. Points, 1981

L'Enfant, sa « maladie » et les autres
1967
coll. Points, 1974

Le Psychiatre, son « fou »
et la psychanalyse
1970
coll. Points, 1979

Éducation impossible
avec une contribution de S. Benhaïm,
R. Lefort et d'un groupe d'étudiants
1973

La Théorie comme fiction
1979

D'un impossible à l'autre
1982

CHEZ D'AUTRES ÉDITEURS

Le Premier Rendez-vous
avec le psychanalyste
Préface de F. Dolto
Denoël-Gonthier
1965

Psicosis infantil (Maud Mannoni y otros)
Galerna, Nueva Vision
Buenos Aires, 1971

Maud y Octave Mannoni
El Estallido de las instituciones
Cuadernos Sigmund Freud -2/3
Buenos Aires, 1973

Maud Mannoni

Un lieu pour vivre

Les enfants de Bonneuil leurs parents et l'équipe des « soignants »

Avec des contributions de Robert Lefort, de Roger Gentis et de toute l'équipe de Bonneuil

Éditions du Seuil

EN COUVERTURE
Photo François Leclaire.

ISBN 2-02-006690-4.
(ISBN 2-02-004480-3, 1re publication.)

Pour Annette, à sa mémoire.

Remerciements

Nous remercions M. J. Chevanne et Mlle F. Serbource (DDASS du Val-de-Marne), qui nous ont permis de franchir un moment difficile.
Nous avons bénéficié d'un appui précieux de la part du ministère du Travail, de Mme Françoise Giroud et de Mme Simone Veil. Notre expérience qui se situe en dehors des cadres existants n'aurait pas pu se poursuivre sans cet appui.
Le maire de Bonneuil, M. Bernard Ywanne, en nous facilitant l'accès à des logements, a permis la création de foyers d'accueil de nuit au milieu de la population locale, nous aidant ainsi à sortir de la ségrégation.
Ninette Corvin en nous faisant don de sa maison à Campneuseville a permis la mise en place, en milieu rural, d'un autre lieu d'accueil.
Nos remerciements vont enfin à l'hôpital Henri-Mondor (Créteil, Dr Duizabo), au professeur André Bourguignon (hôpital Albert-Chenevier, Créteil) et à leurs équipes.
Ce travail a reçu l'appui de l'Institut national de la Santé et de la Recherche médicale (subvention du CRL N° 76.4.048.6).

Outre ceux dont les noms et interventions figurent dans le texte, il faut mentionner ceux qui ont participé au travail de Bonneuil et font partie de l'actuelle équipe : Francis Colas, Sylvie Chenal, Marie-France Danjoy, Jean-Michel Dreux, Jean-Louis Dujeux, Liliane Hégy, Gérard Main, Hélène Marchadier, Robert Petry, Michel Polo, Martine Rosati, Denise Simon, Gilles Van Hove, Roselyne Verboomen, Barbara Aptekman, Anastasia Belitsi, Muriel Cliquet, Annie Grosser, Claude Halmos, Sylvia Jarrion, Jean-Marc Knaebel, Robert Lefort, Annie Lohéac, Bruno et Nathalie Mannoni, Maud Mannoni, Bernadette Masse, Régine Mougin, Marina Polo, Marie-José Richer, Bernadette Sauzin, Florence Stévenin, Alain Vanier.
Sans oublier ceux qui, bénévolement, consacrent une partie de leur temps à Bonneuil : Jean Cahors, Lilia Chabbi, Monique Coltat, Batsheva Fenster, Michel Gomart, Jacqueline Guérin, Éric Guillot, Mireille Lejeune, Dominique Paoli, Hélène Picot, Georges Roussos, Guy Seligmann.
– les amis de province, les artisans de la région parisienne,
– ainsi que les enfants et les parents qui ont accepté de fournir l'essentiel du matériau du livre.

Avant-propos

Ce livre laisse la folie dire une vérité. Ceux qui parlent, ce sont les enfants, les parents, les adultes de Bonneuil [1], et avec eux des praticiens comme Roger Gentis, et le public venu à notre rencontre.

Ils parlent parfois sous forme de dialogue : c'est le film *Vivre à Bonneuil* réalisé par Guy Seligmann qui nous a donné envie d'écrire cet essai collectif, et certains passages du film y ont été utilisés. Les dialogues qui s'y rattachent étaient cependant pour la plupart restés inédits.

Plus souvent, sont reproduits ici des débats qui se sont tenus comme il s'en tient chaque jour, à Bonneuil (et hors de Bonneuil). Nous y avons ajouté des témoignages écrits, concernant chacun un aspect particulier de la vie à Bonneuil (et hors de Bonneuil), témoignages qui font partie du trajet effectué par les adultes et les enfants, avec pour support une réinterrogation continue de la pratique.

La dernière partie de cet ensemble fait une large part à la clinique. L'élaboration théorique qui y est proposée doit tout au matériel apporté par les patients eux-mêmes et leurs parents.

Enfin, que cela soit bien entendu : nous avons donné à tous la parole avec le souci de ne pas censurer un dire qui,

1. L'École expérimentale de Bonneuil (Centre d'études et de recherches pédagogiques et psychanalytiques) a été fondée en 1969 par Robert Lefort, Maud Mannoni et un couple d'éducateurs (en association sans but lucratif, régie par la loi de 1901). Bonneuil a été agréé le 17 mars 1975 comme hôpital de jour avec foyers thérapeutiques de nuit. Bonneuil, en tant que lieu expérimental, bénéficie d'un statut qui lui assure un fonctionnement basé sur le principe de l'Institution éclatée.

à travers la violence, n'est jamais sans livrer une part de vérité.

On verra comment le père de Lucien (p. 30-35) donne à entendre l'âpreté du combat mené par lui au fil des ans pour obtenir une aide de l'administration. Quand cette aide se trouve enfin obtenue (DDASS [1] du Val-de-Marne), quelque chose comme une raison de vivre risque de lui faire brusquement défaut. Il se trouve alors en face du destin qui fait de lui un parent d'enfant « inadapté ». Ce qui est une autre « injustice » que celle qu'il combattait. L'hostilité de certains parents à l'égard de la médecine est l'effet d'une autre forme encore de l'anonymat administratif : celui de l'univers hospitalier, univers où l'on risque de perdre sa singularité de sujet parlant, pour devenir « un cas de la médecine ». Lorsqu'il est dit à une mère aux abois : « Votre enfant est foutu, faites-en un autre », que lui reste-t-il à faire, à cette mère, sinon à ramasser cet enfant-là, et pour s'en aller où ?

Ces parents, entrés par le biais de leur enfant dans l'univers de la ségrégation, n'ont comme ressource que de se taire ou de crier. Leur révolte (même si on doit la juger excessive) mérite d'être entendue, car elle est *signe de santé.* Ce qu'ils refusent, c'est l'enfermement dont ils sont victimes (« Ceux de nos amis qui viennent nous voir, se renseignent, dit une mère, pour savoir les jours où Sandrine est absente. » – « Mon enfant, dit une autre, ne sort plus que la nuit tombée. »).

L'anormal n'est pas seulement désigné comme tel par la médecine. *Tout le monde fait aujourd'hui des diagnostics,* c'est-à-dire que chacun, du concierge à la voisine de palier, désigne les êtres différents de lui, pour s'en séparer.

Et pourtant, en réponse à une mère « normale » qui suggérait de faire « piquer » tous les enfants fous, une mère d'enfant « inadapté » répliquait :

– Ne craignez rien, c'est pas contagieux.

Les mères des enfants de Bonneuil sont en quête d'une identité différente de celle à laquelle la société les condamne – « mère d'enfant anormal » – or, qu'elles puissent retrouver

1. Direction départementale de l'action sanitaire et sociale.

une parole en propre, cela ne peut passer que par le refus du monde présent, qui est le monde de *l'inimitié*. Leur condition de femme leur est apparue (à travers leur enfant) sous les espèces d'un racisme dont elles font l'objet. Elles ont pris conscience d'une situation où elles ont comme à se faire pardonner d'avoir mis au monde un enfant voué à une certaine marginalité (« il ne sera jamais polytechnicien comme le cousin X ».). Elles portent souvent seules le poids de l'angoisse et des soucis. Les pères, eux, tentent d'assurer la survie de leur descendance, ils ploient sous un surcroît de travail, mais du moins ils ont des projets (même si ces projets tournent en partie autour de la préoccupation de leur propre mort). Les projets, les mères n'en ont plus. Elles vivent pour la plupart dans l'attente, dans l'attente de ce que sera leur enfant à vingt ans. S'il « guérit », peut-être pourront-elles commencer à vivre.

– Prends donc un amant, dit un mari à son épouse.

– Mais quand on a un enfant « comme ça », on ne peut plus que faire les choses sérieusement, dit la mère.

C'est dans ce sérieux-là, d'où la fantaisie est absente, que l'enfant, à son tour, se trouve pris et piégé. Et c'est dès lors dans le réel qu'il joue ses peurs et sa violence, faute d'une Autre scène, d'une aire de jeu où projeter ses fantasmes et créer « pour de rire » des monstres, des géants ou des nains.

Ce rire et ces jeux qui, à Bonneuil, se trouvent réintroduits, n'ont de sens que parce que la scène du jeu trouve à se confondre avec la scène de la vie même. Jouer Alice au Café d'Edgar, aider à la construction sur un chantier, travailler chez un menuisier ou réinventer le « scolaire », cela participe d'un même mouvement qui fait place au rêve et à la fantaisie.

Que ce soit généralement à la campagne que ces enfants, mêlés à la vie des paysans et artisans, confrontés à la qualité d'un certain silence, retrouvent l'usage de leurs mains, est tout de même le signe que quelque chose dans notre monde est à réinventer. Ce quelque chose est, entre autres, l'amitié. Les réseaux qui se tissent en province, sont autant d'anneaux d'une vaste chaîne de solidarité où des jeunes mettent en place, à travers leurs joies et leurs peines, quelque chose qui est de l'ordre d'un accueil. Cette notion d'accueil s'est perdue dans le monde industrialisé [1]. Elle s'est perdue en même temps qu'a disparu l'étape de l'adolescence. Les adolescents d'aujourd'hui ne sont plus animés par aucune passion (ou plutôt, leur passion s'est réduite à l'acquisition d'un vélomoteur ou d'une moto). Fermés aux œuvres d'imagination, ils agissent dans le réel leurs rêves perdus. Et c'est bien quelque chose de ces rêves perdus que les jeunes adultes de Bonneuil (et de son réseau en province) restituent aux enfants, en redécouvrant avec eux de quoi réinventer continûment la vie.

Cela ne va pas sans difficultés. Il faut au jeune adulte le temps de pouvoir effectuer, lui aussi, un certain trajet avant qu'il soit à même de comprendre l'enjeu de ce qu'il fait là.

Il est fréquent qu'on fantasme Bonneuil comme lieu où-tout-est-permis, à partir de quoi se trouverait refusée la notion même de travail et de service rendu. Mais à cela il faut répondre : les enfants ainsi pris dans le « mal à être » des adultes ne pourraient qu'y trouver de quoi demeurer absents (à la vie). Rappelons-le : le minimum de repères dont ils ont besoin pour vivre, ce sont les repères d'interdiction inhérents au langage même (un frère c'est pas pareil qu'un époux, etc.). Ce qui est à restituer à ces enfants situés hors du temps, c'est une dimension qui leur ouvre l'accès à toutes les possibilités de dépassement.

La jouissance absolue est un leurre. Quelque chose est à perdre quelque part, pour gagner à un autre niveau. Si l'accès à une satisfaction absolue se trouve comme interdite à Léon (tout plaisir sexuel débouchant sur quelque chose de mortel), c'est bien parce que sur le plan de la jouissance, *il les veut toutes* (il veut et les satisfactions régressives de l'étape orale, et les satisfactions génitales. Pour accéder à l'une, il faut qu'il puisse renoncer à l'autre).

C'est lorsque l'adulte n'est pas au clair avec son propre

1. Le discours de Jacques reflète l'insoutenable de ce monde où domine la loi du « chacun pour soi » et où règne la plus radicale inauthenticité. « Être adulte, poursuit Jacques, c'est se dire qu'on a été élevé par des menteurs » (p. 22).

problème de castration (symbolique) qu'il en empêche l'accès à l'enfant, rêvant pour lui d'un impossible nirvâna.

Le problème de l'autisme a été abordé à la fin du livre. Nous avons préféré donner d'abord la parole aux enfants, aux parents et aux « soignants ».

Bonneuil a vécu pendant six ans grâce au bénévolat et aux dons. La DDASS et la Sécurité sociale ont accepté depuis le 17 mars 1975 de prendre en charge Bonneuil dans ses structures d'« institution éclatée », permettant par là que se continue une réalisation qui aurait risqué sinon la mort à court terme. De bénévoles, Bonneuil a toujours besoin, mais le travail de jour et de nuit n'a plus à reposer exclusivement sur le bénévolat. Il y a là comme l'amorce d'un autre départ. Un départ où persiste l'ambition de mettre la recherche effectuée à Bonneuil à la disposition de tous. Ce qui ne veut pas dire que Bonneuil ait à servir pour autant de modèle, Bonneuil a ses limites. L'invention peut, doit devenir l'œuvre de tous.

Bonneuil,
septembre 1969-septembre 1976.
M. M.

1

Des enfants et des adultes « troublés du système »

Quand on a un enfant comme ça,
il faut le faire piquer, disent les gens.
A une femme, je lui ai dit :
Craignez rien, ce n'est pas contagieux.

1

Au principe de Bonneuil

Dialogue entre Guy Seligmann et Maud Mannoni, pour introduire le film Vivre à Bonneuil.

Maud Mannoni : Bonneuil accueille, pourrait-on dire, « les enfants troublés du système »; que ce soit le système scolaire, familial ou social. Les adultes qui s'occupent d'eux, comme moi-même, on pourrait les définir comme les adultes « troublés du système » : ils ne se supportent ni comme soignants dans les hôpitaux ni comme enseignants dans les lycées.

Parmi les enfants que nous accueillons, certains seront appelés à préparer une grande école, comme un de ces adolescents qui a maintenant regagné le lycée (cela rassure les familles). D'autres seront appelés à devenir cuisiniers, ou à se découvrir une vocation de berger. Certains adolescents pourraient faire partie du public des lycées, mais ils ne s'y supportent pas; d'autres sont des enfants désignés comme « psychotiques » ou débiles.

Ils sont accueillis à Bonneuil dans un lieu qui est un « lieu de vie », avec des gens qui ne s'interrogent plus sur ce que c'est que la maladie mentale, sur ce que c'est que d'être un enfant surdoué ou débile; on ne sait plus qui est « fou » et qui ne l'est pas. Le fait de faire là un trajet permet à chacun d'arriver à se découvrir face à ce qu'il souhaite être, et la façon dont les uns et les autres sortent de Bonneuil est extrêmement différente.

Comme l'a dit Jacques [1] : « Ce sont les autres qui établissent des critères de normes sur ce qu'il faut être " normal " ou " pas normal ", et, disait-il, maintenant que ça

1. Cf. p. 17 de ce livre.

marche pour moi c'est parce que *je sais cacher les histoires folles que je me raconte.* »

Son « adaptation », il en parlait tristement. Il la paie à ce prix : être sérieux, comme les grandes personnes se veulent sérieuses. En société, Jacques s'autocensure. A Bonneuil, la fantaisie se donne libre cours, sans qu'il y ait un temps pour la fantaisie et un temps pour le travail.

La notion d'« institution éclatée » privilégie la possibilité donnée aux enfants d'aller d'un lieu à l'autre; ils peuvent aussi bien se trouver à Bonneuil que chez des paysans ou chez des artisans. Enfants et adultes sont à la recherche d'un style de vie, à la recherche d'un accueil qui existait autrefois au niveau de la communauté du village, celle-ci, en effet, faisait une place à chacun.

Guy Seligmann : Est-ce qu'on pourrait dire qu'on leur rend un certain désir de la société, du réel?

M. M. : On leur rend une possibilité de se situer, eux, face à leurs désirs. Et, à ce moment-là, ils trouvent une place dans la société. Dans la société, ou en marge de celle-ci.

G. S. : C'est toujours un peu bête de parler de statistiques – mais depuis cinq ans que Bonneuil existe, combien d'enfants ont vécu ici?

M. M. : Disons qu'il y a un roulement de vingt enfants. Une bonne moitié est déjà partie. La durée moyenne d'un séjour est de trois ans (mais lorsqu'il s'agit d'un autiste, la durée peut être de dix ans et plus).

G. S. : Beaucoup d'enfants reviennent ou Bonneuil est vraiment rejeté par eux?

M. M. : Bonneuil est rejeté et vomi; on y revient à certains moments, quand on a un trop-plein de fantaisie qui ne peut se dire nulle part. Bonneuil, comme le disait Jacques l'autre jour, c'est un lieu où on est libre de parler!

2

Quelques enfants, quelques parents

JACQUES ET MAUD

De Vivre à Bonneuil. *Entretien entre Jacques, Maud Mannoni, Guy Seligmann, Bruno Mannoni et les enfants.*

Maud Mannoni : Alors Jacques, ça fait pas mal de temps que tu es parti d'ici. Comment ça va, au lycée, maintenant?

Jacques : Ça va très bien. Je vais certainement passer dans la classe supérieure en terminale C.

M. M. : Tu étais en train de raconter, tout à l'heure, à Paul, la façon dont, dans la société, les gens parlent de ceux qu'ils nomment normaux, et de ceux qu'ils nomment « pas normaux ». Tu peux en dire un mot?

Jacques : Eh bien, je trouve que lorsqu'on est considéré comme un « anormal », c'est très difficile de sortir de ce statut. On peut s'en sortir, mais c'est à croire que les gens vous mettent des bâtons dans les roues, ou presque. Peut-être pas consciemment, mais inconsciemment. Ils préfèrent vous voir anormal que normal... Évidemment, consciemment, ils ne vont pas dire : «Jacques, tu restes comme tu es! » parce qu'ils sont « bien-pensants », en quelque sorte. Mais les actes, leurs actes prouvent qu'ils se contentent très bien de votre statut d'« anormal ».

M.M. : Tu as eu des difficultés (avant Bonneuil), avec des professeurs ou des camarades?

Jacques : Oh, c'est pas avec des professeurs. Ça a commencé avec des camarades qui étaient assez jeunes, et puis les camarades faisaient quelques plaisanteries spirituelles, et moi je tombais dans le panneau pour ainsi dire. Et puis, à chaque fois, je prenais la mouche, disons que j'étais agressif.

M. M. : On t'accusait de quoi?

Jacques : On me disait : « Oui, il est agressif! On ne peut pas plaisanter avec lui. » Oh! je ne sais plus très bien de quoi on m'accusait; mais ça n'a plus d'importance; de toute façon, j'ai traîné quelque temps entre les mains de psychiatres qui se contentaient de donner des ordonnances, ça s'arrêtait là.

M. M. : A Bonneuil on t'a libéré des ordonnances?

Jacques : Ben oui, heureusement, parce que sinon je crois que je n'en serais pas encore sorti. De toute façon, la première année à Bonneuil, je ne peux pas dire qu'il y ait eu des changements; il y a eu quelques améliorations.

M. M. : Mais tu t'es bien marré au début!

Jacques : Oui, au début. Et je crois que, tant qu'on se plaît bien à Bonneuil, on n'a pas envie d'en sortir. Au début, je m'y plaisais bien, et puis à la fin j'ai commencé à vouloir en sortir.

M. M. : Qu'est-ce qui ne te plaisait plus?

Jacques : J'avais des camarades que je ne voyais presque plus. J'ai vraiment voulu en sortir quand j'en ai eu assez d'être coupé du monde. C'est alors que j'ai commencé à vouloir aller dans un lycée. La dernière année s'est passée ici de manière à préparer cette entrée au lycée.

M. M. : Tu m'as dit une fois que ça a pu marcher au lycée quand les belles histoires que tu te racontais, tu te les as gardées pour toi.

Jacques : Oui, tant que vous cachez soigneusement ce que les autres ne veulent pas entendre, vous avez l'air normal. Les gens sont à cent lieues de penser que vous venez d'une maison de « dingues » entre guillemets.

M. M. : Alors, toi, il t'a fallu jouer à être normal?

Jacques : Oui et puis je me suis habitué. De toute façon cela n'empêche pas que j'ai certaines idées sur certains sujets; ces idées ne sont pas des plus courantes. Mais je les cache soigneusement; et comme ça personne ne s'aperçoit de rien. Comme ça, on me laisse tranquille. Enfin, je suis bien content d'en être sorti quand même... Je pourrais aussi parler des mauvais côtés de Bonneuil parce qu'il y en avait.

Ce que je n'ai pas aimé, la première année, ce sont les vacances dans les Cévennes. Les conditions d'existence, là-bas, étaient plus que précaires. La nourriture n'était pas du plus haut niveau, et puis j'ai pas aimé là-bas. Le paysage était très beau, mais... j'avais pas de Mobylette à cette époque-là. Je ne pouvais pas sortir comme je voulais. C'était la prison sans barreaux.

M. M. : Mais pourquoi est-ce que vous étiez tous à rester dans un même carré, là-bas?

Jacques : Je ne sais pas. On ne pensait pas à sortir. J'avais compté sur des planches pour faire des cabanes. A l'époque, j'avais treize ans à peine. On nous avait fait plein de promesses, et les promesses n'ont pas été tenues. Je n'ai pas apprécié. Oh, remarquez, il n'y avait pas que de mauvais côtés. Je ne peux pas dire que je m'y suis mal amusé. Mais...

M. M. : Mais à ce moment-là, tu ne pouvais pas quitter ta mère?

Jacques : Oui, à ce moment-là, j'y étais assez attaché! Tandis que maintenant, je la voudrais plutôt partie. Et puis ce que je n'ai pas apprécié non plus, c'est – l'année d'après – quand on m'a forcé à aller à Vauzelle. Je ne l'ai pas regretté par la suite, parce que là-bas on s'était très bien amusé. Il y avait une très bonne ambiance, qui portait à la rigolade. Mais enfin quand on m'a forcé à y aller j'ai pas apprécié.

M. M. : Tu as gagné de l'argent dans un restaurant là-bas?

Jacques : Oui. C'est pour ça que je n'ai pas regretté; parce que le séjour a été très bon. On s'amusait bien.

M. M. : Et quels sont tes projets actuels, avec tes rêves de Russie et tes rêves d'Amérique?

Jacques : Oh, c'est fini, tout ça... J'espère faire comme mon cousin. Je voudrais être ingénieur chimiste, pour pouvoir, comme ça, me faire une situation sûre, pour me lancer dans le bridge après, et participer aux championnats. C'est ma passion.

Bruno Mannoni : Et tes théories politiques?

Jacques : Mes théories politiques, elles vont de l'extrême droite à l'extrême gauche. Mes théories politiques, c'est moi d'abord, les autres après. Je peux dire que c'est ça. Parce que je crois que tout est politique; tu vois, Bruno, je crois que tous ils ne pensent qu'à un truc – plus ou moins –, mais ils pensent d'abord à un truc primordial : faire leur beurre. C'est tout à fait normal. A leur place, que ferions-nous?

B. M. : A une époque, tu étais très attiré par l'hitlérisme.

Jacques : Je m'y suis toujours intéressé. A l'époque j'avais une haine physique des filles; je ne pouvais pas voir une fille sans le besoin physique de la cogner, de la foutre par terre, de lui casser copieusement la gueule. Eh bien, l'hitlérisme, avec les Waffen SS, les SA, les camps de concentration, m'attirait pour cette raison. Parce que je me disais, on mettrait toutes les filles dans des camps de concentration, comme ça on pourrait cogner dessus; on en ferait ce qu'on voudrait.

Enfin, j'ai été obligé de changer, parce que allez mettre un gars comme ça dans le monde normal, il sera tout de suite repéré et catalogué; ce n'est pas possible. Donc j'ai dû changer en surface mes théories. De toute façon, je le pense toujours, ça; mais disons que, quand je vois une fille, je n'ai plus envie de lui casser la gueule; je n'en ai plus le besoin physique. Évidemment, si on allait me prendre par la main, là, mes penchants naturels, j'écouterais mes penchants. Sinon, maintenant, je n'en ressens plus le besoin immédiat.

M. M. : C'est vrai qu'à l'époque où Jacques était là, ce n'était pas très marrant pour les filles.

Jacques : J'avais fait mon petit royaume, mon petit empire. Vraiment, mes théories politiques ont bien changé. Enfin, de théorie politique, maintenant, je n'en ai plus. Je suis devenu neutre.

M. M. : Henriette proteste. Elle dit que le monde est composé d'hommes et de femmes.

Jacques : Je ne voulais pas tout à fait l'extermination. Enfin, l'extermination de celles qui me gênaient, d'une part, mais le but final, ç'aurait été de les mettre toutes dans des camps et puis d'en faire des esclaves. Je pense que c'est ce qui a existé dans les premiers temps du monde ; les femmes étaient alors vraiment inférieures, elles étaient considérées comme des esclaves, pratiquement. Finalement, ç'aurait été revenir à une situation du passé.

M. M. : Tu as pleuré un jour, quand on t'a appris qu'on avait voté l'égalité des droits des hommes et des femmes.

Jacques : L'égalité est toute théorique. On n'aurait pas dû faire ça. Moi, vous savez, les femmes, j'ai toujours la même opinion : dans des camps, esclaves ; c'est là qu'elles sont bien ! Mais enfin, pour vivre en société, il faut cacher ces idées-là et avoir l'air sérieux.

M. M. : Mais tu as des gens pour te tenir compagnie, de temps en temps, qui acceptent que tu ne sois pas sérieux ?

Jacques : J'ai quelques copains ; ils connaissent tous mes théories anti-filles et anti-femmes. Ils y sont habitués. Quelquefois quand ils me rebattent trop les oreilles avec leur musique pourrie et que je leur mets un coup de théorie anti-filles, ils mettent de la meilleure musique.

M. M. : Ah c'est vrai, tu es aussi contre la musique pop.

Jacques : Ah non. Au contraire, j'ai changé. Maintenant, je me suis converti. On pourrait dire que la musique classique, j'aime toujours, mais j'en écoute presque plus. J'en écoute une fois par hasard...

Venir ici, j'aime pas. Ça ne me rappelle pas de très, très bons souvenirs. Vous savez, c'est quand même pas marrant d'être coupé du monde. Au début, on y est bien, à Bonneuil. On dit : Oui c'est chouette, c'est génial ; on s'y amuse comme un petit fou – c'est le cas de le dire. Et après,

après... Disons qu'ici, l'avantage qu'il y a, c'est qu'on peut parler librement. Dans la société, les gens ont bien souvent l'esprit étroit; on ne peut pas leur dire ce qu'on pense. Les gens disent : on veut que les fous vivent comme nous. Mais si justement ils sont « fous » – entre guillemets –, c'est parce que le mode de vie des gens « normaux » ne leur plaît pas. Eh bien, avec les Russes, c'est un peu ça : on critique leur gouvernement, leur régime, parce que c'est un régime où il n'y a pas de bagnoles, où il y a peu de télé, où les gens ne vivent pas comme en Occident.

Mais, entre parenthèses, le mode de vie des Occidentaux, il est fort critiquable. Si les jeunes se risquent à parler politique, les adultes leur tombent dessus : « Eh, eh, qu'est-ce que vous dites-là, les jeunes? Vous vous occupez de politique! » Alors on laisse tomber, pour ne pas avoir d'histoires. On n'en pense pas moins, et on n'est pas dupe de toutes les fausses promesses, de toutes les merveilles qu'on nous propose... Devenir adulte, c'est se dire qu'on a été élevé par des menteurs. Ce qu'on nous demande, c'est de la boucler.

LA MÈRE DE LÉON

De Vivre à Bonneuil. *La mère de Léon (Madame X) et Guy Seligmann.*

Guy Seligmann : Est-ce que vous pouvez essayer de nous retracer le chemin qui vous a conduit à refuser de mettre votre enfant à l'hôpital et à le confier à Bonneuil?

Madame X : C'est assez difficile. D'abord, je n'ai jamais pensé mettre cet enfant à l'hôpital, il était extrêmement difficile, mais pas au point de le mettre à l'hôpital. Nous nous relayions de jour et de nuit parce qu'il dormait très mal. J'avais été contrainte de l'emmener plusieurs fois à des psychiatres; et la vision que j'avais eue là d'une vie à l'hôpital, hôpital de jour où on passait son temps à leur donner des médicaments très forts, tel le fameux Holopéridol... Cela avait eu des effets tout à fait néfastes, en ce sens qu'il ne dormait pas plus, il n'était pas plus calme, mais beaucoup plus excité. Comme je n'avais qu'une fille et que Léon était le dernier, j'avais quand même la possibilité de m'en occuper. Je suis allée voir Maud Mannoni quand Léon avait deux ans et demi. Nous avons pris une éducatrice spécialisée à domicile, et quand Bonneuil s'est ouvert, nous l'avons mis à Bonneuil.

En fait, je n'ai pas tellement eu de problèmes d'hôpitaux, parce que j'étais bien décidée à ne pas l'y mettre; puisque j'avais mis au monde cet enfant, il fallait absolument que je m'en occupe. Je n'aurais pas pu dormir tranquille en sachant cet enfant dans un hôpital ou dans une maison pour enfants inadaptés.

J'en avais vu quelques-unes en Suisse, c'était vraiment une vision d'Apocalypse, des enfants marchant sur la pointe des pieds tant ils étaient drogués; vivant d'ailleurs dans un milieu tout à fait accueillant. Mais on avait l'impression de vivre avec des morts vivants.

Alors, nous l'avons gardé d'abord à la maison, et mis à Bonneuil après... J'ai reçu une éducation très, très rigide; Bonneuil, c'est toujours une chose révoltante, parce que les enfants y sont totalement libres [1]; ils font tout ce qu'ils veulent, et ce sont les parents qui doivent s'adapter.

A Bonneuil, si les enfants n'ont pas envie de s'habiller, ils ne s'habillent pas; cet été, par exemple, mon fils qui a maintenant douze ans est allé passer ses vacances dans les Cévennes [2]. Il vivait sans rien sur le dos. Quand il retrouve ensuite la vie à Paris, il faut quand même qu'il consente à s'habiller. Je ne peux pas le sortir sans rien sur le dos, à moins de me faire arrêter tout de suite par la police. Ça vous heurte, parce qu'on se rend compte qu'il faut qu'il vive dans le cadre social, avec sa sœur, son père et sa mère; et, très souvent, c'est ça qui m'a le plus énervée à l'égard de Bonneuil; parce qu'on avait effectivement l'air de parents réactionnaires qui ne comprenaient rien à l'éducation qu'il fallait donner à ces enfants.

1. Une liberté qui a comme limite : ne pas nuire à autrui. (M. M.).
2. Dans un lieu animé par Hélène Marchadier, cf. p. 177 de ce livre (M. M.).

Très souvent je me suis dit : « Ben, maintenant, Bonneuil j'en ai marre! » Toute la journée Léon mettait un kilo d'argile dans la baignoire, il la faisait déborder. Il prend volontiers trois bains la nuit, s'il en a envie; alors ça, c'est vraiment exaspérant. La liberté, on en rêve tous mais on vit à Paris; quand ces enfants élevés si librement reviennent à la maison, nous, les parents, on se sent jugés comme le père et la mère méchants, qui remettent de l'ordre. On se sent coupables. Le dimanche soir, je me sens coupable, coupable d'avoir voulu l'habiller, coupable de l'avoir traîné dans les musées où il me fait un tas d'ennuis. C'est surtout ça qui m'a exaspérée, chez Mannoni.

G. S. : Alors, comment s'est résolu ce conflit?

Mme X : Ce conflit reste; Léon est à Bonneuil toute la journée et il va le soir à cinq heures chez Hélène Marchadier à Créteil [1]. Et elle a en ce moment l'extrême bonté de nous le garder le samedi matin. Si le samedi matin, on a envie de faire quelque chose avec mon mari et ma fille, on galope dans toutes les expositions, parce que avant, Léon, dans les expositions, faisait scandale, vous voyez le genre de choses qu'il pouvait faire, c'était atroce. On n'était pas tranquille à la pensée qu'il touche les toiles, qu'il abîme les peintures. Ce qui m'a désespérée au début, avant, c'est ça : quand je suis allée voir Mme Mannoni, Léon avait deux ans et demi, elle m'a dit : « C'est un enfant très intelligent »; alors, comme tous les parents, on se dit qu'on n'est pas sots et qu'effectivement l'enfant peut ne pas être idiot; ça nous a rassurés, on s'est dit : « Il ne parle pas, enfin il est psychotique, mais un jour il donnera quelque chose de peut-être pas mal. » Et puis je me suis aperçue, quand il avait quatre ou cinq ans, qu'il ne parlait toujours pas, et là j'ai senti une espèce de révolte.

J'ai fait, ce que nous avons presque tous fait, parents, j'ai essayé de voir d'autres psychiatres en dehors de Mannoni; et, surtout, sans la mettre au courant. Certains m'ont proposé l'hôpital de jour ou carrément des internats qui étaient pris en charge par la Sécurité sociale. Et puis,

1. Dans un lieu d'accueil de nuit de Bonneuil.

après, chaque fois, j'ai réfléchi; parce que finalement quand on a ce genre d'enfant, on passe son temps à réfléchir. C'est une chose à laquelle on ne peut jamais se résigner, et on s'imagine toujours qu'on pourrait faire mieux.

Alors, c'est sans arrêt un retour sur soi, et puis finalement on le laisse toujours à Bonneuil et on s'aperçoit qu'il y a une espèce de stimulation. Parce que Mannoni vous injurie, mais en même temps elle vous donne l'espérance. Il n'y a guère qu'elle qui croie qu'on peut tirer quelque chose de ces enfants.

C'est cela surtout, la raison pour laquelle je le laisse à Bonneuil. Elle y croit tellement, qu'elle finit par vous insuffler cette espèce de croyance.

G. S. : Et à l'enfant aussi peut-être?

Mme X : Ah! L'enfant, ça, l'enfant, il n'y a pas de problème; pour lui, je crois qu'il est beaucoup mieux à Bonneuil que partout ailleurs. Il y est heureux. A la maison, je suis très contente de l'avoir, mais c'est l'être qui perturbe; tandis qu'à Bonneuil, il ne perturbe pas; et tout le monde le comprend. Il suffit d'ailleurs de le voir; quand il est avec nous il sourit beaucoup moins que quand il arrive à Bonneuil : immédiatement il se met à courir, à chercher toutes ses affaires, à agripper les stagiaires par le bras, à tirer, avec cette façon qu'il a de tourner la tête des gens qu'il veut voir; à la maison s'il fait ça, eh bien, je lui dis : « J'ai autre chose à faire, j'ai un truc à lire, j'ai la cuisine. » Il y a cette espèce de disponibilité à Bonneuil qui, à Paris, est impossible. Normalement, je ne suis même pas disponible à l'égard de ma fille aînée; quand elle vient du lycée, qu'elle passe son temps à me raconter ce qu'elle a fait toute la journée, il y a des moments où j'ai envie de l'envoyer paître; mais à l'égard d'un enfant comme ça il faudrait être encore plus disponible, et il n'y a guère qu'à Bonneuil qu'il y a cette disponibilité.

Je me souviens de quelqu'un qui m'avait dit : « Il y a deux sortes de psychiatrie, celle qui pense à la société d'abord et à l'enfant après; tandis qu'à Bonneuil c'est le contraire, c'est l'enfant, puis, tant pis, la société, elle s'adaptera [1]. » Quand j'emmène Léon en métro, par exemple, quand tout le monde est assis, il fait lever quelqu'un pour s'asseoir. Et Mannoni me dit : « Mais, ça n'a aucune importance; écoutez, ils n'ont qu'à s'adapter et ils n'ont qu'à lui laisser sa place. » Alors que d'autres vous diraient : « C'est absolument honteux! » Ma famille me dit : « C'est inimaginable que tu oses prendre le métro avec ce que fait ton fils. » Effectivement, il crache sur quelqu'un; s'il y a une jolie fille, il s'installe en face d'elle. Enfin, moi... ça m'a demandé une grande démarche parce qu'il y a cinq ans, quand il crachait sur les gens qui le trouvaient vilain, j'avais honte, je devenais rouge, je descendais à une station puis je reprenais le métro suivant, tandis que maintenant, ben, tant pis, il crache effectivement sur les gens, je suis désolée, mais...

G. S. : Bonneuil vous a fait bouger vous aussi?

Mme X : Moi, oui. Et encore, il faudrait que j'y sois plus souvent, il faudrait que les parents soient eux aussi à Bonneuil. Peut-être auraient-ils besoin tous d'être analysés, pour essayer de changer de comportement eux-mêmes, essayer de se libérer un peu de l'éducation reçue.

LA MÈRE DE ROLAND

De Vivre à Bonneuil. *La mère de Roland (Madame D.) et Guy Seligmann (resté inédit).*

Guy Seligmann : Quel est l'intérêt pour un enfant comme le vôtre d'aller faire des séjours en Angleterre?

1. Le problème est évidemment plus complexe et une « position juste » ne peut être trouvée si on oppose l'enfant « malade » à la société tout en demandant à un tiers (c'est le rôle dévolu au médecin) de jouer le rôle d'arbitre. C'est à partir du moment où l'enfant « malade » est accepté par sa mère avec son handicap (et il serait plus juste de dire, dans son être) que l'enfant n'éprouve plus le besoin de faire scandale. La fonction de l'analyste est d'être le support d'un discours pour qu'une vérité surgisse de cette « parole bâillonnée » qu'est le symptôme (M. M.).

Madame D. : Parce que c'est *ailleurs,* loin de la famille, loin de Bonneuil. C'est un autre mode de vie, d'autres personnes autour de l'enfant. Cela participe d'une sorte de rupture. En tant que parents, nous tendons à réagir un peu toujours de la même façon. On est, avec nos enfants, enfermés dans un immobilisme. Il nous est très difficile de ne pas demander à l'enfant « fais-moi ça ». « Je ne peux pas le faire », dira-t-il. « Mais si, tu peux le faire », répond-on en tant que parents. « Mais non, toi, tu peux le faire pour moi. » L'enfant ne le dira pas aussi clairement, mais ce sera bien là le sens de son comportement.

En tant que parents, il est très difficile d'apporter la réponse qui permet à l'enfant de sortir de cette relation de dépendance ou d'immobilisme.

Alors l'Angleterre? C'est un autre monde. A commencer par la langue, l'attitude anglaise vis-à-vis des enfants est empreinte d'une sorte de respect profond de la personnalité, celle de chaque enfant, sa façon d'être, de s'exprimer, de vouloir. Un respect, il faut bien le dire, que nous méconnaissons souvent. Ils sont prêts à faire crédit à l'enfant, quel qu'il soit, justement. Et c'est sans doute là une attitude fondamentale. Ce qui, en France, chez notre enfant, est mis sur le compte de son étrangeté, « il est étrange, il est un peu dingue, etc. », tend à être mis en Angleterre sur le compte de son statut d'« étranger »; on dit « Ah! Ces petits Français » comme nous dirions « Ah! Ces petits Anglais ». Et déjà l'enfant échappe à son étiquette d'enfant fou ou débile ou anormal.

J'ai été en Angleterre choisir la famille qui serait susceptible d'accueillir mon fils [1]. C'est une démarche, il faut le dire, quelque peu difficile, parce qu'elle repose sur un pari, le pari que les gens chez qui séjournera l'enfant seront à même de faire face aux problèmes qui vont leur être posés, qui ne peuvent manquer de leur être posés à travers cet enfant.

Un pari qui ne manque pas d'être douloureux pour les parents, parce qu'il repose sur le fait que les problèmes de notre enfant ne seront formulés qu'*a minima* auprès de la

1. Dans une propriété agricole à la campagne.

famille d'accueil : je veux dire qu'il s'agit d'échapper à un étiquetage préalable qui, à nouveau, enfermerait l'enfant.

C'est une chance à lui donner, essentielle.

Bien sûr, très vite, la famille réalise que derrière l'étranger il y a l'étrange. Et c'est là le pari, si je puis dire, sur la qualité de cette famille. Qualité qui va lui permettre d'inventer des réponses, de chercher des solutions aux questions posées par la présence de notre enfant.

Invention, c'est un point essentiel.

Notre enfant, à partir de là, trouve l'occasion de répondre différemment à une situation qui n'est plus la même, et à une demande des autres qui n'est plus la même.

L'étrangeté que les Anglais vont percevoir est différente de la nôtre; c'est pour l'enfant l'occasion de répondre autrement.

Notre fils a été très heureux en Angleterre. Et d'abord très heureux d'apprendre à parler anglais, comme si les mots étrangers avaient en eux-mêmes le pouvoir de le débarrasser de toutes les peurs qui habitent la langue maternelle.

L'anglais apporte un autre mot pour dire « loup ». Quand je dis « loup », c'est un exemple. En effet, pour mon fils, quantité de mots, de ceux que nous utilisons quotidiennement, sans même y penser, sont comme infiltrés d'une foule d'images terrifiantes, qui font constamment poids sur le langage utilisé. Les phrases les plus banales ont comme des résonances qui peuvent être très lourdes, douloureuses; ou au contraire, elles peuvent perdre toute signification. La demande la plus simple, par exemple, à table, « passe-moi le pain », peut être entendue comme une demande à laquelle l'enfant ne peut pas répondre; comme si ce que nous lui demandions ne se situait pas du tout au niveau de la réalité.

La langue étrangère propose des mots nouveaux libres de toutes ces images anciennes. Je pense que c'est là une des raisons du grand plaisir qu'a mon fils de parler anglais, à répéter les mots, à en être comme le maître, comme si, tout à coup, il se trouvait au niveau de la réalité, infiniment plus simple que ses images intérieures inquiétantes.

Je l'ai également vu répondre aux demandes de son

entourage, en Angleterre, du tac au tac. C'est tout le comportement qui est ici impliqué.

Un séjour en Angleterre, c'est aussi un autre espace, un autre temps, ne serait-ce que par des rythmes de vie qui sont différents. Autant de points de repère qui sont modifiés et offrent à l'enfant une occasion de changement.

Nous avons retrouvé notre enfant plus présent et plus à distance; distance, si vous voulez, qui s'était matérialisée par la distance kilométrique de son séjour en Angleterre, mais aussi distance intériorisée, comme si notre fils avait trouvé là une possibilité d'être plus lui-même en quelque sorte à côté des autres; et non pas dans cette dépendance que j'évoquais comme le grand problème dont il faut que nos enfants se sortent.

G. S. : N'y a-t-il pas aussi, sur le plan du statut de la folie, des différences fondamentales entre l'Angleterre et la France?

Mme D. : En Angleterre, on peut échapper à l'institution. Dès l'instant où un enfant ou un adulte est classé malade mental, il touche une pension dont il a le libre usage. En France, quand on est classé malade mental, la seule solution est de vivre dans un hôpital, si on veut être aidé par l'État financièrement.

G. S. : Ça veut dire qu'en France on considère qu'il y a des lieux pour malades mentaux et des lieux pour gens normaux; et on n'imagine pas (en tout cas on a essayé de l'imaginer à Bonneuil, mais je crois qu'il n'y a pas beaucoup d'autres endroits où on ait essayé de l'imaginer) qu'après tout l'enfant pourrait avoir ses lieux un peu partout, comme nous-mêmes avons nos lieux un peu partout; que son lieu pourrait ne pas être un lieu fermé.

Mme D. : Je dis tout le temps qu'il faut que mon fils sorte de ce lieu où la société l'enferme.

Bonneuil, d'ailleurs, se situe là, comme une institution éclatée. Il faut tout le temps faire éclater les choses.

LE PÈRE DE LUCIEN

De Vivre à Bonneuil. *Le père (Monsieur V.) et Guy Seligmann.*

Monsieur V. : Mon enfant est né asphyxié à la naissance, ce qui lui a valu de rester en traitement pendant trois mois à l'hôpital. Très vite, nous nous sommes aperçus que cet enfant présentait certaines anomalies dans son comportement, vers un an.

Sur le plan moteur, il ne présentait pas de retard tellement important, mais bien sur le plan du langage, plus tard : des difficultés, et cela s'est accentué, on peut dire, à l'âge de trois ans, là alors, véritablement, il est devenu invivable, asocial...

Guy Seligmann : Cela se traduisait comment? Par une agitation?

M. V. : Une très grande anxiété, il cherchait même à se faire mal, à vouloir se détruire. Pour nous, évidemment, c'était l'angoisse totale. Nous n'avons pu le calmer, c'était la seule solution, qu'avec de la musique.

Mais très vite nous avons cherché à savoir ce qui provoquait ces crises. Était-ce une suite de son asphyxie? Nous avons entrepris de le présenter à différents médecins, et ça a été le défilé des médecins, des spécialistes, neuropsychiatres, pédiatres et puis, ma foi, devant le désarroi de ces gens-là, notre entourage, notre famille nous influençant plus ou moins, nous avons voulu le présenter dans un hôpital pour enfants.

A ce moment-là, nous avons entamé la ronde des hôpitaux. Le cas était gênant, cela nous l'avons tout de suite mesuré, gênant parce que d'abord, nous, parents, nous posions des questions, nous voulions savoir, et je pense que vis-à-vis du corps médical, cela passe comme vouloir connaître et approfondir certains mystères que les clients ne doivent pas savoir. Je ne sais pas. On touchait parfois des gens qui portaient une auréole, si vous voulez. Et puis, il y avait le cas de l'enfant, en fait, et, il faut avouer, le cas de l'enfant déroutait ces gens, ils semblaient un peu impuissants. Ils nous ont recommandé différents médicaments, mais sans aucune efficacité.

G. S. : Je vois même, d'après le dossier, que c'étaient des médicaments appliqués à très haute dose.

M. V. : Nous étions très conscients que l'enfant devenait une pharmacie. Je crois aussi que l'enfant devenait un client très intéressant sur le plan du rapport.

G. S. : D'ailleurs un médecin a écrit : « Je suis étonné que le service de l'hôpital X n'ait proposé qu'un traitement médicamenteux... car il est actuellement assez courant de proposer une psychothérapie, dans le cas de psychose de l'enfance. »

M. V. : Ce qui avait été le diagnostic présenté dans les deux établissements parisiens où l'enfant était passé; et nous avions justement voulu entreprendre cette psychothérapie mais nous n'avons réussi qu'à obtenir une prise en observation. Ce qui a eu pour résultat de démolir l'enfant un peu plus.

G. S. : Donc un grand hôpital parisien a diagnostiqué une psychose infantile, mais refusé d'accueillir votre enfant [1]?

M. V. : Oui... Nous étions remplis d'espoir, pensant qu'enfin nous allions trouver quelqu'un qui allait pouvoir soigner l'enfant, avec tout ce qu'il avait, et nous étions confiants. Eh bien, nous sommes repartis, déçus plus que jamais, nous étions dans une impasse totale, absolue.

Ensuite Bonneuil nous a été recommandé, mais Bonneuil était payant, ça faisait problème, et l'administration n'aime

1. Si l'hôpital avait accueilli l'enfant en hospitalisation « longue durée », cela eût été l'équivalent d'un internement : ce qui n'était guère souhaitable. Quant à la psychothérapie, l'enfant vivant en province, on a certainement hésité à le faire venir de province à Paris, pendant des années. Les parents, néanmoins, se sont sentis rejetés, du fait qu'ils se retrouvaient seuls (avec un diagnostic inutile). Un savoir sur la « maladie » ne leur était d'aucune utilité. Ce qu'ils demandaient à la médecine, c'est qu'elle leur « rende » un enfant « normal » (M. M.).

pas les problèmes. Nous avions eu peut-être cette chance de trouver une sorte de porte de sortie, si vous voulez, et nous en étions très conscients; nous savions que, pour nous, il était primordial d'entamer une sorte de guérilla avec l'administration [1] pour qu'elle arrive à reconnaître qu'il fallait qu'elle abonde dans notre sens.

G. S. : En fait, ce que voulait l'administration, c'était interner votre enfant?

M. V. : L'administration, c'est une dame qui prévoit tout au travers de règlements, et elle ne voulait pas qu'on lui échappe, elle voulait qu'on se plie à sa réglementation en vigueur; donc diriger l'enfant vers une maison, un asile, un hôpital psychiatrique, là, nous n'aurions eu aucun souci financier ni matériel. Nous étions pris en charge à 100 %... Mon enfant avait des fantasmes terribles, une blouse blanche l'effrayait, il avait peur d'une voiture, il se mettait à hurler. D'ailleurs, à l'époque, ses déplacements ne pouvaient avoir lieu qu'en voiture, il était impossible de prendre un transport collectif. Cela aussi a posé des problèmes; je vous assure, nous présentions un cas embarrassant, qui était hors des normes admises à l'époque.

G. S. : Alors on pourrait croire que maintenant que votre enfant est à Bonneuil...

M. V. : Tout est réglé? Absolument pas, parce que Bonneuil est une maison en marge de toute réglementation, et en dehors de certains normes, et vous savez pourquoi...

Je pense que Bonneuil est une institution qui a le mérite d'être une « institution éclatée », qui ne garde pas les enfants, qui ne vit pas sur le dos des enfants mais vit pour les enfants. Bonneuil a le mérite de ne pas séquestrer les enfants, mais de provoquer des allers, des trajets chez des artisans, chez des cultivateurs bretons par exemple, et

1. Le père de Lucien a fini par être aidé à 90 % par la DDASS du Val-de-Marne (qui n'était nullement obligée de lui venir en aide, les parents n'étant pas domiciliés dans le département). Cette interview se situe *avant* cette aide. L'administration a mal supporté l'injustice de certaines des attaques dirigées contre elle. Mais ce texte dit l'intolérable d'une souffrance. Cet intolérable-là ne doit pas être censuré (M. M.).

l'enfant, au cours de ces trajets, existe. On ne le met pas en prison à Bonneuil, je pense que ça, c'est formidable.

Puisque Bonneuil est en marge, il s'agit pour nous de financer l'opération de Bonneuil qui ne vit qu'avec le prix de pension que les parents peuvent payer [1]. A l'heure actuelle, je suis toujours aux prises avec l'administration, mes moyens financiers sont limités, je suis obligé de faire appel à des aides, ma caisse de maladie ne reconnaît pas ce genre de maisons, et je pense, pour parler franchement, qu'elle n'est pas la seule : Bonneuil, je crois, est assez gênant parce qu'il prouve que l'on peut récupérer des gosses qui sont classés irrécupérables par l'administration, et je pense que c'est très important.

G. S. : Comment a réagi l'administration au placement de votre fils à Bonneuil?

M. V. : Elle réagit, si vous voulez, de la manière suivante : en la harcelant, elle en arrive à céder quand même, à céder pas tout à fait, mais elle cède un peu. Je dirai que ce n'est peut-être pas pour la cause de Bonneuil, mais pour avoir la paix.

G. S. : Quand vous dites « céder un peu », concrètement cela veut dire combien?

M. V. : Ma caisse de maladie participe, le service social de mon entreprise participe, et d'une manière symbolique jusqu'à maintenant – je dis d'une manière symbolique – la Direction de l'action sanitaire et sociale du département pour dix mille anciens francs.

G. S. : C'est-à-dire qu'en gros, et en pourcentage, les frais sont pris en charge à...?

M. V. : Eh bien, dans l'ordre de 70 %. Mais pour moi c'est extrêmement important, le complément qu'il me reste à présenter, puisque j'ai des moyens limités; et il faut encore non seulement faire face aux mensualités de Bonneuil, mais avancer l'argent, parce que l'administration est une dame

1. Bonneuil n'a reçu l'agrément que le 17 mars 1975. Cet entretien avec le père de Lucien date de mars 1974 (M. M.).

régulière, mais pas très pressée. Alors, il faut quand même vivre. Et là, il y a l'aspect psychologique de l'affaire, il faut vivre, c'est angoissant, il faut attendre, toujours attendre le remboursement des sommes, et je ne veux pas trop être méchant, mais je crois qu'il faut quand même dénoncer ça, il y a une sorte d'opposition sourde, à la caise de maladie. Ce qui est important, c'est que malgré ma position sociale de modeste employé j'ai pu, à ma manière, défricher le terrain. La caisse de maladie à laquelle j'appartiens a cédé. Or, il y a un précédent, et je pense qu'un jour il y aura peut-être un garçon appartenant à cette même caisse qui pourra en bénéficier. C'est important. Je crois que c'est un clou qui est enfoncé, il faut continuer à taper dessus.

G. S. : Et votre enfant? depuis combien de temps est-il à Bonneuil maintenant?

M. V. : Depuis deux ans. Lucien a évolué, dans son comportement, son attitude, il s'est retrouvé. Il a acquis une certaine autonomie. Les gosses, on ne les boucle pas, à Bonneuil, et ils sont au contact du monde, de la vie, et ça c'est important, je crois.

G. S. : Pour vous, ce que représente Bonneuil, c'est finalement une certaine forme de contestation de la société actuelle?

M. V. : Oui, qui remet en cause toute la recherche traditionnelle, chapeautée, dirigée, orientée. Là, on ne laisse plus libres les parents; l'administration vous prend votre gosse et vous en êtes dépossédé [1]. Vous n'avez plus, bien sûr, les soucis financiers; on peut dire que dans le fond, le gosse, on s'en débarrasse, on le colle dans une maison, on le boucle en payant les parents; et on peut dire que tout le monde a bonne conscience. Voilà.

G. S. : C'est-à-dire qu'à travers une certaine manière de traiter la folie...

M. V. : On l'entretient.

1. N'importe comment l'administration sera critiquée, parce que *ou bien* elle n'apporte aucune aide aux parents, *ou bien* elle les exclut. C'est le dilemme dans lequel se sent pris ce père (M. M.).

G. S. : La part de vérité qui existe dans la folie, finalement, il n'y a qu'à Bonneuil qu'on l'accepte.

M. V. : Je ne veux pas dire que ce soit l'expérience unique, parce qu'il y a peut-être d'autres gens qui ont le mérite de s'attaquer à ces problèmes, mais, pour moi, Bonneuil représente le monde libre, où on admet que l'enfant peut être un « enfant fou » à ses heures.

Dans le fond, Bonneuil reprend à son compte la conduite des Anciens, que l'on appelait des « sauvages ». Ils avaient un mérite; quand ils avaient un fou dans leur tribu, eh bien, ils vivaient avec; tandis que nous, maintenant, gens soi-disant civilisés, le fou on le boucle et on l'enferme.

3

L'institution fermée

Dialogue entre Roger Gentis et Guy Seligmann préparé pour Vivre à Bonneuil.

Guy Seligmann : Vous êtes médecin chef de secteur psychiatrique, et vous avez la responsabilité d'un service dans un hôpital, à Fleury-les-Aubrais?

Roger Gentis : Dans un hôpital public, oui.

G. S. : C'est-à-dire que vous êtes responsable d'une institution psychiatrique?

R. G. : Et maintenant, en principe, responsable de la santé mentale d'un secteur d'environ quatre-vingt mille habitants.

G. S. : Que représente pour vous l'expérience de Bonneuil?

R. G. : C'est quelque chose qui est très important pour la plupart des psychiatres hospitaliers, je pense, dans la mesure où l'on peut dire qu'il est pratiquement impossible de soigner des enfants psychotiques dans les hôpitaux publics. C'est peut-être un peu schématique et un peu abrupt; mais enfin c'est vrai au moins à 90 %. Dans un hôpital public, le poids de l'institution, le poids des habitudes, est tel qu'il s'oppose absolument à un traitement correct des enfants, et qu'ils n'auront aucune chance de guérir là-dedans.

G. S. : Peut-on entrer un petit peu plus loin dans l'analyse de cette impossibilité?

R. G. : Elle s'étend d'ailleurs à d'autres catégories que les enfants psychotiques, mais peut-être qu'en parlant d'eux on atteint le fond du problème.

C'est un peu difficile à expliquer parce qu'il faudrait se référer à tout un courant d'idées, qui est ce qu'on appelle l'anti-psychiatrie. En gros, l'anti-psychiatrie prétend, à juste titre je crois, que pour certains malades il faut les laisser faire, il faut accueillir leur délire, il faut accepter un comportement même très fou, même très perturbé, que c'est leur façon à eux de chercher leur voie, et de chercher leur guérison, et que celle-ci ne peut advenir qu'au terme de cette recherche, parfois très longue et très éprouvante pour l'entourage.

G. S. : Il faut laisser la folie s'exprimer?

R. G. : Dans la plus grande mesure possible. Vous concevez bien que dans le cadre d'une famille ordinaire, c'est tout à fait impossible, la vie sociale actuelle est telle qu'il est impossible de tenir cette position.

G. S. : Et pourquoi n'est-ce pas possible dans un hôpital psychiatrique!

R. G. : Parce qu'ils commencent tout juste à sortir d'une longue période d'obscurantisme; on peut dire qu'ils étaient avant tout destinés à maintenir l'ordre public. Ce qu'on appelait les asiles, leur première fonction était d'exclure de la société une certaine catégorie de déviants.

Il y avait un certain nombre de gens qui guérissaient quand même, mais c'étaient en gros des garde-fous.

Ceci c'est en train de changer, et il y a déjà pas mal de temps que ça change; mais il y a encore des malades qui sont très mal soignés, très mal acceptés, très mal tolérés dans les hôpitaux psychiatriques; et les enfants psychotiques sont peut-être la catégorie la plus défavorisée à cet égard. Cela tient à la difficulté de communiquer avec ces enfants et de les comprendre. Les adultes psychotiques sont en général plus faciles à comprendre pour un personnel entraîné, qui a une certaine écoute, qui s'est un petit peu frotté aux idées freudiennes, tandis que les enfants psychotiques, surtout ceux qui deviennent psychotiques très tôt, sont vraiment très mystérieux, très hermétiques et... Enfin, je pense que Maud Mannoni a dû vous le dire, ce sont des gosses qui soulèvent des fantasmes tournant autour de la mort et du sexe dans ce qu'il a de plus inquiétant, qui soulèvent donc, autour d'eux, une crainte tout à fait irrationnelle, et extrêmement difficile à maîtriser par des gens qui ne sont pas analysés eux-mêmes. Une des choses qu'on devrait exiger, très souvent, pour soigner des enfants psychotiques en institution, c'est une évolution personnelle suffisamment poussée qui, en général, passe par la psychanalyse. Ce qui n'est absolument pas le cas actuellement.

D'un autre côté, il faut dire que ces enfants, pour véritablement s'exprimer et pour véritablement trouver leur voie, ne doivent pas être dans un cadre trop rigide et trop limité. Je crois que c'est pour ça que Maud Mannoni parle d'institution éclatée et s'est tournée vers des lieux d'accueil différenciés et éparpillés, disons, dans une vie sociale relativement large et relativement diversifiée; alors qu'à l'hôpital psychiatrique, les enfants sont enfermés, il faut bien le dire, même s'ils le sont avec des possibilités d'exercice, de mouvement à l'intérieur d'un parc ou quelque chose comme ça; ils sont quand même dans un lieu extrêmement limité et où les contacts sociaux sont stéréotypés.

G. S. : Il faut *faire du prix de journée* [1] pour qu'un hôpital puisse survivre.

R. G. : Il y a une question de prix de journée, les collectivités payantes, la Sécurité sociale la plupart du temps ou l'Action sanitaire et sociale, paient un prix de journée, pour chaque

1. Cette question du « prix de journée », l'administration semble en avoir compris les effets nocifs, puisqu'elle s'oriente actuellement vers une solution de subvention annuelle (couvrant la réalité du prix de journée). Cela devrait avoir pour effet de laisser le thérapeutique commander l'administratif (ce qui n'était pas le cas jusqu'à présent). Simone Benhaïm a fait une analyse très fine de ces questions dans sa thèse sur la socio-économie de la psychiatrie française en juin 1975 (M. M., 1975).

– Dans une circulaire du 21 juillet 1976, la Sécurité sociale supprime pour 1977 le paiement du prix de journée aux internats spécialisés, lorsque les mineurs s'absentent pour des week-ends dits " thérapeutiques ", dans leur famille. L'effet d'une telle mesure renforce l'*exploitation* de ces mineurs, désormais condamnés par leur *présence physique,* à assurer la sur-vie économique de l'Institution. Cette circulaire du 21 juillet 1976 apporte une restriction aux positions adoptées en 1975 par le ministère du Travail. Cette circulaire vient illustrer dans ses effets pratiques les craintes exprimées par Gentis (M. M., 1976).

journée passée à l'hôpital, il y a un tarif forfaitaire. Et évidemment, à cette notion de prix de journée qui est déjà extrêmement contraignante, et contre laquelle, d'ailleurs, la plupart des administrateurs s'insurgent aujourd'hui, il y a encore d'autres contraintes qui viennent s'ajouter, en particulier les contrôles de la Sécurité sociale. Pour relever de soins hospitaliers, il faut qu'un enfant ait une maladie définissable, diagnostiquée, et il faut également qu'il ait un traitement, qu'on parle de soins actifs; et un traitement, ce n'est pas tellement facile à définir...

G. S. : Cela peut être : aller chez un artisan?

R. G. : Cela peut être : aller chez un artisan. Mais cela, n'est pas reconnu [1], c'est très difficile de faire concevoir un séjour chez un artisan comme une thérapeutique, cela ne rentre pas du tout dans le cadre de l'idéologie médicale, si vous voulez.

G. S. : Vous m'avez dit qu'il y a dix ans, quand vous êtes arrivé dans votre hôpital, il y avait mille deux cent cinquante malades; qu'il n'y en a plus que mille maintenant.

R. G. : A peu près, oui.

G. S. : ... Et que paradoxalement, plus vous guérissez de gens, plus vos ressources diminuent?

R. G. : Exactement, et plus on a de difficultés à tous les niveaux. On parle de licencier du personnel, on parle de diminuer les effectifs, et ce sont des choses qui, d'une part, constituent des entraves au traitement, puisqu'on n'a jamais assez de personnel, les effectifs sont déjà insuffisants, et, d'autre part, entraînent un état d'inquiétude dans le personnel, peut-être pas tellement les infirmiers parce que avec

1. L'administration a très mal vécu ces accusations portées contre elle. L'administration, aujourd'hui, se veut libérale et progressiste, elle refuse qu'on lui fasse un procès d'intention. Il n'en demeure pas moins qu'un malaise existe, et censurer les propos de Gentis ne contribuerait certainement pas à lever ce malaise (encore moins à changer les structures des hôpitaux publics). Le malaise des soignants doit être considéré comme un *symptôme* (c'est-à-dire comme une parole bâillonnée) (M. M., 1975).

le jeu des départs à la retraite il suffit de recruter un petit peu moins.

G. S. : On peut se poser la question de savoir quelle est la finalité de la Sécurité sociale, enfin de l'administration, lorsqu'elle impose et organise de tels règlements?

R. G. : Il faudrait distinguer la finalité manifeste et la finalité latente, inconsciente, si vous voulez. La finalité manifeste, c'est évidemment de permettre aux gens de se soigner dans les meilleures conditions possibles; mais il faut bien dire que la finalité inconsciente va souvent à l'encontre de ce but manifeste. Il s'agit de maintenir la folie, par exemple, dans un cadre médical, dans le cadre d'une idéologie médicale. Ceci est très apparent en ce qui concerne les états psychotiques évolutifs, et particulièrement les psychoses infantiles, en ce sens qu'on gagne certainement en compréhension de ces états à ne pas les considérer suivant un modèle médical. Je pense que c'est ce que commence à faire la psychanalyse, et c'est ce que font en tout cas les anti-psychiatres; ils parlent, d'une façon qui est vague, d'une crise existentielle ou d'un problème existentiel à résoudre; c'est évidemment un terme qui gagnerait à être précisé, c'est une notion qui demanderait à être approfondie; mais c'est certainement beaucoup plus correct que d'en faire une maladie au sens strict du terme, parce que la maladie appelle immédiatement des mesures institutionnelles qui font partie de la structure de notre société; soins, hospitalisation, médecine, infirmiers, spécialistes, examens spécialisés, enfin tout ce que vous voulez, à commencer par les tests psychométriques, qui sont dévastateurs chez certains enfants, on commence à le savoir aussi; et quant au traitement, n'en parlons pas. Je crois que c'est vraiment une des notions fondamentales du courant anti-psychiatrique sur laquelle il faut revenir, que, dans un certain nombre de cas au moins, la meilleure politique thérapeutique, est certainement l'abstention, foutre la paix au sujet, ne pas avoir de politique thérapeutique à proprement parler, sinon d'assurer une certaine écoute, une certaine présence, un certain accueil à la parole et au comportement du malade.

G. S. : Est-ce que n'intervient pas, là encore, une certaine notion de la rentabilité, une certaine logique du profit, à travers les traitements, les spécialistes qu'il faut payer?

R. G. : Moi, je ne sais pas bien qu'en penser, de la rentabilité; effectivement, il y a beaucoup d'administrateurs de la frange technocratique, si vous voulez, particulièrement au ministère des Finances, qui commencent à parler à tout bout de champ de rentabilité en matière de soins, en matière de santé; mais je pense qu'il sera très difficile, même pour les financiers, d'arriver à une doctrine cohérente en la matière, on ne voit pas bien sur quoi cela repose. Il me semble que souvent il doit être plus économique pour la société, par exemple, de verser une pension d'invalidité à quelqu'un que de chercher à le guérir à tout prix. Actuellement le coût des soins véritables, quand il y a des soins qui sont vraiment actifs et qui ont une chance de succès, est tellement élevé en psychiatrie, pour certains malades, qu'on a certainement intérêt à laisser le malade à sa chronicité et à lui verser une pension. Il y a un certain nombre de malades qui ne demandent que ça.

Alors, je ne sais pas très bien ce qu'on peut entendre par rentabilité. Ce qui est certain, c'est qu'actuellement les autorités administratives, et particulièrement dans les hautes sphères de l'administration, essaient d'appliquer une politique d'économie sordide et de pénurie à tous les niveaux [1]. Leur conception de la rentabilité, pour le moment, ne va pas plus loin que ça; c'est-à-dire que c'est une politique d'asphyxie de la psychiatrie progressiste.

1. Ce qui est en question ici, c'est une certaine conception du monde. La santé, de nos jours, est devenue une obligation. Les « hautes sphères de l'administration » se défendent de vouloir asphyxier la psychiatrie progressiste. Les financiers font remarquer que l'idéologie sur laquelle la Sécurité sociale se fonde, ce sont bel et bien les médecins qui en sont responsables : responsables et du maintien des structures hiérarchiques et du maintien (à des fins de pouvoir médical) d'une hyper-médicalisation de la psychiatrie.

Que l'expérience Bettelheim ait pris fin en Amérique, avec la mise à la retraite de Bettelheim et la nomination d'un *médecin psychiatre* pour lui succéder, en dit long sur ce qui fait réellement obstacle à une autre pratique psychiatrique (M. M.).

G. S. : La description que vous venez de faire dévoile finalement une atteinte à la liberté. Car ce qu'on peut en retenir, c'est que les malades ne sont pas libres de se choisir un traitement.

R. G. : Absolument pas libres. Et les équipes thérapeutiques, dans la mesure où elles sont conscientes des traitements qu'il faudrait appliquer, ne sont absolument pas libres de les appliquer non plus.

G. S. : Si on prend tout le secteur de la maladie mentale, il n'y a pas que le secteur public; il y a le secteur privé, et l'on sait que derrière beaucoup d'institutions soi-disant de 1901, il y a strictement des intérêts privés.

R. G. : En ce qui concerne nombre d'instituts médico-pédagogiques, en particulier. Et il y a non seulement les institutions de la loi de 1901 sans but lucratif, mais il y a également les institutions qui font des bénéfices, qui font des bénéfices en soignant des gens, des adultes ou des enfants; même si on a affaire à des médecins et à des administrateurs honnêtes dans ces institutions privées, il est bien certain qu'on est tenté de forcer sur les soins qui rapportent; et là aussi la Sécurité sociale joue un rôle capital : en ce sens que seules certaines thérapeutiques particulières figurent à la nomenclature des actes remboursés; on a évidemment tendance à forcer sur ces actes, de préférence à ceux qui ne figurent pas dans la nomenclature et qui, donc, n'apportent rien du point de vue financier.

Je crois que je peux vous donner une illustration du rôle négatif de la Sécurité sociale vis-à-vis des soins, une illustration très simple et très courante; c'est que pour beaucoup d'enfants, d'adolescents et d'adultes jeunes, ce n'est pas de soins à proprement parler qu'ils auraient besoin, de soins médicalement codifiés, mais de changer d'air, de voir du pays, de sortir des institutions, d'avoir une vie non conventionnelle; et pour cela il y a quelque chose de très simple, c'est le camping. Le camping sous toile, dans des coins un peu retirés, donne des résultats absolument extraordinaires, tous les gens qui l'ont pratiqué savent bien que le comportement des malades se transforme, qu'ils ne sont plus les mêmes, qu'ils prennent goût à des tas de choses, alors qu'auparavant ils étaient complètement passifs. Eh bien, ça, c'est absolument impossible à réaliser la plupart du temps, parce que pour la Sécurité sociale, sortir pendant plus de quarante-huit heures de l'hôpital [1], cela veut dire qu'elle ne paie plus. Il ne s'agit plus de soins à proprement parler, même si les jeunes gens sont encadrés par du personnel de l'hôpital, c'est-à-dire continuent à revenir aussi cher à l'établissement. Conséquence : ils restent à l'hôpital et se chronicisent davantage.

G. S. : La finalité réelle de cette logique administrative, c'est bien de faire rester, de force finalement, les malades dans l'hôpital.

R. G. : C'est la finalité inconsciente et involontaire, certainement.

G. S. : Comment peut-on expliquer cette distorsion, puisque, au départ, il est certain que le désir du législateur était de protéger les malades ?

R. G. : D'abord, d'une façon très générale, c'est une des fonctions essentielles de l'administration de maintenir un certain ordre. On voit bien, dans tout système bureaucratique, la difficulté qu'il y a à obtenir le moindre changement ; c'est une finalité inconsciente réelle de l'administration de maintenir l'inertie, de maintenir les choses en état.

G. S. : Un autre point que je voudrais aborder avec vous, qui est frappant à Bonneuil, c'est que les enfants y sont, j'allais dire : mélangés ; il y a, comme vous le savez, des autistes, mélangés avec des psychotiques et des enfants qui refusent le système scolaire. Ce genre de mélange, cette non-ségrégation, est-elle possible dans un hôpital ?

R. G. : Elle est possible dans une certaine mesure ; en tout cas, dans les services d'adultes, nous la pratiquons. Pour

1. Mlle Serbource (DDASS du Val-de-Marne) me certifie que les hôpitaux du Val-de-Marne bénéficient de cette souplesse refusée à R. Gentis. L'impasse dans laquelle se trouve R. Gentis me semble suffisamment sérieuse pour que son propos ne soit pas censuré (M. M., 1975).

les enfants, c'est peut-être un peu plus difficile, mais éminemment souhaitable. Là aussi, il y a des préjugés qui s'y opposent, et là aussi, ce ne sont pas seulement des préjugés; les administrations, toujours dans leur souci de clarté logique et abstraite, s'efforcent de classer les enfants, de les répartir par catégories plus ou moins arbitraires et artificielles, qui constituent autant de cloisonnements et de renfermements.

G. S. : C'est-à-dire que, dès qu'un diagnostic est posé sur un enfant, on le groupe avec d'autres enfants du même diagnostic, pour qu'ils aient le même traitement? Quel peut être alors votre rôle, à l'intérieur de cette administration?

R. G. : Notre rôle est bien sûr de soigner les personnes individuellement et de les prendre en charge dans la mesure du possible; mais il faut bien dire que les obstacles mêmes auxquels nous nous heurtons, nous amènent aussi à envisager notre rôle comme celui de faire évoluer tout un ensemble, et peut-être même d'essayer de faire évoluer la société dans son ensemble, de faire une critique permanente de cette société, comme nous venons de le faire sur un point limité.

Je pense qu'à partir du moment où nous essayons d'être conscients de ce que nous faisons, nous sommes automatiquement amenés à opérer une critique de notre société, et donc à essayer de la faire changer. C'est pour ça qu'il y a actuellement tant de jeunes psychiatres qui ont des idées très à gauche, et parfois même des idées révolutionnaires; parce qu'ils se rendent bien compte que les problèmes humains auxquels ils ont affaire ne sont pas des problèmes strictement individuels, la plupart du temps, mais sont véritablement créés par la société dans laquelle nous vivons.

G. S. : Est-ce à dire que le discours de la folie est finalement un discours contestataire?

R. G. : Non. Je pense que c'est un peu artificiel de dire ça; dans certains cas, oui, il y a des malades mentaux, des fous, qui sont véritablement extrêmement conscients. Enfin je pense à Antonin Artaud qui a poussé, si vous voulez, son expérience schizophrénique jusqu'à un degré de lucidité qui lui a permis de voir des choses que les autres ne voient pas; mais ce sont quand même des cas très exceptionnels;

la plupart de ceux auxquels nous avons affaire sont ligotés d'une autre façon que les gens équilibrés, mais sont ligotés quand même et quelquefois encore plus que quelqu'un qui n'est pas fou.

G. S. : Mais ils sont victimes d'une structure sociale, très souvent.

R. G. : A un degré plus ou moins prononcé; mais il est certain que dans l'étiologie d'une maladie mentale il faut toujours faire sa part à l'étiologie sociale, à ce qu'on appelle la sociogenèse.

G. S. : Vous avez parlé des jeunes psychiatres, est-ce que la formation du psychiatre n'est justement pas un problème remis en cause actuellement?

R. G. : C'est d'abord la diffusion des idées psychanalytiques qui a remis en cause la formation du psychiatre. Depuis déjà longtemps en France, depuis au moins vingt ans, beaucoup de jeunes psychiatres se tournent, à juste titre, vers la psychanalyse; et, en faisant cela, ils ont appris à remettre en cause toute leur fonction et tout leur travail. C'est une idée qui court tout au long de ce que dit Maud Mannoni, et qui est devenue une idée courante parce qu'elle est tellement vraie, tellement simple qu'il faut bien qu'elle devienne courante : on ne doit jamais désirer à la place du malade. Et quand il s'agit de psychiatrie, le désir du psychiatre est toujours quelque chose qui a à voir avec le maintien de l'ordre social. Quand ce ne serait que remettre les gens au travail : le désir plus ou moins avoué de la plupart des psychiatres est de remettre leurs malades au travail quand il s'agit d'adultes suffisamment jeunes; et quand il s'agit d'enfants, de les amener à la vie active. Cela, c'est absolument incompatible avec une écoute de type analytique; on ne doit rien désirer à la place du sujet, et surtout pas désirer l'adapter à un ordre social quelconque.

G. S. : Il y a peut-être là une contradiction en train de se lever : parce que la psychanalyse a été pendant longtemps, est encore classée comme valeur bourgeoise, par les gens de gauche.

R. G. : Par certaines personnes de gauche, il y a effectivement, actuellement, autour de la psychanalyse une contestation extrêmement vive et extrêmement saine, je pense; parce qu'il est évident, dans les faits, que la psychanalyse a souvent tendance aussi à se compromettre avec l'ordre social; et la psychanalyse, les psychanalystes, doivent faire un travail d'autocritique et d'élucidation permanent à l'égard de ce qu'ils font, pour éviter de se laisser piéger dans un inconscient social dont ils ne sont pas tout à fait maîtres.

G. S. : Par rapport à cette situation psychiatrique générale, un des dangers de Bonneuil ne serait-il pas de présenter une sorte de masque, d'être, en tant qu'expérience avancée réussie, et donc récupérée, utilisé comme paravent, pour masquer le tableau sombre que vous venez de décrire?

R. G. : C'est possible : mais le moins que l'on puisse dire, c'est que le danger est très éloigné. Si Bonneuil était sur la voie de la récupération, je pense que sa situation serait moins précaire. C'est, malheureusement en un certain sens, une expérience actuellement qui apparaît tellement contestataire qu'elle est toujours à la merci d'être étranglée [1].

G. S. : Mais est-elle généralisable, cette expérience-là?

R. G. : Ah, je souhaite que non. En ce sens qu'à mon avis il faut maintenir à Bonneuil son statut d'expérience coexistant avec d'autres expériences; je pense par exemple à Deligny dans les Cévennes, qui fait des choses très différentes de ce que fait Maud Mannoni. Il faut une multiplicité d'expériences; et c'est de leur confrontation qu'on pourra arriver à dégager des voies plus sûres.

J'ai peut-être trop insisté sur la nécessité d'une formation de type analytique. En fait, ce n'est pas exactement de ça qu'il s'agit. L'important est de ne pas désirer à la place des malades. Je pense qu'il n'y a pas que la voie de la psychanalyse personnelle pour arriver à cela; il y a heureusement

1. L'étranglement ne vient pas tant, comme l'expérience de Bonneuil l'a montré, des « hautes sphères de l'administration » que du fonctionnaire moyen; et l'opposition est idéologique (les médecins cherchent un allié dans l'administration, chargée de défendre le pouvoir médical) (M. M.).

un certain nombre de personnes qui, d'une façon plus ou moins spontanée et innée, sont suffisamment accueillantes pour ne pas désirer à la place de l'enfant. Elles ont besoin d'une certaine évolution personnelle et d'une certaine ascèse pour en arriver là, mais ceci peut s'acquérir par exemple dans une équipe où il y a beaucoup de discussions, beaucoup de mises en question personnelles, beaucoup d'autocritiques collectives. Et laisser entendre qu'une analyse personnelle est le meilleur moyen pour y arriver, c'est pas tout à fait vrai.

Ce qui est fondamental, c'est l'existence d'une équipe ayant l'habitude de la mise en question et de l'autocritique. Il faut sans arrêt se demander : « Qu'est-ce qu'on fait? Quel est le sens de notre action? Est-ce que les buts que nous poursuivons correspondent bien justement à ce que nous faisons en réalité, plus ou moins consciemment? » Je crois que c'est une discipline qu'il faut poursuivre pendant vingt ans, pendant trente ans s'il le faut.

Et puis il y a le problème des gens que, d'une façon large, on a tendance à appeler paranoïaques, dans le sens de structure caractérielle paranoïaque, qui sont tellement intégrés à la rationalité arbitraire de notre société qu'ils ne peuvent pas entendre les autres; ils ne peuvent absolument pas entendre le fou, le déviant, le psychotique; ils sont absolument confinés dans leur système; et ceux-ci il faut les éliminer des équipes thérapeutiques, c'est évident. Malheureusement, ils se réfugient dans l'administration, et ils nous compliquent le travail.

4

L'institution éclatée

Débat entre Robert Lefort, Maud Mannoni et l'équipe[1] *préparé pour* Vivre à Bonneuil *et resté inédit.*

Guy Seligmann : En quoi l'*institution éclatée* change-t-elle complètement la perspective de l'institution?

Robert Lefort : Une institution est comme une espèce de personne qui se nourrirait des gens qui lui sont confiés. L'institution prend pratiquement une place de toute-puissance; elle se conduit comme une mère de psychotique et, à aucun moment, le sujet ne peut s'en détacher sans risquer d'éclater. Une institution qui se veut différente – c'est elle, par une espèce d'effet de balance, qui prend l'éclatement à son compte et permet au sujet de se situer au niveau d'une parole, avec la possibilité de se séparer, de se couper de l'institution. Sans que pour autant l'institution en vacille, ou encore lui réclame des comptes. La coupure devient possible, exactement sur le mode de la relation de la mère à l'enfant (si l'enfant, à la naissance, est séparé de sa mère, ça n'est pas là une coupure – on a parlé de traumatisme de naissance, on a parlé de coupure du cordon –, ça n'est pas là la véritable coupure). La coupure est un phénomène *symbolique,* qui permet au sujet d'advenir et de se faire reconnaître comme sujet par l'autre.

C'est ce que les institutions habituellement sont très peu enclines à faire, pour la bonne raison qu'elles se présentent comme le bien des sujets, qui perdent dans le coup la parole.

1. Guy Seligmann, Marie-José Richer, Hélène Marchadier, Jean-Jacques Bouquier, Francine Muel, Mathilde Chavalarios, Claude Halmos et des éducateurs et médecins de passage.

G. S. : C'est la raison pour laquelle vous n'êtes pas attaché à l'établissement, vous ne vivez pas dans l'institution?

R. L. : J'occupe une position particulière, que j'ai décrite dans *Éducation impossible;* je me définirais plutôt comme un certain référent; c'est-à-dire comme la possibilité de faire un troisième terme.

Il faut bien structurer les situations. Et dans le rapport des sujets à l'institution, pour qu'ils puissent la rejeter sans eux-mêmes s'en sentir détruits, il faut bien qu'il y ait un point d'amarrage, quelque part.

Dans certains cas, c'est une demande qui surgit chez les sujets dans leurs rapports à Bonneuil; ils peuvent venir me voir, soit chez moi, soit en dispensaire, pour aussi parler de l'institution et la rejeter, en dire pis que pendre!

Maud Mannoni : Je crois que l'important est la façon dont nous cherchons à privilégier Bonneuil comme lieu de passage. Il y a là un trajet que font les enfants et les adultes, et ce lieu n'est pas donné comme modèle; simplement, à partir d'un questionnement sur la soi-disant éducation et la soi-disant thérapeutique, on est arrivé au désir de susciter des situations nouvelles. On s'est rendu compte que quelque chose se passe à partir du moment où il n'y a plus de ségrégation d'âge, à partir du moment où on abandonne la routine administrative et où l'on cherche à promouvoir un « éclatement » de l'institution. Les enfants peuvent aller dans la vie réelle, participer au plaisir pris par l'adulte dans un travail donné. Ils en reviennent « remaniés » en quelque sorte par les effets d'un type d'expérience qu'ils ont pu vivre dans un aller et retour (d'un lieu à un autre).

Quand on parle de Bonneuil comme lieu expérimental, il est important de souligner qu'il ne s'agit pas de prendre les sujets comme sujets d'expériences, pour savoir ce que c'est que la débilité, la psychose ou l'enfant surdoué. Expérimental doit être entendu en ce sens que Bonneuil n'est pas le lieu d'application d'une réglementation traditionnelle; c'est un lieu où quelque chose d'autre peut se jouer à partir de la place laissée vide à l'imprévu.

G. S. : Peut-on dire finalement que c'est un lieu d'expériences aussi bien pour les enfants que pour les adultes ou les stagiaires qui sont là?

M. M. : Au sens d'une expérience personnelle comme est l'analyse pour quelqu'un.

Ce trajet que l'on accomplit là, eh bien, on en sort différent.

X : A un certain moment du trajet, les adultes sont appelés à avoir envie d'entrer eux-mêmes en analyse.

Y : Oui. Ce qui est en question c'est le sujet, un sujet qui n'est pas donné, mais qui doit advenir au travers des expériences de vie dont on vient de parler.

M. M. : Les adultes présents, au lieu de fournir un discours pédagogique sans faille, sont plutôt là comme supports d'une question qui est en train de se poser; et c'est l'écoute analytique qui permet à l'enfant également d'arriver à reconnaître ce qui de lui parle là dans le symptôme.

Marie-José Richer : C'est parce que nous sommes arrivés à Bonneuil avec ce qui en est de notre désir à nous, que quelque chose a pu se faire avec les enfants. L'adulte, par exemple, répond à l'enfant : « Moi, je viens pour faire du théâtre – ou – je suis intéressé par la musique – ou – je suis intéressé par telle ou telle activité. » Et ceux d'entre vous qui désirent venir faire un véritable travail avec ce qu'il en est de mon désir, peuvent venir. C'est à partir de ça que quelque chose devient possible.

G. S. : Oui, mais vu de l'extérieur, c'est absolument identique à n'importe quelle autre activité dans un hôpital psychiatrique où il y a des ateliers de peinture, de musique, etc. Quelle est la différence entre Bonneuil avec son atelier de pop-music et un autre atelier ailleurs?

M.-J. R. : La question du plaisir se trouve posée. Dans les institutions psychiatriques classiques, il faut maintenir l'ordre. Il faut que l'adulte soit infaillible. On lui demande un rendement. On exige de lui qu'il contrôle tout. J'ai eu une expérience dans des institutions tout à fait classiques, où il m'a été possible de choisir des activités et des ateliers, jeux d'eau, théâtre, peinture. J'ai choisi les jeux d'eau, puisque j'y avais une expérience mais il était absolument impensable de faire quoi que ce soit avec ces enfants, on me demandait de leur apprendre à nager ! Aucune création n'est possible dans un lieu où tout est administré et programmé. Le temps du rêve n'existe pas là où ce qui est visé, c'est la rentabilité ou l'adaptation à une norme. Le sujet disparaît. Il n'est pas question que quoi que ce soit de lui advienne.

G. S. : Qu'est-ce qui se passe aux jeux d'eau à Bonneuil, alors ?

M.-J. R. : Beaucoup de choses, aussi bien au niveau de l'enfant que de l'adulte ! On est là vraiment en tant que support de ce qui peut être entendu et qu'on ne comprend pas à certains moments.

– Et on est en situation d'être interpellé, alors que dans les institutions traditionnelles on est tenu à distance de toute interpellation.

– J'ai fait dans une autre institution un atelier de musique qu'on pouvait croire, de l'extérieur, du même type.

– Que celui de Bonneuil ?

M.-J. R. : Oui, mais j'ai l'impression que ce n'est pas du même corps qu'il s'agit. Le corps des enfants, dans les institutions, c'est un corps à normaliser, à rééduquer.

M. M. : Ce qu'on donne là comme modèle, c'est de l'ordre d'un corps institutionnalisé ; il n'y a plus de place pour un corps symbolisé, plus de place pour faire surgir une vérité d'un corps tordu.

Hélène Marchadier : On évoquait les jeux d'eau. Dans une institution, quand le bassin est vide, c'est-à-dire quand les enfants ne viennent pas à la séance, on se dit : « ça va manquer au rendement » ; parce qu'on a un certain nombre de quotas à faire, et on se sent en faute de faire perdre de l'argent à l'institution.

– Rien ne peut être perdu, c'est ça qui est effrayant dans les institutions traditionnelles : il faut toujours tout transcrire, on vous demande sans arrêt de remplir des dossiers; ici, il peut ne rien se passer, les enfants ont le droit de ne rien faire, de ne pas être situés dans quelque chose.

– Ils ont le droit permanent à la contestation.

– Je ne sais pas si c'est la contestation, mais c'est le droit d'être en dehors de nous.

R. L. : Une institution classique, il n'est pas question de la contester puisqu'elle se présente comme le bien octroyé de tout.

M. M. : Les institutions classiques sont mises en difficulté par l'administration. Pour des raisons économiques, il est demandé à chacun d'effectuer des actes médicaux et extra-médicaux parfois parfaitement inutiles pour l'enfant. Et les adultes se trouvent piégés dans cette médicalisation de la vie, imposée pour que l'institution puisse continuer à vivre sur le plan économique.

G. S. : Qu'est-ce que ça fait, finalement, d'être contesté continuellement par les enfants? N'est-ce pas difficile à vivre?

– Ah! si.

– En tout cas, ça fait faire du chemin. La question qui est posée, c'est : « Qui êtes-vous? » Et ce « qui êtes-vous? », de toute façon, on ne peut y répondre comme ça. C'est même parfois intolérable.

– Il y a aussi le côté positif de la contestation. Il y a eu des moments où nous avions l'impression que ce que nous faisions n'avait aucun sens, que ça ne rimait à rien; à ce moment-là, cependant, les enfants venaient, et venaient nombreux, au travail qui était fait, c'étaient eux qui donnaient le sens. Au moment où nous, nous aurions dit pratiquement « c'est pas possible », ce sont eux qui, par leur présence, donnaient le sens du travail fait.

– Ce qui est important aussi, c'est la façon dont les gens ne viennent pas, à Bonneuil, dans un rôle de médecin, de psychologue, d'enseignant. Ils ne sont pas protégés par la fonction qu'ils occupent. Dans les institutions traditionnelles, ils ont, d'une certaine façon, cette fonction entre l'enfant et eux.

– Ça, c'est peut-être le plus important; c'est ce qui fait aussi que quand on choisit une activité à Bonneuil, on la choisit en fonction de ce que soi-même – au départ (on ne sait pas très bien pourquoi) – on a joué là, pour soi, avec les enfants. Il y a quelque chose de l'ordre d'un risque, de l'ordre d'une aventure, qu'on vit avec les enfants.

G. S. : Bonneuil existe au sein d'une société qui n'accepte pas la contestation en général; qu'est-ce qui va advenir des enfants qui, quittant Bonneuil, se retrouvent dans une société qui est celle de l'ordre?

M. M. : Ce qui est important c'est l'occasion qui aura été donnée à ces enfants d'effectuer un certain trajet sur le chemin du désir. Avant, ils faisaient le mort pour s'empêcher d'être désirants. A partir d'une certaine étape, ils acceptent le risque; peut-être parce que nous avons pu ne pas désirer à leur place.

G. S. : Bonneuil est aussi une école où les stagiaires viennent terminer un diplôme qui rentre dans un circuit universitaire précis.

Z : Certains d'entre nous sont déjà engagés dans une vie professionnelle; et, pour certains, Bonneuil constitue la possibilité de pouvoir continuer à supporter ce qu'ils vivent d'invivable ailleurs.

On appelle improprement stagiaires des gens qualifiés qui préfèrent ne pas être payés [1] parce que ça n'est pas possible actuellement; non pas par idéologie de charité, mais parce que le bénévolat est mis au service d'un combat, sur le plan d'un changement dans la psychiatrie.

Y : N'empêche qu'il y a beaucoup de personnes qui font, à partir d'ici, un travail qu'elles proposent à la Faculté.

1. De septembre 1969 à mars 1975 (date de l'agrément), toute l'équipe (à part quatre permanents) était bénévole (M. M.).

G. S. : Ce n'est pas contradictoire, ça?

Y : Oui.

Z : J'avais commencé mon mémoire de maîtrise, on m'a refusé Bonneuil, comme lieu de stage non prévu dans le circuit universitaire.

G. S. : Est-ce qu'il n'y a pas un autre risque? Que tout ce qui se passe à Bonneuil soit idéalisé et ce qui se passe ailleurs, dénigré?

M. M. : Il faudrait éviter de présenter Bonneuil comme une micro-société composée de privilégiés qui, en vase clos, se nourrissent du rêve de la contestation. Ce n'est pas ça du tout. Bonneuil est un lieu où l'institution, les concepts pédagogiques, psychiatriques, peuvent être remis en question; ce qui permet ensuite à chacun de continuer à avancer dans sa propre recherche, en essayant d'échapper à une sorte de piège institutionnel.

C'est au niveau de la France tout entière que le malaise des soignants se fait sentir; cela a même fait l'objet d'un congrès. Ce qui y était posé comme question, ce n'était pas tant l'inadaptation des enfants que celle des soignants à la tâche qu'on leur propose.

Par ce travail marginal dans lequel nous sommes engagés, nous faisons avancer quelque chose de très important sur le plan de l'éducation en général. D'autres expériences pourront en sortir.

Les enfants ont été amenés, à un moment, à poser le problème de la prolongation scolaire : certains d'entre eux n'ont pu donner un sens à leur vie qu'en allant travailler au restaurant, chez le mécanicien, etc., et cela bien avant l'âge de quatorze ans.

Il y aurait, de même, beaucoup à dire sur le problème de l'obligation des soins. Une situation où chacun est obligé de se soigner, ça tue le désir. En Angleterre, on donne une rente mensuelle à celui qui a un certificat selon quoi, temporairement, il ne peut pas se trouver dans le circuit normal; et, avec cette rente, il fait ce qu'il veut, il peut très bien ne pas se soigner; le thérapeutique est là dans l'acte même de non-obligation des soins. Cela n'est absolument pas compris en France.

G. S. : Qu'est-ce qui est intéressant dans l'alternance entre l'absence et la présence de l'enfant à Bonneuil? Qu'est-ce qui se passe sur le plan de la coupure?

R. L. : Ce qu'il y a de très important, c'est la modulation de cette séparation; bien souvent, il est question de placer en internat des enfants dont on sent bien que le contact avec leur entourage est pathogène. Mais cette séparation brutale fait une coupure qui tombe dans une dimension réelle, sans espoir ni d'un côté ni de l'autre. Et si les retrouvailles se produisent, la situation immédiatement se renoue comme auparavant. Parce que la coupure là n'a pas été modulée, c'est-à-dire n'a pas exprimé un certain désir, de la part des sujets, d'aller là ou ici ou ailleurs, et de conserver dans cette séparation la présence de ceux qu'ils vont retrouver bientôt; c'est-à-dire une coupure symbolique, qui serait comme la présence de ceux qui manquent dans leur absence, de par un éloignement temporaire.

M. M. : Ce n'est qu'à un certain moment que l'enfant peut supporter de ne pas mourir de la séparation. C'est important (surtout dans le cas des autistes).

– On n'en meurt pas *(un adolescent).*

M. M. : On n'en meurt pas, non; et parfois on trouve que c'est drôlement bien de laisser les vieux derrière soi, hein? Ce qui est important, c'est que les familles puissent lâcher ceux qu'on leur envoie et que nous puissions lâcher ceux qui à un moment nous disent : « On en a ras-le-bol! »

G. S. : N'est-ce pas un peu la même mécanique, absence, présence, pour les « stagiaires »?

M.-J. R. : Si, à certains moments l'atelier manque absolument de sens, c'est absolument dingue ce qu'on fait : il faut pouvoir supporter ça, pour finalement se rendre compte qu'on a envie de le faire, cet atelier; et c'est là que ça commence à démarrer, à prendre peut-être un sens, pour soi. L'important, c'est de pouvoir se dire : « J'ai envie de faire ça »; à partir de ce moment-là, ça commence à vivre.

G. S. : Quels sont ceux qui connaissent le travail artisanal et pourraient en parler?

M. M. : Ce qui est remis en cause, à travers le travail avec les artisans, c'est le *spécialiste.* On s'aperçoit, chaque fois qu'un enfant revient d'un séjour en province, qu'il est transformé. Il s'est passé quelque chose avec des gens sans qualification, une relation de vie a pu s'établir, relation très différente de celle qui existe dans les institutions, où chacun vit par l'enfant, voire *de* l'enfant. J'aime aller, disait l'enfant, là où ça parle « nature ». Sur le plan de l'apprentissage, on ne peut comparer la situation d'un enfant qui va chez un menuisier, et y vit une expérience de création avec les adultes, à celle d'un enfant qui reçoit dans un CET des cours de menuiserie par un professeur. Le lieu scolaire professionnel est situé par l'enfant comme un lieu mort. Partir chez l'artisan, c'est la découverte, à travers le désordre, du désir, ...désir qui peut être envie de renouer avec des études classiques.

Z : Les enfants, dans leur travail à l'extérieur, ont accès aux outils des adultes, écoutent les discussions et sont pris dans un bain d'échanges, quoi.

Y : Cela ne peut se jouer qu'avec des artisans, justement.

X : Cela se joue aussi chez les paysans.

Z : Oui, mais dans une usine où il y a un travail à la chaîne, ça n'est pas possible.

M. M. : Évidemment, ce n'est pas pour rien que les enfants se sentent bien dans un travail marginal.

Lors d'un débat qui a eu lieu dans la ville de Bonneuil, certains enseignants nous ont dit : « C'est un tort de ne pas orienter les enfants vers l'usine, ils y apprendraient à se sentir concernés par la bataille syndicale. »

C'est vrai que cette question-là ne nous préoccupe guère en ce moment présent, avec les enfants que nous avons. La bataille syndicale n'aura de sens pour eux qu'à partir du moment où ils auront d'abord récupéré une parole en propre.

G. S. : Finalement n'est-ce pas disons : la vérité qui sort de Bonneuil, à travers tout ce cheminement?

M. M. : Une vérité.

G. S. : Oui, mais radicale.

M. M. : Peut-être, mais différente pour chacun.

5

Les enfants de l'institution éclatée

DÉBAT [1]

Eh oui, je suis fou. Mais alors, tudieu, à genoux, à genoux! Je vous ordonne de vous mettre tous à genoux devant moi! Comme cela. Et touchez trois fois la terre du front! A terre! Devant les fous, tout le monde doit se tenir à genoux!

Pirandello, *Henri IV* [2].

Nous livrons ici des extraits de débats qui se tiennent toutes les semaines entre enfants, adolescents et adultes. A ces réunions « pour dire », en succèdent d'autres « pour faire », pas toujours avec les mêmes enfants. La présence à ces réunions est facultative. Certains n'y viennent jamais, d'autres quittent leur travail pour y venir. Ne s'y retrouvent de façon régulière que cinq ou six enfants sur vingt-six, dont *Paul,* adolescent de dix-sept ans, dit schizophrène, qui passe l'essentiel de son temps dans un restaurant; *Hyacinthe,* adolescent de treize ans qui a connu une période de rejet scolaire radical et suit actuellement une classe de cinquième; *J. M.,* un ancien autiste qui a quitté Bonneuil pour une école de village; *Arabelle,* une adolescente de quinze ans, étiquetée psychotique; il s'agit en fait d'une adolescente contestataire qui s'est fait renvoyer de partout; *Henriette,* dix-sept ans, qui a, elle aussi, été étiquetée psychotique et s'est fait avorter à seize ans; elle se trouve

1. Avec les enfants de Bonneuil, et Noelle Filippi, Maud Mannoni, Hélène Marchadier, Dominique Misset, Michel Polo, Alain Vanier, ainsi que des éducateurs et médecins de passage.
2. Trad. Benjamin Crémieux, Paris, Gallimard, 1950.

actuellement dans un foyer de jeunes travailleuses et est secrétaire; *Paterne,* un adolescent de treize ans au passé psychiatrique déjà lourd; il suit une classe de cinquième; *Patrice,* treize ans, qui est un nouvel arrivant précocement psychiatrisé; musicien et amoureux de la nature, il s'est transformé lors d'un long séjour dans l'Aude; il suit actuellement une classe de quatrième.

Paul (17 ans) : Les gens, je m'en fous, je n'ai rien à m'en branler. Je ne nourris plus le quartier. Ils ont fermé leur gueule.

Maud Mannoni : Quel quartier? Celui de Bonneuil ou le tien?

Paul : Ils n'en reviennent pas de me voir changé, ceux du quartier de mon enfance. Si moi je change, eux, ça les gêne. Ils s'étaient habitués à avoir leur dingue. Je les perturbe en changeant.

Michel Polo : Et si on faisait un papier pour les gens de Bonneuil [1] en leur disant qu'on passera leur demander les services qu'on peut rendre?

Paul : Pas d'accord, les vieux on les met au trou.

M. M. : Et les vieux disent : les dingues on les met au trou?

....

Paul : Dans le bois, à sept heures du matin, une fille m'a dit : « Tu veux une pipe? » Elle me faisait chier. La prochaine fois je la tue.

Bernard (15 ans) : Les putains sont dégueulasses. Je ne suis pas d'accord, il faut les supprimer.

M. M. : Vous n'êtes pas d'accord, pourquoi penser tout de suite à les tuer?

Paul : C'est parce que les autres m'ont traité de fou, que je me suis fait superman. Avant, dans mon travail, c'était le boucher, le fou. Depuis que je suis là, c'est moi qu'on fait actionner comme ça, et le boucher est malade maintenant.

1. Il s'agit de la population du quartier (M. M.).

. . . .

Paul : Mon père est un con. Je me suis trouvé avec la main coupée d'avoir voulu arranger le Frigidaire des parents. On m'a vacciné contre le tétanos. Maintenant, chacun son métier. J'ai compris. Maman disait : « Arrête, il est con, ton père. » Mon père a besoin de psychanalyse, mon frère aussi. Mon père ne veut plus payer Bonneuil. Le fou, dans l'histoire, c'est pas moi, c'est lui. S'il ne m'avait pas battu quand j'étais gosse, ça ne serait pas arrivé, mes difficultés et tout ça. On m'a rendu dingue.

J. M. (7 ans) : Battu, jaloux, ce con.

Paul : Je suis gentil, mais il y a des limites. Il veut m'enfermer. Je ne veux plus rentrer chez moi. Mon père a passé son bac à quatorze ans. Je n'ai rien à foutre de son bac.

J. M. : Con va, espèce de jaloux.

Paul : Les racistes, je leur casse la gueule. Les patrons ont besoin des étrangers pour faire leur sale boulot, moi aussi, je le fais le sale boulot. Alors mon père n'a qu'à fermer sa gueule, c'est un sale con. Le chef m'aime bien. Mon père, on le fout en cabane... J'en ai marre de moi-même. J'ai droit à la vie quand même?

M. M. : Oui, mais pourquoi toujours : *ou* on va couper la tête au père, *ou* on va couper la tête au fils?

Paul : Mon père n'a pas eu de père, c'est ça qui fait qu'il ne peut supporter d'avoir un fils.

. . . .

Hyacinthe (13 ans) : J'aimerais que Paul puisse foutre le camp.

Paul : C'est ça, d'ailleurs je ne dors plus. Je finirai par te laisser la place, monsieur le roi. Rothschild ne pourrait pas donner de l'argent à Bonneuil?

M. M. : Il a donné deux mille cinq cents francs.

Paul : Et l'ORTF?

M. M. : Ce que l'ORTF a donné a permis de payer les vacances.

Paul : Quelle fatigue, une nuit. Les transports en commun, ça rend fou. Les gens sont cinglés. Je ne sais pas si j'arriverai à payer mes pantalons, mes chaussures. Ce week-end a été bien, car je n'étais pas à la maison. Il faudrait mettre mon père à l'asile.

M. M. : Pourquoi pour vivre, il faut en enfermer un?

. . . .

Paul : Léon [1] arrête de cogner. On va te mettre dans la douche froide de l'hôpital psychiatrique. Des gosses comme ça, il faudrait les supprimer.

Didier [2] : Nom de Dieu, des enfants comme ça! qu'est-ce qu'il faut entendre!

Hyacinthe : La vie est dure.

Paul : Il n'y a que moi qui vais bien.

Henriette : On est des privilégiés, car, en France, ce sont les psychiatres qui soignent les gens à problèmes. Nous, on est débarrassés des médecins, ici.

Hyacinthe : Si je n'avais pas été au F 5 [3], je n'aurais pas connu Paul. Il faudrait me débarrasser de lui.

Paul : Monsieur est roi. Je lui laisse la chambre et je fous le camp.

Hyacinthe : Je veux dormir seul.

Paul : Ça ne va pas, toi, petit con! Je te supprime ou je couche au 61 [4].

M. M. : Tu considères Hyacinthe comme dangereux?

1. Léon est un enfant autiste de dix ans.
2. Didier est un enfant dit débile, de huit ans.
3. Le F 5 est un appartement situé dans une HLM de Bonneuil. Il accueille la nuit quatre enfants et deux adultes.
4. Le 61 est un pavillon ouvert aussi pour un accueil de nuit.

Paul : Non, c'est un pauvre con. Mais on m'a tellement emmerdé quand j'étais gosse que maintenant je pense à moi.

M. M. : C'est pas drôle d'être enfant de famille nombreuse. On veut toujours en supprimer un.

Paul : Mes malheurs ont commencé quand j'ai voulu réparer la télévision de mon père; ça l'a rendu fou.

Henriette : Il ne serait pas chirurgien, s'il était fou.

Paul : Ne me parle plus de mon père. Je vais être majeur. On va arroser ça. On invitera Sylvie Vartan et ça rapportera de l'argent à Bonneuil.

....

M. M. : Hyacinthe, en paroles, tu n'es pas marrant pour Paul. Tu lui dis tout le temps : on va te tuer.

Hyacinthe : C'est lui qui dit ça et je le lui retourne.

M. M. : Alors, Paul, tu pars à la campagne, comme tu l'as demandé, reprendre tes esprits? C'est toi qui téléphoneras pour dire la date à laquelle tu veux reprendre. Un certificat d'arrêt de travail sera envoyé à Régine.

Paul : D'accord. J'en ai ras-le-bol de tout. J'aimerais bien aller au 61.

Patrick (14 ans) : Mais pas tous les jours car il y a Michel. J'aimerais bien voir Paul le soir, mais pas nécessairement qu'il couche au 61. On devrait pouvoir se voir d'un lieu à l'autre, sans changer de lit où dormir.

Paul : Oui, sinon ça fait des prisons dont on ne peut s'échapper.

Hyacinthe : Paul me réveille. Il pourrait ne pas me réveiller, s'habiller à la salle de bains.

M. M. : C'est important d'avoir un lieu fixe pour dormir, de savoir qu'on ne sera pas délogé. Mais qu'on ait la liberté de passer sa soirée ailleurs. Si on ne peut s'échapper du lieu d'accueil de nuit, ça fait comme une prison : c'est ce que dit Paul. Il faut qu'il n'y ait pas de ghettos.

Paul : L'obligation de faire la cuisine le soir, c'est pas marrant. On ne peut plus vivre, d'avoir toujours quelque chose à faire et toujours des règlements. Éplucher les patates, les carottes, les oignons, j'en ai marre. Pendant six mois encore, il faut éplucher, avant de pouvoir faire autre chose.

M. M. : Dans les pays africains, la règle du jeu, avant de décider qu'un adolescent devient homme, c'est de le perdre dans la forêt et de lui faire subir des épreuves physiques qui vont le marquer dans sa chair.

Paul : La vache! C'est dégueulasse d'avoir à souffrir pour devenir un homme. Les grandes personnes, c'est pas marrant.

. . . .

Arabelle (15 ans) : Il y a une chanson sur le zizi.

M. M. : Un professeur s'est fait renvoyer du lycée parce qu'il avait donné comme exercice pratique à ses élèves le chant du zizi.

Arabelle : Et pourquoi pas? On chante bien *la Marseillaise*. C'est bien pareil. Tout le monde en a un.

M. M. : Il y a ceux qui l'ont et ceux qui ne l'ont pas.

Arabelle : C'est ceux qui n'en ont pas qui devraient en parler.

Sabine [1] (13 ans) : Sabine couche dans le lit de Ronald ce soir.

Arabelle : Dans les colonies, filles et garçons couchent ensemble. Moi, je regardais ma copine coucher avec son copain. Il y avait autant de filles que de garçons. Quand je vois les jeunes filles avec de longs cheveux, je comprends qu'on tombe amoureux d'elles.

. . . .

1. Sabine, ancienne autiste de douze ans, couche de temps à autre à Bonneuil et réclame de pouvoir coucher avec Ronald, un garçon de son âge qu'elle aime et déteste à la fois (M. M.).

Henriette (17 ans) : Ça m'intéresse, Mannoni, d'aller au chantier. Ce n'est pas très recommandé que je m'occupe d'enfants, car je fais la conne.

M. M. : Ça ne dépend que de toi de ne pas faire la conne, comme tu dis. Il y a un rapport curieux entre les enfants et les enfants-chats. Il y avait un petit chat et tu lui as coupé les moustaches et puis tu as rapporté un autre chat à ta mère. Tu l'as trouvé où, ce chat?

Henriette : Dans la rue. Le panier, c'est maman qui me l'a donné, parce qu'elle voulait que j'amène le chat ailleurs. J'ai envie d'avoir une bête fidèle, un ami.

M. M. : Cette bête fidèle, tu l'as chipée à qui? Elle se trouvait peut-être fidèle à d'autres maîtres.

Henriette : Ma mère n'en veut pas. Je l'amènerai à une société protectrice des animaux.

M. M. : Ce n'est pas si drôle. Ce chat, il avait des maîtres.

Henriette : Je l'ai pris dans la rue. Il courait. J'ai si envie d'avoir une bête fidèle.

M. M. : Tu avais envie d'avoir un bébé, aussi.

Henriette : Pourquoi tu dis ça?

M. M. : Parce que cette histoire de chat vient après cette histoire de bébé.

Henriette : Qu'est-ce que je ferai de Moumoune pendant les vacances de février? Je peux te le confier, Moumoune?

M. M. : Il est mieux chez toi. Tu as une maison et un jardin. Qu'est-ce qui ne va plus, depuis quinze jours?

Henriette : Je me suis bagarrée avec des filles. Elles m'ont dit toutes sortes de choses et puis Ramone en a ras-le-bol de moi. J'ai envie d'aller dans un chantier de jeunes. C'est mieux qu'emmerder les parents.

X : Tu ne peux y aller avec ton chat Moumoune.

Didier : Pourquoi elle veut aller au chantier, Henriette?

Dominique Misset : Ce n'est pas si simple, dans ce chantier. Ce qu'ils veulent, c'est recevoir les adultes de Bonneuil. Les enfants viennent en plus. Ils réclament des filles, parce que c'est une communauté d'hommes. Ce n'est pas évident qu'il y ait lieu d'y envoyer Henriette.

M. P. : On trouvera bien un autre lieu.

Didier : Moi aussi, je veux aller à Nice.

Hyacinthe : Je voudrais discuter d'un problème... Je ne m'accorde pas avec le serrurier [1].

M. M. : On a appris que tu allais chez lui pour te fabriquer des objets personnels que tu ramenais à la maison. On a cru que tu te mettais au service d'une production. Et c'est devenu un travail de patronage... Tu peux pas emmener la serrure chez toi.

Paterne (13 ans) : Ah! Il est marrant celui-là. Il va chez l'artisan et puis, hop! il se prend la porte sur le dos. Le patron n'a qu'à courir après les clés, la serrure. Tout ça se trouve chez maman... C'est comme ça que t'as mal à la tête... de ces conneries.

Hyacinthe (qui pleure) : Je voulais terminer mon cendrier.

Paterne : Il faudrait faire ton cendrier dans une maison de jeunes, pas chez le serrurier.

Noelle Filippi : A la maison de jeunes, tu fabriques et apprends une technique et tu peux prendre les choses chez toi. Mais, si tu apprends à être maçon, tu ne vas pas emporter la maison sur ton dos. C'est pas la même formation.

. . . .

M. M. : Qui était là, hier soir, pour accueillir Paul?

Arabelle : Qu'est-ce qu'il a eu?

M. M. : Sa grand-mère est morte. Il croit que c'est lui qui est en train de mourir d'un cancer, d'avoir son pouls qui se décompose.

1. Hyacinthe va une fois par semaine chez un serrurier (M. M.).

Arabelle : Où est-il maintenant?

M. M. : On l'a amené, à sa demande, à l'hôpital de Créteil, où il peut avoir une chambre pour lui tout seul. Il y passera un jour ou deux.

Arabelle : Moi, ça me plairait de passer deux jours à l'hôpital.

Didier : J'ai fait une colère cet après-midi avec un ancien.

Hyacinthe : Hier, j'ai pris Aimée [1] à Lille. Je lui ai apporté un cadeau. Elle ne m'a rien dit. Ça m'a fait un coup. Elle est restée mutique.

Son père lui avait donné de l'argent pour acheter des petits pains. Il n'y en avait plus chez le boulanger. J'ai acheté un flan. Là aussi, elle est restée comme une momie et je me suis retrouvé avec le flan sur les bras.

M. M. : Tu lui demandes qu'elle ait des demandes. C'est là que ça ne va pas. Aimée t'envoie promener, ça lui fait du bien à elle de dire non.

Hyacinthe : C'est le père d'Aimée qui veut qu'elle formule des demandes. C'est là-dedans que je me suis trouvé pris.

M. M. : Il faut, tu vois, ne pas jouer le rôle des parents d'Aimée avec Aimée.

Patrick : Armand a piqué une crise à la piscine. C'était pas drôle. Le maître-nageur est venu me donner une leçon.

Didier : Eh bien, tu laisses dire.

Paterne : C'est dingue à souhait ici.

M. M. : Sabine, on n'a pas très bien compris quand tu prenais ta retraite.

Sabine : Dans un an.

M. M. : Si tes parents prennent leur retraite, tu pourrais rester ici, interne.

Sabine : Non. J'appartiens aux parents.

1. Une adolescente dite schizophrène, de quinze ans.

Paterne : Tu es pas un meuble. Ce qu'il faut entendre, tout de même! T'es pas mariée avec eux.

Alain Vanier : Paul s'est mis en position comme s'il était étranglé. Il a failli étrangler Yannick l'autre jour, et ce matin il réclamait un médecin.

M. M. : Sa « crise » cessera dès qu'il se trouvera seul dans une chambre à l'hôpital de Créteil. Si ça se trouve, on nous le rendra le lendemain et cela sans qu'il ait été nécessaire de lui donner une médication [1].

A. V. : Ça s'est en effet arrangé par miracle dès que nous sommes partis.

M. M. : Un lit à l'hôpital général, c'est drôlement mieux qu'en psychiatrie. Tania n'a pas eu cette chance. Dès qu'elle s'est trouvée chez le docteur X, elle a eu droit à la cure d'insuline. Maintenant, on la renvoie parce qu'on l'estime « dangereuse ». Mais elle n'était pas dangereuse quand elle est entrée. On l'a rendue dangereuse, et maintenant elle est à l'asile.

Un médecin (de passage) : Elle a grossi de vingt kilos et l'insuline n'est vraiment pas une indication dans le cas de ce qu'on appelle une psychose hystérique. C'était pas une mélancolique.

A. V. : Paul, dans sa crise, prenait la position de la morte. Son père lui avait expliqué les différentes positions d'un de ses malades atteint de troubles catatoniques. Il a fait ensuite comme une crise de possession. A l'hôpital, ils ont quand même été impressionnés. Il a fallu qu'on les rassure.

M. M. : Paul disait : mon cou va mal, vous ne voulez rien en savoir. C'était pas la peine de lui dire que c'était dans sa tête que ça se passait. En crise comme il était, j'ai abondé dans son sens. « Ce cou qui va si mal, il faut le mettre au repos. Un repos total. »

1. Il arrive qu'un adolescent « en crise » réclame la protection d'un hôpital. Nous avons alors la possibilité de le faire accueillir à Créteil dans une chambre individuelle. La durée de ces hospitalisations n'a jamais dépassé vingt-quatre heures (M. M.).

A. V. : En route pour l'hôpital, il a fait mine de se jeter par la portière, à cause du démon en lui.

Lucien [1] (13 ans) : Il faut laisser les médecins tranquilles. Ils n'y comprennent rien, hein, Mannoni !

A. V. : Ce qu'il faut, c'est que ça puisse changer de registre.

M. M. : Vendredi, Paul disait : je vais enterrer ma grand-mère et puis je reprends le travail.

M. P. : C'est après le repas de funérailles que Paul a été pris de malaise et qu'il a pris une posture de catatonique. Il y a eu en effet un bon repas, et puis on a proposé à tous une séance de cinéma.

A. V. : Comme s'il fallait effacer le deuil qu'on était en train de vivre.

M. P. : Paul est embauché ce lundi au chantier.

Paul : Elle est morte.

M. M. : Oui, elle est morte.

Paul : Ça m'a secoué, il faut continuer à vivre.

Arabelle : J'ai connu une petite fille, sa mère est morte d'un cancer généralisé.

Paul : Ne me parle plus de mort.

Arabelle : Elle est orpheline, cette petite fille. A neuf ans, c'est pas drôle.

M. M. : Il est possible de faire son trou à Gratte [2].

Paul : On s'enterre. A long terme, c'est pas drôle.

Un éducateur : On reçoit à Gratte ceux qui sont sortis de l'hôpital psychiatrique.

1. Il arrive qu'à ces réunions avec les enfants, les adultes discutent un problème les concernant. La plupart du temps, ces réunions s'offrent comme une scène où l'enfant « joue » sa folie, la joue, soutenu par un chœur que constitue le groupe d'adultes et d'enfants présents (M. M.).
2. Gratte est une communauté où l'un des adolescents a fait un séjour.

M. M. : Paul a raison de dire que ça peut devenir un enterrement, à Gratte. Tout dépend de ce qu'on va faire à partir de là. Cette idée d'avoir à *soutenir* le patient, n'est pas une idée tout à fait juste. Il faut pouvoir être le *support* d'un délire.

Un médecin : Mais il faut pouvoir le supporter, ne pas avoir peur. Ce qui leur manque, c'est un psy dans le circuit à qui parler. Ils se sentent coupés de tout.

Paul : C'est ça, on est là coupés de tout. Tous les chats abandonnés viennent à Bonneuil. Bientôt on amènera un tigre.

Arabelle : Le chat abandonné est à moi maintenant. Je l'ai conduit au vétérinaire. Je lui donne du hareng saur et de la sardine. Je lui ai même trouvé une famille d'accueil, à ce chat. Le père ne voulait pas de ce chat. Quand je suis arrivée ce matin, je me suis aperçue que le chat avait passé sa nuit dehors. Il a attrapé une sinusite.

Paul : Le mari était dingue. Vaut mieux ne pas se marier.

Arabelle : La dame m'a dit : « Ce chat peut avoir la rogne! » Je lui ai dit : « J'irai le faire piquer contre la rogne à l'école vétérinaire. » J'ai amené le chat ici. Il adore ce nouveau milieu. Il a pris le hareng saur d'abord et puis la merde. C'est son penchant normal. Il lance des petits pets. Plus je transporte le chat, plus ça coule. J'ai eu des réflexions désobligeantes des gens. On me disait : « Qu'est-ce que c'est que ce chat qui sent mauvais et qui n'est pas comme nous? »

. . . .

Patrice (13 ans) : Ma mère a passé des matinées à chercher des centres médico-pédagogiques qui m'accepteraient et rien ne convenait, et puis, on lui a indiqué Bonneuil. A l'hôpital, je me suis mis en colère et j'ai fait une fugue. Ils avaient peur qu'en arrivant à Bonneuil, je me sauve à nouveau. On me donne trop de calmants.

Paul : Elle est mal faite, la société...

Henriette : C'est la religion qui est mal faite : il en faudrait une pour les vieillards, une autre pour les jeunes.

Patrice : Il faut changer la société.

Paul : Comment on se sert d'un carnet de chèques?

(Léon gifle Patrice.)

Hélène Marchadier : Chaque fois qu'il y a un nouveau, il lui fonce dans les plumes.

Patrice : Il veut qu'on s'intéresse à lui, quoi. Il faut qu'on s'y mette, à changer la société.

Paterne : Elle sera toujours mal faite.

Paul : Tout le monde reste dans son coin. Il faudrait nationaliser les banques.

Patrice : J'ai perdu la notion du temps, avec ces médicaments. J'ai fait une dépression à l'hôpital Bretonneau – puis on m'a amené à la Salpêtrière. Là c'était pire.

Paterne : Six mois que je suis resté à Esquirol.

Paul : J'ai mis de l'argent à la banque.

Patrice[1] : On me donne tant de médicaments que je ne vois plus clair. J'ai envie de sortir de l'hôpital. Ce sont tous des cons, les psychiatres. Je tâcherai de ne pas leur faire voir que je les trouve cons. Comme ça, je sortirai peut-être plus vite.

Paul : T'as qu'à faire le normal, quoi! C'est un salaud, hein!

Patrice : C'est mon médecin. J'ai été idiot de leur faire peur. Les médecins me croient dangereux. J'ai tout fait pour ça. Ce n'est pas malin.

Paul : Quand va-t-on changer la société? Clochard, c'est pas un métier d'avenir, et aller en prison ça ne vaut pas le coup.

. . . .

1. Patrice était alors présent en « journée d'accueil ». Il n'était, à cette époque, pas encore sorti de l'hôpital (M. M.).

M. M. : Tu n'as pas intérêt à retourner dans ta famille, puisque chaque fois que tu y retournes, tu es en crise et tu affoles le monde.

Paul : C'est vrai.

M. M. : Il y a eu une histoire folle, chez toi. Tu discutais avec ta mère au petit déjeuner, à propos de l'appartement de ta grand-mère qui pourrait être mis à ta disposition. Tu lui dis : « Mais j'aurai l'électricité à payer, le gaz à payer. » Ta mère répond : « T'en fais pas, travaille d'abord. On va pas te couper les bras avant que tu commences dans la vie. » Ton père répond : « On me les a bien coupés à moi... » Du coup, tu as fait le mort, tombant par terre comme une masse. Comme si devenir adulte, c'était être mort.

Paul : C'est vrai, mon père est jaloux de moi et c'est dur à supporter.

M. M. : Ta mère t'a donné le droit de monter sur son cheval, alors qu'elle l'interdit à son mari. C'est pas facile pour lui non plus.

Paul : Il n'a pas eu de père, faut le comprendre. Il ne peut supporter d'avoir des fils. Ce qui est drôle, c'est que c'est moi surtout qu'il empêche de vivre. Il faut que je reste malade, alors lui il est bien.

2

D'un trajet à Bonneuil

6

Le temps de l'école

Débats entre des enfants de Bonneuil, Michel Canavaggio, Hélène Marchadier, Dominique Misset, Michel Polo, Alain Vanier.

I

Le temps de l'école, c'est d'abord le temps réservé par les adultes pour parler avec les enfants de l'organisation mise en place (à Bonneuil et hors de Bonneuil). Le travail ne saurait être séparé de la vie, et l'ordre des sujets abordés est souvent celui amené par les enfants eux-mêmes.

Michel Canavaggio : Je proposais qu'il y ait deux choses : d'une part la composition des textes, en reprenant les textes que les enfants écrivent un peu partout, et qu'on imprime avec les petits caractères et, d'autre part, il pourrait y avoir une activité avec les lettres en bois, à laquelle pourraient participer les tout-petits. Car les petits caractères, ce n'est pas facile à manier, et si c'est nous qui les manions pour eux, c'est bête, tandis qu'avec les gros, c'est plus facile...

Paul : Ouais, ouais, il a raison entièrement, il faut des gros; parce que les petits, je me souviens quand j'étais avec les Guérin, quand je faisais l'imprimerie, eh bien j'avais du mal à voir les lettres. Je me souviens *(à M. ou J.)* – t'arrêtes toi de me toucher les pieds, t'es obsédé par mes pieds – je me souviens qu'il fallait six jours pour faire un texte. Alors, vaut mieux des gros : moi, je vois mieux quand c'est gros.

M. C. : Les lettres en bois, il faut les nettoyer comme les lettres en plomb, c'est-à-dire qu'il faut les nettoyer à chaque fois, et il faut que ce temps de nettoyage soit compris dans l'atelier d'imprimerie, et que celui qui arrive après ait des lettres et une machine propres.

Paul : Il faut nettoyer les lettres avec du white-spirit, et les essuyer, c'est très important. Ça met une heure, deux heures, des fois six heures.

M. C. : A propos de l'ordre des textes... je voulais demander si ce qui était l'année dernière continue, ou s'il faut faire avec autre chose. Ensuite il faudrait faire un ordre des textes, de manière qu'il soit repris régulièrement. Si un texte est composé et qu'il ne peut pas être tiré, on laisse la forme avec le texte, et un petit mot disant qu'il est à tirer.

Alain Vanier : C'est à ça que sert le cahier de liaison, sur lequel on note tout ce qu'on a fait et ce qui reste à faire; de manière que ceux qui viennent après nous puissent continuer. Ce qui est important, et ce qui est nouveau cette année dans la manière dont on fera fonctionner l'imprimerie, c'est qu'on commencera tous les ateliers par un temps de discussion autour du magnétophone, un temps où on pourra dire tout ce qu'on a envie de dire...

Paul : Et on peut dire aussi que l'imprimerie de cette année n'est pas la même que du temps d'avant. Les choses ont changé, ce ne sont plus les Guérin, c'est Polo qui est là.

Michel Polo : Je voudrais parler de quelque chose qu'il faudrait mettre en place, ce sont les relations avec les voisins. Alors, si c'était possible à l'imprimerie de tirer un texte, disant que les voisins nous ont supportés pendant quelque temps et qu'on voudrait leur rendre service et qu'on passera tous les jours à une heure précise pour leur faire des courses, des choses comme ça, nettoyer les caves...

Paul : On leur doit bien ça, aux voisins. On les a supportés pendant quatre ans et ils ont failli appeler les flics et on a failli être vidés.

A. V. : Ils nous ont supportés aussi...

Paul : Oui, heureusement qu'ils n'ont pas appelé les flics parce qu'on aurait fermé l'école. J'ai fait chier les voisins quand j'étais petit à Bonneuil, parce que j'avais envoyé un truc qui avait cassé un carreau chez le voisin. Je me souviendrai de ça toute ma vie. Il vaut mieux avoir des amis que des ennemis.

Hyacinthe : Je suis tout à fait d'accord avec toi.

Paul : Si les voisins n'arrivent pas à nous supporter, eh bien, la baraque elle ferme. Ce qui est important c'est pas tellement que les voisins ne seraient pas contents, c'est que Mannoni ne serait pas contente. Parce que le gouvernement, il aime pas tellement cette école alors il pourrait l'enfermer entièrement, il pourrait nous enfermer, même vous il pourrait vous enfermer, il dirait que vous êtes fous. Et, au contraire, c'est eux qui sont fous. Ils ne cherchent pas à comprendre. Quand ils n'arrivent pas à faire quelque chose, ils appellent les flics. C'est vous qui êtes fous. Faut jamais chercher à comprendre, avec les flics. Vaut mieux pas avoir des ennuis avec le gouvernement. C'est pour ça que ces connards, faut les laisser tranquilles et aller faire leurs commissions... Si je casse le flic à un car de flics, il viendra dix cars de flics. C'est normal, faut jamais discuter avec eux, ils ne discutent pas.

Dominique Misset : L'atelier d'imprimerie, ça peut aussi signifier venir ici et écrire des textes. On peut le faire aussi bien ici qu'à la bibliothèque. Il y a une table, on en ajoutera peut-être une plus grande. L'imprimerie ça peut donc dire beaucoup de choses dans une matinée.

A. V. : Il y a une possibilité de travail scolaire, pour ceux qui en ont envie...

Didier : Quand est-ce qu'on va tirer mes textes?

A. V. : Eh bien, quand tu en auras écrit un, Didier.

Hyacinthe : L'imprimerie, ça consiste en quoi en fait?

A. V. : La principale chose qu'on fait, c'est qu'on essaye de produire un journal. L'année dernière, on en a produit un seul pour toute l'année, mais là, on en produira un tous les trimestres. Tu vois, c'est un journal qui contiendra tous les textes que vous aurez faits.

M. C. : Les textes, les dessins, la couverture, on fera tout nous-mêmes.

D. M. : Des histoires, des poèmes...

A. V. : Alors ensuite, ce journal, on le vend aux gens qui veulent l'acheter, que ça intéresse...

Paul : Alors là faut faire gaffe, parce que c'est interdit de vendre. Faut se faire le plus discret possible, parce qu'on peut avoir des histoires. Je connais des gens qui ont vendu des journaux comme ça; c'était interdit, ils se sont fait embarquer par les flics. Faut faire gaffe.

D. M. : C'est interdit sur la voie publique. Mais, si tu arrives chez tes amis en disant : voilà, j'ai écrit un journal, est-ce que vous voulez me l'acheter? Personne ne peut t'interdire ça.

A. V. : On peut le vendre, mais également ce sera un moyen de garder le contact avec tous les gens et les artisans avec qui on a travaillé, par exemple cet été dans les Landes; on pourra leur envoyer un exemplaire.

D. M. : La Suisse, la Bretagne.

A. V. : L'Aude.

Paul : Et même Bordeaux, Talence, c'est très important Talence.

A. V. : Ça veut dire qu'on en tirera un beaucoup plus grand nombre que l'année dernière. Quelque chose comme cent cinquante exemplaires.

D. M. : Hyacinthe, on a répondu à ta question?

Hyacinthe : Oui, comme ça.

D. M. : Il faut que tu viennes un jour voir comment ça se passe.

M. C. : Tu verras comment on compose un texte. Ce sera ton texte ou celui d'un autre, ça dépendra du jour. Tu le composeras, tu l'encreras et tu le tireras à cent cinquante exemplaires.

Hyacinthe : Cent cinquante!

D. M. : Ce qui est important, pour résumer, c'est qu'il y aura tous les mercredis matin à midi moins le quart une réunion pour qu'on parle du fonctionnement de l'imprimerie. Pour savoir si ça va, si ça va pas, ce qu'on a envie de faire, à qui on a envie d'envoyer les exemplaires.

Lucien : Mais je m'en moque!

D. M. : Si tu t'en moques, tu viendras le dire aussi.

II

Alain Vanier : Ce matin, on a eu des difficultés à continuer le travail d'imprimerie, et en discutant tous ensemble, on a eu l'idée de faire à l'imprimerie un lieu de scolaire pour les adolescents, où il serait possible de travailler ensemble. On n'abandonnerait pas le journal, mais il serait fait l'après-midi et ne paraîtrait que lorsqu'on aurait vraiment des choses à dire... Ça permettrait d'être moins isolé.

Patrick : Oui, il faudrait apporter des livres.

A. V. : Oui, il faudrait avoir des livres pour les différents niveaux, troisième, quatrième, etc., ainsi que pour le CEP.

Hélène Marchadier : Pour le certificat d'études il n'y a pas de livres, il y a un programme et c'est autour du programme qu'il faut qu'on trouve des livres (...).

Hyacinthe (pleurant) : Moi je comprends pas. J'étais venu ce matin pour faire de l'imprimerie et pas pour le scolaire; c'est pas mon jour de scolaire. Si je ne peux pas prévoir à l'avance, ça va me poser un grand problème.

A. V. : Qu'est-ce qui te pose un grand problème?

Hyacinthe : Je sais pas comment le résoudre, ce problème, le problème que j'aurai du scolaire à faire le matin, c'est-à-dire que si ici ça va devenir une école, ça va peut-être me rappeler le lycée où j'étais avant. Voilà.

H. M. : Ça, je crois qu'il faut que tu y mettes du tien, pour que ça ne ressemble pas à un lycée. Ce qu'on va essayer ici, c'est qu'il soit possible qu'un enfant soit aidé par un autre enfant. C'est-à-dire que tu pourras aider un enfant moins avancé que toi.

Hyacinthe : Oui, d'accord.

H. M. : ...à tous les niveaux, c'est-à-dire que l'autre ça l'aide et toi ça t'aide à sortir de tes petits machins. Ça veut pas dire qu'on va bouleverser toutes tes études.

Lucien : Eh ben non!

Arabelle : C'est pas un collège d'enseignement technique ici! Tu pourras être professeur et élève en même temps.

Paul : Les profs, c'est tous des cons!

III

H. M. : Moi, j'ai été très touchée ce matin par Patrice, que j'ai rencontré en bas, allant travailler dans sa chambre.

Lucien : Oui, c'était au 61.

H. M. : ...comme si se posait la question du sens du travail en commun ici le matin.

Patrice : Il se trouve que le travail en commun m'a déçu. Par exemple, vendredi matin on m'a obligé à monter pour faire de l'histoire et on a commencé à parler et puis on a joué aux cartes. Alors, moi, je préfère travailler en solitaire.

H. M. : Ce que tu veux dire, c'est que tu es ici pour travailler?

Patrice : Ben oui. Je compte rester ici pour la fin de mes études parce que ça ira mal dans un autre collège. J'avais tellement d'absences fréquentes.

Arabelle : D'absences fréquentes? D'absences là-dedans (montrant sa tête), ou d'absences...

Patrice : D'absences physiques.

Arabelle : Ah bon!

Patrice : Je trouve le matin qu'au lieu de discuter ou de jouer aux cartes, on devrait faire des maths, du français, etc., travailler avec un livre.

H. M. : Ce qu'on a fait hier, comment tu trouvais ça?

Patrice : Hier matin c'était bien, c'était vraiment un travail en commun, tandis que les autres fois, tout le monde travaillait de son côté, il y en avait qui faisaient du français, etc. Moi j'aimerais que tout le monde fasse la même matière en même temps.

Hyacinthe : Oui, mais est-ce que tout le monde a envie de faire la même matière en même temps?

Prosper : Hier c'était très bien. Pendant que vous parliez de tout ça, je faisais ma rédaction, mais c'était très bien.

H. M. : Ce qu'il faut c'est pouvoir préserver toutes les solutions.

A. V. : Ça a marché les mathématiques ce matin?

Patrice : A peu près, j'avais beaucoup de difficultés à comprendre.

Arabelle : Ceux qui changent d'humeur, ils peuvent rester comme ça toute leur vie. Moi, je connais une fille, elle est tantôt en haut, tantôt en bas, elle est jamais au milieu. Moi, c'est pareil, j'arrive pas à me mettre au milieu, c'est le baromètre déréglé. Je n'y peux rien, c'est comme ça. Ça existe...

Patrice : Est-ce qu'il y a déjà eu des « Fac-Spéiens [1] » qui ont eu un examen ou un brevet?

A. V. : La Fac-Spé existe depuis deux ou trois mois. On n'a pas encore eu l'échéance d'un examen.

Patrice : Et depuis la création de Bonneuil?

1. Fac-Spé est le nom donné par un adolescent au groupe du secondaire.

Michel Polo : Il y a un garçon qui est maintenant en terminale C qui va passer le baccalauréat.

Patrice : Il a passé son brevet ici?

Dominique Misset : Oui. Il y a aussi Caroline qui a passé sa septième et sa sixième.

Arabelle : De toute façon le CAP je ne l'aurai pas à cause du style en français et des mathématiques... les maths ça devient de plus en plus dur... du temps de ma grand-mère ça allait.

Patrice : Ça fait réfléchir, comme ça dans la vie on réfléchit.

Arabelle : Oui, mais je veux pas être une intellectuelle, moi!

Henriette : Ça t'intéresserait de faire un travail à mi-temps chez un patron?

Arabelle : Ben ça dépend sur quoi.

Henriette : Secrétariat à mi-temps.

Arabelle : Oui, mais de quelle heure à quelle heure et quel jour?

Henriette : Ça on ne peut pas le dire d'avance... Par exemple tous les matins.

Arabelle : Oui, mais le mardi je vais à la piscine et le vendredi aussi. Le patron ne me dira pas : « Ne travaillez pas si vous avez envie d'aller à la piscine, allez à la piscine! » Il ne nous paye pas à rien foutre.

Prosper : Tu participes pas au scolaire?

Arabelle : Non, je fais pas de scolaire. J'ai pas envie de faire de scolaire parce que ça me barbe.

Patrice : Et ton avenir?

Arabelle : Ben, mon avenir... je fais déjà de la dactylo, ça remplace le scolaire et c'est moins barbant que le scolaire. Je préfère faire de la dactylo, parce que quand je fais du scolaire, non seulement je n'y arrive pas et je m'énerve, mais ça me dit rien de le faire, donc les deux sont un problème... ou je le fais et ça ne m'intéresse pas, ou ça m'intéresse et j'ai pas envie de le faire. Donc on est entre deux barrières... C'est la balle qui se renvoie.

Patrice : C'est le bâton.

Arabelle : C'est le bâton dans la roue si tu préfères... C'est-à-dire ou c'est un travail intéressant et ça ne m'intéresse pas, ou c'est un travail qui est pas intéressant et que j'ai envie de faire parce que, comme ça... Quand c'est l'heure de faire du scolaire j'ai pas envie de le faire et quand c'est pas l'heure, j'ai envie de le faire.

7

Les maths on n'est pas là pour rigoler

PAR BRUNO MANNONI

Aussi longtemps que je puis jouer,
c'est autant de temps pendant lequel
je puis jouer et tout est en règle.
Wittgenstein,
Réflexions philosophiques [1].

Le problème du scolaire à Bonneuil ayant été posé (et une réponse apportée : « il faut faire quelque chose »), je me suis proposé de reprendre ce que je croyais connaître : les mathématiques.

J'avais, deux ans auparavant, dans une optique toute différente, travaillé avec deux adolescents de Bonneuil, Jacques et Paul. Paul est toujours à Bonneuil; Jacques dans une terminale C d'un lycée parisien.

Jacques s'en est bien sorti puisqu'il est en terminale (pour « faire l'X » et être président de la République – pour faire chier la France entière [2]). A cette époque, je ne cherchais qu'à obtenir que l'enfant ait de meilleures notes. C'était, me semblait-il, assez facile : il suffisait de démonter le terrorisme mathématique. J'ai eu des succès inespérés au BEPC en faisant acquérir à l'enfant des automatismes comme : « les réponses à une question sont dans les questions qui suivent », « le correcteur n'a pas le temps de tout lire, accroche son œil en soulignant en rouge le résultat [3] »; ajoutons un peu de bachotage. J'ai contribué à enrichir l'ensemble de ceux que Stella Baruk [4] appelle des automathes. Mais ils avaient de bonnes notes.

1. Trad. Jacques Fauve, Paris, Gallimard, 1975.
2. S'il fait une sup., une taupe et polytechnique, il en aura bien le droit!
3. Il est étonnant de noter l'influence de la présentation sur la note.
4. *Échec et Maths*, Paris, Seuil, coll. « Science ouverte », 1973.

Avec Paul, par contre, j'étais désarmé. A quatorze ans, il savait à peine correctement ses tables de multiplication. La seule opération que j'aie pu lui apprendre en un an, c'est à calculer le 12 % du service, cela correspondait à une demande de sa part : il était serveur dans un restaurant. Avec lui, ma pratique ne marchait pas du tout.

J'ai heureusement révisé mes conceptions pédagogiques [1]. En même temps, l'orientation que je donnai à mes propres études (logique mathématique) montrait que je cherchais à répondre à une certaine question sur les mathématiques. Mais à quoi pouvait bien me servir ce savoir, à Bonneuil?

J'ai cherché ce que faisaient les autres (IMP, CMPP, rééducateurs spécialisés). Je n'ai trouvé chez tous qu'une seule référence : Piaget [2].

Je veux enfin dire certaines choses en vrac :

a) Mon savoir m'a quand même conforté. Si je me sens toujours incapable d'apprendre à lire à un enfant, j'essaie de lui apprendre à compter.

b) Contrairement aux autres stagiaires faisant du scolaire à Bonneuil, je n'ai jamais remis le scolaire en question. Cela vient, je pense, de ma scolarité heureuse et du fait que je considère les mathématiques comme un jeu. Les arguments avancés pour remettre en question le scolaire étaient de deux ordres.

1) « A quoi ça va leur servir? On peut très bien vivre sans savoir lire. »

2) « Je me suis tellement ennuyé à l'école que je ne veux pas qu'ils revivent ça. »

Notons au passage que l'auteur du premier énoncé a aussi dit :

3) « Je ne comprends pas qu'à la bibliothèque on fasse des jeux et qu'on s'amuse avec les enfants. Le scolaire, c'est pas ça. Le scolaire, c'est sérieux. »

Cette opinion est parfois partagée par les enfants. Didier, que j'avais déjà vu une dizaine de fois et à qui je proposais un jeu, me répondit : « Ça c'est pas du calcul. Moi j'suis là pour travailler. »

1. Qui, pourtant, satisfaisaient à la fois parents, enseignants et élèves.
2. Pour une critique de Piaget, cf. Freudenthal, *Mathematics as an Educational Task,* Dordrecht, Reidel Publishing Company, 1973.

Je crois qu'on touche là un point fondamental. C'est le : « On n'est pas là pour rigoler. » J'ai toujours pensé qu'on était là précisément pour s'amuser. J'ai d'ailleurs collectionné moi-même jusqu'en taupe les appréciations comme : « Bon élève. Travaille parfois en amateur », « Ne travaille pas, s'amuse. »

Et si on s'amusait?

Raisonner, soyons sérieux. On peut – c'est permis – avoir un travail idiot ou, avec de la chance, un travail qui vous plaît. On peut faire un travail original, abrutissant, de recherche, de pointe. On peut sublimer dans son travail, travailler pour s'en sortir, s'ennuyer dans son travail. Mais attention : qu'on ne travaille pas en s'amusant, qu'on ne s'amuse pas en travaillant. C'est interdit. D'ailleurs, c'est bien connu : les gens dont le travail c'est d'amuser, eh bien, ils sont tristes! Les professionnels sont sérieux. L'amateur, c'est l'amuseur.

On n'est pas là pour rigoler.

Y a des endroits pour s'amuser.

c) Je n'ai jamais pu savoir si c'est grâce à mon travail que les enfants ont fait certains progrès. Depuis que j'ai relu *le Cas Dominique* où F. Dolto [1] demande au garçon qui se plaint d'être mauvais en calcul, s'il sait ce que ça veut dire « compter pour quelqu'un », avec cet effet que, d'un coup, il n'a plus de difficultés en calcul, je n'ose plus rien avancer.

LE PLUS GRAND EST AUSSI LE PLUS PETIT

J'avais décidé en septembre de travailler les relations d'ordre. J'avais, pour ce faire, un certain nombre d'exercices que j'avais trouvés à droite et à gauche. J'en donne ici la liste [2].

1. Paris, Seuil, 1971.

2. Prise surtout dans les livres de Francine Jaulin-Mannoni, *La Rééducation du raisonnement mathématique*, ESF, 1965; *Les Quatre Opérations, base des mathématiques*, ESF, 1965; *Rééducation pratique du calcul*, ESF, 1966; *Entraînement pré-mathématique progressif*, ESF, 1970; *Pédagogie des structures logiques élémentaires*, ESF, 1973.

1) Variations autour de l'œuf gigogne.
2) Sériation de bâtonnets.
3) Échelles : « Montre-moi l'échelle qui a le plus de barreaux. »

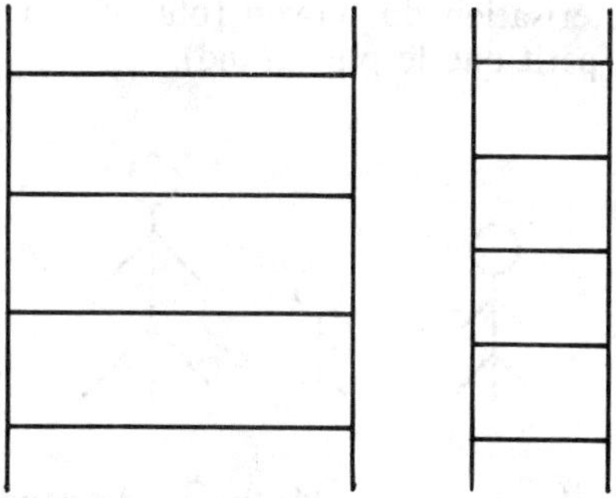

4) On dessine trois lapins et deux canards, puis on demande à l'enfant :
– Combien de lapins ?
– Combien de canards ?
– Combien d'animaux ?
S'il répond cinq, on demande :
– Cinq quoi ?
5) Partage d'un tas de jetons en deux tas égaux.
6) Deux tas de jetons étant donnés, où y en a-t-il le plus ?
7) Comme pour les échelles, mais avec des grands et petits jetons.

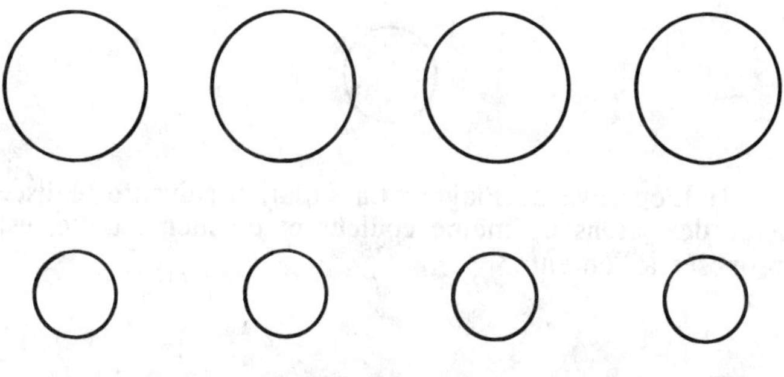

8) Les relations dans un arbre généalogique.

9) On dessine six lapins et quatre canards. On demande de montrer tous les lapins, tous les animaux, tous les lapins. On demande enfin :

– Y a-t-il plus d'animaux ou de lapins?

10) Caractérisation du moyen (plus grand que le plus petit et plus petit que le plus grand).

11) Faire compter un tas de jetons de gauche à droite. Demander combien on trouvera en comptant de droite à gauche.

12) Dessine un rond plus grand que

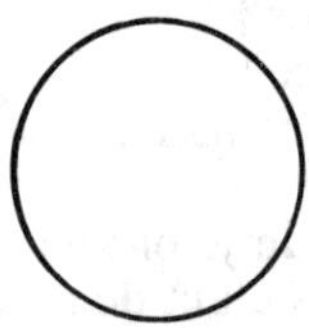

et plus petit que

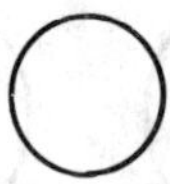

13) L'épreuve de Piaget : La situation suivante réalisée avec des jetons de même couleur et de même taille, est proposée à l'enfant :

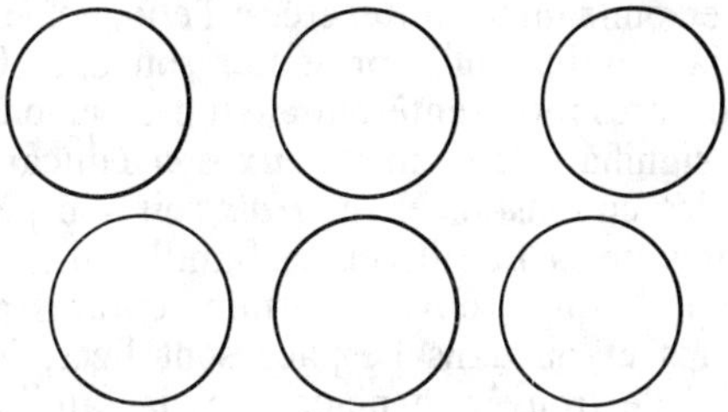

On lui demande alors : « Où est-ce qu'il y a le plus de jetons ? »

Variante :

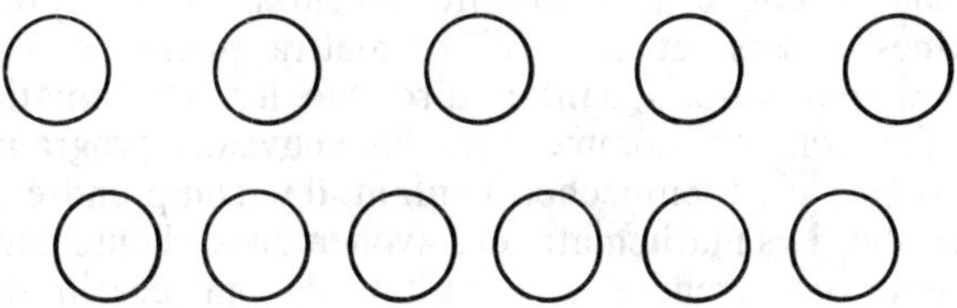

Piaget demande à l'enfant : « Est-ce que c'est pareil ? » S'il répond oui, c'est qu'il est vraiment intégré dans le moule scolaire, et prêt à répondre n'importe quoi (car, enfin, ce n'est pas vraiment pareil) pourvu qu'on lui foute la paix.

Pourquoi travailler les structures d'ordre ? J'avais affaire à des enfants qui, pour la plupart, ne savaient pas compter. La question avait été posée de savoir à quoi ça pouvait bien servir d'apprendre à un enfant que 4 + 2 = 6 s'il a du mal à se situer dans le temps et dans l'espace. Il faut se poser la question de savoir comment un enfant visualise le nombre. Et à ce propos je citerai une remarque de Bettelheim sur Marcia [1].

« A propos des nombres, j'ajouterai qu'au niveau le plus primitif les nombres ne sont liés qu'à ce qui préoccupe le plus le sujet. *Un* peut être soi-même ou un parent, *deux*

1. *La Forteresse vide*, trad. Roland Humery, Paris, Gallimard, 1969.

une autre personne importante, etc. A l'époque, les nombres, pour Marcia, semblaient représenter son âge. Ultérieurement, les nombres représentèrent aussi des personnes importantes. *Un* signifia elle-même, *deux* son éducatrice ou sa mère selon les circonstances, et *trois* soit son père soit les trois membres de sa famille ou sa famille en général. »

Les difficultés qu'éprouvent certains enfants à se situer dans le temps et/ou dans l'espace sont liées, je pense, à une difficulté de trouver sa place dans la famille et à une incompréhension des structures d'ordre qui permettent de ranger des objets du plus grand (près) au plus petit (loin). Vouloir à tout prix apprendre à un enfant à compter lorsqu'il ne maîtrise pas ces structures, ne peut qu'empirer les choses. Ainsi, l'apprentissage du nombre, c'est d'arriver à se situer. Le scolaire donne la possibilité à l'enfant de comprendre certaines choses, et cela lui permettra peut-être d'avoir envie d'apprendre. Quant à dire que les mathématiques c'est l'abstraction, comme dans les nouveaux programmes des lycées, c'est empêcher l'enfant d'y comprendre quoi que ce soit. Les mathématiciens avouent, avec honte parfois, que pour comprendre un résultat, ils ont besoin de se construire une intuition. L'adage sur lequel se sont finalement fondés les empiristes, *« Nihil est in intellectu quod non prius fuerit in sensu »,* est à l'origine de sérieuses erreurs pédagogiques, si l'on s'imagine qu'il faut partir de la sensation, qu'il faut d'abord voir la vérité dans les choses. Mais le mot « voir » a un autre sens...

D'Alembert disait : « On peut donner aux mots tel sens qu'on veut. On pourrait faire des éléments de géométrie exacte en appelant triangle ce qu'on appelle ordinairement cercle. Mais ce serait ridicule. » Ce n'est pas tout de voir, il faut aussi y croire. Cantor, lorsqu'il eut montré que R est en bijection avec R^2 (c'est-à-dire qu'il y a « autant » de points sur la droite que sur le plan), écrivit à Dedekind : « Je le vois mais je ne le crois pas. » Dedekind lui répondit qu'il ne pouvait exister de bijection bicontinue de R^n sur R^m si $m \neq n$.

Il faut le voir pour le croire. Voyons.

DIDIER

Didier a huit ans et, comme on dit, « un retard staturo-pondéral important ». Il est mignon, intelligent et très sage [1]. A l'époque, il s'inscrit à toutes les activités de Bonneuil et ne va à aucune. Voici la description de mon travail avec lui.

Première séance.

Je lui propose trois images représentant une petite fille à des tailles différentes. Il répond correctement aux questions : quel est le plus grand, le plus petit. Pour l'intermédiaire, il répond : « le moyen ». Quand on lui demande si le moyen est plus grand ou plus petit qu'une des autres figures, il répond n'importe quoi. Il faut, pour obtenir une réponse juste, *cacher la figure en trop.*

Il compte correctement jusqu'à quatre, mais il est incapable de partager un tas de jetons en deux tas égaux ou de répondre à des questions comme : « Qui a le plus de jetons ? »

Je lui demande de dessiner un grand bâton, un moyen et un petit. J'obtiens :

Il soutient mordicus que celui du milieu est le plus grand.

Qu'en conclure ? « Didier ne maîtrise pas les sériations ? » Mais pas du tout ; au contraire, il les maîtrise parfaitement,

1. Il joue par ailleurs parfaitement au « débile ». Ce qui n'a pas été sans me faire penser au test proposé par Paul (*Éducation impossible*, Paris, Seuil) : « A la question 10 × 10, le vrai idiot il ne sait pas. Celui qui joue à l'idiot, il fait exprès de donner une réponse fausse, de peur qu'elle soit mortelle. » Les références à la mort sont fréquentes. Lucien, quand je lui dis : « Tu viens travailler », me répond : « On va crever. »

le bougre. Il est imbattable : seulement, il faut savoir quelque chose. Didier est l'aîné. Il a deux frères. Et le frère moyen est aussi grand que Didier (petit pour son âge). Alors, Didier reproduit parfaitement une situation familiale qui l'angoisse et dont il ne peut s'*abstraire*.

Deuxième séance.

Correspondance terme à terme : quand on lui dessine une correspondance, Didier voit si deux ensembles ont même cardinal. Il ne peut pas lui-même réaliser une correspondance.

Labyrinthe : incapable de trouver son chemin dans un labyrinthe très simple [1]. Il *ferme alors les « portes »* au crayon feutre.

Troisième séance.

Ne reconstitue pas seul un œuf gigogne. Si on lui montre le raisonnement à faire, il réussit.

Quatrième séance.

Les échelles.

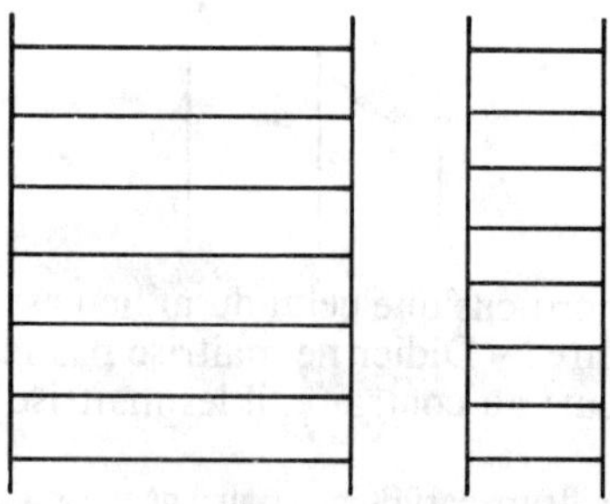

Bruno Mannoni : C'est quelle échelle qui a le plus de barreaux ?

1. Cf. la note précédente.

Didier : Celle-là *(il montre B).*
– Compte le nombre de barreaux de cette échelle (B).
– Sept.
– Et de celle-là?
– Huit.
– Qu'est-ce qu'est plus grand, sept ou huit?
– Huit.
– C'est laquelle l'échelle qui a le plus de barreaux?
– C'est celle-là (B).
– Tiens, prends sept cubes et empile-les.
– Voilà.
– Prends-en huit maintenant.
– Tiens.
– C'est quoi, le plus grand?
– C'est celui-là *(réponse correcte).*
– Combien y a de barreaux sur cette échelle?
– Ben *(il recompte)* sept.
– Et sur l'autre?
– *(Il recompte)* Y en a huit.
– C'est laquelle où il y a le plus de barreaux?
– Oh là là, celle-là (A).

Cinquième séance.

C'est reparti avec les échelles. (Je dois dire que ça m'énerve qu'il n'y arrive pas du premier coup.)

Il se trompe comme la dernière fois. Je lui fais alors empiler cinq cubes puis six cubes. Il place le tas de six cubes à côté de l'échelle A et le tas de cinq cubes à côté de l'échelle B. Il refuse toutes mes explications. Je lui propose alors la même situation avec des jetons (décrit plus haut sous le numéro 7). Je lui demande où il y en a le plus. Il se trompe. Mais si on prend les jetons en main, il donne une réponse correcte.

Sixième séance.

Échelles : toujours pareil.
Il réussit un labyrinthe très simple, dessiné au tableau.

Je lui propose une série d'images représentant deux chats et trois papillons.
B. M. : Y en a combien?
Didier : Cinq.
– Cinq quoi?
– Cinq papillons.
– Montre-moi les papillons.
– Ben là, là et là.
– Y en a combien?
– Ben... c'est que je me suis trompé? Je m'suis trompé? Oh là là. Tu m'ennuies toi alors, et pis j'suis fatigué. J'vais faire pipi.

Là, il s'est sûrement passé quelque chose.

Septième séance.

Il répond correctement et sans difficultés à tous les exercices que je lui avais déjà proposés et qu'il ne savait pas faire.

Neuvième séance.

Je lui demande de partager un tas de jetons en deux tas égaux. Il a du mal, mais réussit après des explications. Puis il refuse fermement l'exercice. Il me dit : « Moi j'veux en avoir plus. Mon frère Stéphane, il est plus grand. »
B. M. : Mais, toi, tu es le plus grand.
Didier : Non le moyen.
– Tu sais, on peut être le plus grand sur le plan de l'âge et le plus petit de taille.
– ....
– Quel âge il a, Stéphane?
– J'sais pas, j'lui ai pas demandé.
– ....
– Il m'l'a pas dit. *(Didier éclate de rire.)*

Onzième séance.

Il distribue correctement un paquet de cartes entre deux personnes puis refuse tout ce que je lui propose. (« J'ai besoin de me relaxer. ») Il m'explique que Noël, c'est pas mercredi qui vient, mais l'autre.

Treizième séance.

B. M. : Combien t'as de doigts?
Didier : Attends, euh, un, deux, trois, quatre. Quatre.
– Et moi?
– *(Il compte)* Cinq.
– Tout le monde il a pareil de doigts?
– Oui.
– Et Rémy, il a combien de doigts?
– Cinq.
– Et toi, Didier?
– Ben j'te l'ai déjà dit.
– Combien?
– Oh là là, quatre.
– Mais moi j'en ai cinq?
– Oui, ben moi, j'en ai toujours moins.

En attendant, Didier a fait certains progrès. Et même des progrès certains. Il n'est plus le même qu'en septembre. Il se disperse beaucoup moins et n'est plus du tout (mais alors plus du tout) l'enfant sage. Il est devenu espiègle, vif et sait se défendre. S'il en a toujours *moins*, maintenant, il en veut *plus*. Je n'ai pas abordé avec Didier toute la gamme des exercices, et en particulier l'arbre généalogique. Pourtant, ce dernier avait intéressé (et Dieu sait si c'est difficile) Sabine. Mais voilà. La référence à la généalogie provoque des drames... Et le « mathématicien », préoccupé des structures d'ordre, n'imaginait pas le désordre que ces structures-là pouvaient créer.

SABINE

Sabine (14 ans) joue avec aisance le rôle de la débile et elle en semble très contente.

Première séance.

Elle en est au niveau où Didier est arrivé. Elle non plus, ne sait pas combien elle a de doigts. Par contre, elle sait écrire, ce dont Didier est incapable. Elle recopie des figures géométriques simples correctement. Je lui propose la réalisation d'un arbre généalogique. On le commence sur une grande feuille de papier à dessin. Elle est absolument ravie, et emmène l'arbre chez elle pour rechercher les informations manquantes.

Deuxième séance.

Sabine refuse tous les exercices et réclame l'arbre généalogique. On le poursuit donc. A un moment, j'ai l'oreille attirée par un : « Ça c'est mon oncle personnel. » Moi, en toute logique :
B. M. : Et pour ton frère, c'est qui?
Sabine : Ben, j'sais pas.
– Si c'est ton oncle, alors, pour ton frère?
– ....
– C'est quoi, un oncle?
– Ben, c'est le frère de mon père.
– Et pour ton frère, c'est pas le frère de ton père?
– ....
– Et vous avez le même père?
– Ben oui.
– Alors c'est aussi l'oncle de ton frère.

Elle éclate en sanglots et s'enfuit en claquant la porte.

Pourtant, les mathématiques, c'est bien l'abstraction? Alors?

Imaginez, dans une classe, un problème traitant de la famille des sous-ensembles des oncles. Et quelqu'un comme Sabine qui se trompe. Pourquoi se trompe-t-elle? Pourquoi ne sait-elle pas faire l'exercice? Elle n'est pas au niveau? Mais les mathématiques, maintenant, il faut les appliquer au concret. Et c'est ce qu'elle fait, Sabine. Elle le fait bien. Son oncle, elle ne le partage pas. Elle ne comprendra pas son échec. Elle ne peut pas faire l'exercice; il la prend aux tripes. Elle ne s'abstrait pas du « concret ». Et c'est fréquent, des situations de ce type-là, avec des enfants « normaux », dans des classes « normales », avec des exercices « normaux ». Et c'est fréquent aussi, n'est-ce pas, des élèves nuls en maths? Les mathématiques ça ne prend pas aux tripes, c'est juste l'intellect qui fonctionne, ça n'a rien à voir avec le corps.

Ça pourrait se discuter comme ceci :

– Et le sujet du discours, il est où?

– Y en a pas.

– De discours?

– Non, de sujet.

– Qui c'est qui parle? Une conscience collective? Et les théorèmes, qui c'est qui les engendre?

– Le mathématicien.

– Ah bon, je croyais que c'étaient les axiomes.

– Les mathématiciens, ils détiennent la vérité.

– Alors, ils s'engueulent jamais? Y en a qu'une de vérité, hein? Mais alors, Cantor et Kronecker [1], ils étaient potes? C'est quoi, une crise des fondements? Et l'intuitionnisme? Parce que Brouwer, il aime pas le raisonnement par l'absurde?

– Pour lui NON NON A c'est pas pareil que A.

– Ah? Parce que, pour vous, c'est pareil?

– En mathématiques.

– Parce que les mathématiques, c'est pas la réalité? Dites, c'est pourquoi qu'ils étaient pas d'accord avec l'axiome du choix? Et Poincaré aussi? En montant dans un tramway? Parce qu'il y a des branches sûres en mathématiques? Et y en aurait des moins sûres?

– ....

– Ah, vous n'êtes pas sûr. Et Pascal et l'infini?

– Il était mystique.

– Et ça a à voir avec les mathématiques, d'être mystique? C'est là le *hic*.

1. Dans les années 1880, alors que les méthodes de Cantor se répandaient rapidement, Kronecker déclara que les définitions de base n'étaient que des mots, puisqu'elles ne permettent pas en général de décider si un objet donné satisfait la définition. En 1908, Brouwer à son tour avança que la logique classique est née des mathématiques des ensembles finis. « Oubliant cette origine, on se servit de la logique comme de quelque chose de supérieur, et d'antérieur à toutes les mathématiques, et finalement on l'applique, sans justification, aux mathématiques des ensembles infinis. »

Troisième séance.

Ne sait (veut) plus rien faire. J'ai dû abandonner, avec Sabine, tous les exercices de sériation pour me consacrer à des exercices de « latéralisation ». (Elle distingue très mal la gauche de la droite.)

... Tout ça pour dire que l'arbre généalogique, je ne veux plus en entendre parler. D'ailleurs, enthousiasmé après la première séance avec Sabine, j'ai suggéré à d'autres cet exercice. Ils ont eu certains déboires aussi.

A chacun son métier et les vaches seront mieux gardées.

C'EST LA RÈGLE

En mathématiques, il y a des règles. Les règles de formation des formules, les règles de déduction... Dans la vie aussi, il y a des règles. Que faire si quelqu'un refuse d'obéir aux règles? S'il ne joue pas le jeu? Un mathématicien sans règles est complètement déréglé.

ÉMILE

J'ai toujours eu beaucoup de difficultés à faire travailler Émile (10 ans) et à savoir s'il ne faisait pas semblant de ne pas savoir. Ce dont je suis sûr, c'est qu'il sait manipuler des images de grandeur croissante, faire des correspondances terme à terme, répondre correctement à la situation des échelles. Un jour, il a demandé à faire des maths avec moi. Je m'occupais alors de Didier, qui était furieux que je réponde favorablement à Émile. Je proposai alors à Émile le même « jeu » que je faisais avec Didier.

Il s'agit de cercles partagés en trois parties égales. On dispose de trois crayons de couleur (bleu, vert, rouge). On joue chacun son tour en coloriant un cercle différemment de tous les précédents [1]. J'explique donc à Émile la manière de jouer. On verra que le problème est tout de suite posé.

Une séance.

Je finis d'expliquer le but du jeu.
Émile : Pourquoi trois couleurs?
B. M. : C'est la règle du jeu.
– Et avec quatre couleurs?
– C'est plus le même jeu.
– Je veux faire avec quatre couleurs.
Dominique Misset : Tu sais très bien ce que c'est qu'une règle.

. . . .

(On commence à jouer.)

. . . .

– Et si on en fait un pareil?
– Alors on le barre.
– Je vais relier les ronds ensemble, en zigzag.
– Non c'est pas la règle du jeu.
– Si, c'est la règle.

. . . .

(Il relie les ronds entre eux.)

. . . .

– Je suis obligé de les barrer. *(Je barre les ronds non conformes.)*
– NON, non, non, non. *(Ravi et furieux.)*

. . . .

(On continue le jeu.)

. . . .

– Regarde, ce rond-là, il a déjà été fait. Alors il faut le barrer.
– Non, non, non, non.
– Celui-là aussi, il faut le barrer.

Émile s'enfuit avec la feuille de papier. Je lui cours après

1. Pierre Lavalle, *Le Coq Héron,* n° 2 (Centre Étienne-Marcel).
Il s'agit de cercles partagés en trois parties : On dispose de trois crayons de couleur (bleu, vert, rouge). Chaque partie du cercle doit être coloriée d'une de ces couleurs. On joue chacun son tour, la règle étant de colorier un cercle différemment de tous les précédents.

et lui arrache la feuille des mains. Il essaie violemment de m'empêcher de barrer le rond en cause. Puis il demande : « Si on en fait deux pareils, le calcul, qu'est-ce qu'il devient ? »

Voyant que je ne laisserai pas transgresser les règles, ça ne l'intéresse plus.

On voit bien que, sans règles, il n'y a plus de mathématiques. Mais sans lois, c'est l'anarchie! Y aurait-il une politique des mathématiques? Un texte mathématique (écrit dans le langage des mathématiques) peut-il être réactionnaire, révolutionnaire? Il y a bien un style d'écriture. Dans une théorie contradictoire, tout est vrai et tout est faux. Donc sans intérêt. Les mathématiques ne souffrent pas la contradiction. Et c'est quoi, quelqu'un qui refuse toute contradiction? Mais la mathématique ne progresse-t-elle pas grâce aux contradictions? Elle repousse la contradiction de plus en plus loin, en ce sens elle la récupère. Et, en plus, on sait que si une théorie est assez forte pour contenir l'arithmétique, on ne sait pas démontrer sa consistance dans *son* cadre. Alors? Et puis qu'est-ce que ça veut dire, de se placer dans une méta-mathématique pour parler des mathématiques en faisant des mathématiques? Et pourtant, elle tourne. Et comment récupère-t-on la contradiction? Par l'interdit [1]. Le paradoxe de Russell sur l'ensemble de tous les ensembles n'appartenant pas à eux-mêmes, comment l'a-t-on résolu? En disant : « La classe de tous les ensembles n'appartenant pas à eux-mêmes n'est pas un ensemble. » Comment ça se démontre? Si cette classe était un ensemble il y aurait une contradiction. Ce n'est pas possible. Donc ce n'est pas un ensemble. Ben, voyons. Et si moi je veux que ça soit un ensemble? Hérétique. On ne peut faire que ce qui est autorisé.

Mais s'« il est interdit d'interdire »?

Écoutons Lucien faire une division.

B. M. : Bon, on va faire 743 divisé par 2.

Lucien : En 7 combien de fois 2?

Ça ne se peut pas.

Il y va 3 fois et il reste 1. J'abaisse mon 4. En 14 combien de fois 2?

1. Cf. Bruno Mannoni, *Le Sens interdit, Impascience,* n° 4/5.

Il y va 7 fois et j'abaisse mon 3.
En 3 combien de fois 2? Ça ne se peut pas.
Il y va 3 fois et y reste 1.
371.
Ah, il est doué hein?
B. M. : Ça se peut.

L'interdit en mathématiques gêne beaucoup les élèves. On n'a pas le droit de diviser par zéro. Mais 1/x, quand x tend vers zéro plus ça tend vers plus l'infini.

Aurait-on le droit de mettre en doute les affirmations d'un « grand mathématicien »? Il semble que ça ne se fasse pas. Lebesgue avait, dans un article, écrit que :

$$\bigcap_{i \in I} f(A_i) = f(\bigcap_{i \in I} A_i)$$

La preuve était laissée au lecteur. Plus tard, bien plus tard, Souslin s'aperçut de l'erreur de Lebesgue. Il en fit part à son maître, qui lui aurait répondu : « Sachez que quelqu'un comme Lebesgue ne se trompe jamais. » Cette erreur a permis à Souslin de fonder les ensembles dont (comme disait un mathématicien timide) il a l'honneur de porter le nom!

Et puis pourquoi donc l'évidence est-elle si mal vue? Pourquoi dit-on trivial à la place d'évident? L'évidence serait-elle obscène? Qu'est-ce que l'évidence? A quel moment, pour qui? On raconte cette histoire, d'un professeur d'université anglais qui commence un cours en disant : « Il est évident que... » Puis il sort de la salle et y rentre quelque temps après en disant : « C'était évident... »! Ce qui est évident pour X ne l'est pas forcément pour Y. C'est évident. Et pourtant... Que de choses que le maître croit évidentes pour sa classe et que ses élèves ne comprennent pas! Il est vrai que l'évidence on n'en parle pas. A ces exercices que j'ai proposés à Didier... un enfant de cinq ans sait donner les réponses. On n'hésite pas. On ne réfléchit pas. Alors quoi? Didier « nierait-il l'évidence »? On a vu que non. Seulement, il a son évidence à lui. Et ce qu'on lui demande en mathématiques, c'est de l'abandonner et d'adopter notre évidence à nous. De s'abstraire. De raisonner sur des situations qui, pour lui, sont impossibles. De se couler dans le moule et quel moule! Je cite les instructions ministérielles du 1er octobre 1946 sur l'enseignement des mathématiques : les mathématiques mettent l'élève « à même de comprendre le rôle des valeurs spirituelles dans tous les domaines, ...du travail, de l'effort et de la persévérance »; elles permettent de déceler « les défauts d'esprit ou de caractère [1] ». Et s'il n'en veut pas, de ces valeurs spirituelles? S'il n'est pas assez cynique, comme Jacques, pour les retourner contre leurs auteurs? Au moins elles annoncent la couleur, ces instructions. Peut-être qu'un jour on lira : « Les mathématiques servent non pas à sélectionner l'élite mais à persuader les 90 % des Français qui ne comprennent rien en mathématiques qu'ils sont idiots et doivent s'estimer heureux d'être là où ils sont. »

C'est vrai, tout le monde n'a pas la bosse des maths. Surtout, ne dites pas que « tout le monde peut faire des mathématiques ». Il y a « beaucoup d'appelés et peu d'élus ». C'est la règle.

LE SENS

Revenons à l'interdit. Le « On n'a pas le droit », hérésie pédagogique, veut dire : si vous écrivez ça, moi, mathématicien, je ne peux rien en faire, car ça n'a pas de sens. (Les élèves comprendraient sûrement mieux cette approche et n'auraient plus l'impression d'un arbitraire divin.) Ça ne veut rien dire. C'est comme si vous écriviez P)x(⇒ zx(y = q. J'peux rien en faire, moi, de ce truc-là. Mais alors que 1/0 = + 3 est une formule syntaxiquement correcte (donc on peut en dire quelque chose), la formule P)x(⇒ zx(y = q n'est pas, comme on dit, bien formée. (On ne peut donc rien en dire puisqu'elle ne veut rien dire.) Par contre, la théorie n'a pas donné de sens à la formule 1/0. On finit par se demander si ce qu'on dit a un sens. Est-ce que j'ai le droit d'écrire $2^{\aleph_0} = \aleph_1$? Oui. Est-ce que $2^{\aleph_0} = \aleph_1$? Ah

1. « Mathématique, latin et sélection des élites », P. Samuel, in *Pourquoi la mathématique?*, Paris, UGE, coll. « 10/18 », 1975.

ben, là c'est comme vous voulez. Vous ne connaissez pas la réponse? Il n'y en a pas, elle manque.

Ce n'est pas comme pour le théorème de Fermat, dont on ne sait rien. (C'est un pur acte de foi de dire qu'« on saura un jour »...) Ici, la réponse, c'est le manque. La théorie crée ses manques. Et dans toute théorie assez riche pour contenir l'arithmétique, il y a des manques.

Il y aura toujours des manques, même si on rajoute les manques aux axiomes de la théorie (qui passent par là au statut de vérité première).

L'interdit, c'est ce qui manque de sens (et non pas ce qui n'a pas de sens. Car si on donne un sens à la formule 1/0, elle acquiert droit de vie. Comme $\sqrt{\quad}$ 1 interdit en seconde, mais autorisé en terminale).

Et que se passe-t-il si on transgresse l'interdit? L'école pythagoricienne attachait une valeur mystique aux rapports de nombre, aux grandeurs commensurables, qui étaient définies avec une grande rigueur. Or elle eut quelques problèmes avec la diagonale du carré. Elle découvrit ainsi le nombre irrationnel (qui n'avait pas de sens). C'était au début un secret bien gardé (car on ne pouvait l'expliquer).

EN TOUTE LOGIQUE

Il ne s'agit pas d'apprendre le calcul aux enfants, mais de les amener à se heurter à une vérité logique, préalable à tout apprentissage, et à laquelle ils réagissent chacun à sa manière. Cela nécessite (pour l'enseignant), un retour à la théorie mathématique. Cet aller et retour incessant entre théorie et pratique empêche de tomber dans des méthodes qui, en fin de compte, bloqueraient tout travail. Dès qu'on peut donner des « recettes », il faut s'interroger sur ce qu'on fait.

La situation est identique avec des enfants « normaux » que je vois pour des « rééducations » mathématiques. Mon principal rôle, avec eux, est de pointer les contradictions logiques où les conduit leur discours mathématique.

Les choses avancent parce que l'enfant est interpellé par les exercices de ce type, y trouvant le moyen de poser sa question; celle-ci ne recevra nulle interprétation « psy », mais sera analysée d'un point de vue purement logique. Les mathématiques sont un discours qui peut ou ordonner le réel ou l'interpréter (même si l'enfant a l'impression de découvrir dans des signifiants mathématiques des propriétés du réel).

L'enfant est déjà pris dans le cadre des règles logiques et quand il veut en sortir, il ne peut pas, car il *raisonne.* Jouer à ne pas jouer, c'est quand même jouer le jeu. Pris dans les règles mathématiques, dans leur rapport à l'autorité, Émile s'insurge et conteste radicalement, pour voir ce que va devenir le calcul. Mais *il est pris dans le jeu :* car dire, comme il le fait, que deux droites ne se coupent pas, c'est admettre implicitement qu'elles peuvent se couper. En toute logique...

8

Peinture

PAR CLAUDE HALMOS

Nous devons savoir que nous avons trois mécaniques dans la tête, chacune avec son cliquet d'horloge : *naturel, conventions sociales, folie.*

Pirandello, *Le Bonnet du fou* [1].

Il s'agit de parler non pas tant de la peinture en tant que telle, ou du rapport à la peinture, mais du cadre qui a été mis en place pour qu'une certaine peinture soit possible.

Ce qu'il s'agit de montrer, c'est le sens d'une démarche qui, cahin-caha, s'est donné pour objectif la recherche de la « vraie » peinture au sens où les enfants parfois questionnent : C'est pour rire ou c'est pour de vrai?

I. LES LIMITES ET LE DÉSIR

L'un des moments essentiels de l'atelier fut la mise en place de limites.

Limites dans l'espace : Nous peignons côte à côte avec les enfants sur de grandes feuilles blanches, qui recouvrent les murs et le sol. La règle posée, c'est que chacun, sur ce support commun, doit trouver sa place, et qu'on ne peut prendre celle de son voisin.

Limites dans le temps : Notre recherche a porté sur la mise en place d'un début et d'une fin des séances, scandés par ce que nous appelons un « rituel ». Ce « rituel », c'est une séquence qui revient semblable, chaque semaine. Le rituel de début ferme la porte à la vie quotidienne. Il clôt un espace et inaugure un moment. Le rituel de la fin marque

1. Trad. Benjamin Crémieux, Paris, Gallimard, 1950.

le retour à ce quotidien. Il assure aussi qu'on retrouvera la semaine suivante ce que l'on abandonne là. Ce qui est scandé ainsi, ce n'est pas le temps de l'horloge mais un temps autre, durant lequel quelque chose, sur l'« Autre Scène », peut se jouer.

Ces rituels, ce sont quelques phrases un peu magiques; magiques, surtout, parce que l'adulte qui les dit est pris, lui aussi, dans ce qu'elles évoquent : tel le sorcier d'une tribu.

« C'est drôle, ça a l'air sacré », dira un adulte de passage.

Le temps de l'atelier est court : quarante-cinq minutes au maximum. Cela évite que la peinture soit le « bouche-trou » qu'elle est dans bien des institutions. (Et le fait, d'ailleurs, que la peinture soit choisie, souvent ailleurs comme « bouche-trou », n'est pas sans faire réfléchir.)

Sandrine, dans la vie quotidienne, quelqu'un qui ne s'embarrasserait pas d'un langage psychologisant, l'appellerait, vulgairement, une « emmerdeuse ». Sandrine, c'est « pousse-toi-de-là-que-je-m'y-mette » : celle qui veut toujours s'asseoir là où vous êtes assis, celle qui veut le verre que, justement, vous avez à la main... celle qui veut tout, et d'abord ce qui est à l'autre ou ce qu'elle suppose qu'il a.

Dans l'atelier de peinture, elle fut celle qui venait peindre à l'endroit précis où vous commenciez un trait. C'est juste du point d'origine que votre pinceau marquait, que devait partir sa ligne à elle. Et vous avisiez-vous de recommencer plus loin, qu'elle accourait aussitôt, pour recouvrir le dessin à peine ébauché. Quand elle arrivait à ses fins et nous poussait à bout, c'était la grande scène, le rapport de forces, nos tentatives, vouées à l'échec, pour la faire sortir de la pièce.

Nous arrivions avec un pincement au cœur : pourvu qu'elle se tienne tranquille aujourd'hui. Époque héroïque... Or, avec bien des héros – ceux de certaines guerres, du moins –, nous avions en commun ceci, que la cause qu'en fait nous défendions, celle pour laquelle nous étions en passe de laisser notre peau, n'était pas exactement celle que nous croyions.

Car, à mettre les limites en échec, c'est bien les nôtres,

de limites, que Sandrine interrogeait. Nos limites et notre position face aux limites.

Cette guerre absurde atteignit, un jour, son point culminant; Sandrine, à bout d'arguments, et en écho à ce que nous n'entendions pas, se mit à tout casser. TOUT, et d'abord ce centre vital de l'atelier qu'est la table sur laquelle se trouvent les peintures. Sandrine se roulait par terre, au milieu des pots de peinture brisés, et elle répétait :

« Je veux les casser, je veux les casser. »

Debout devant elle et avec, sans doute, le même désespoir, nous répondions, comme face à un mur :

« Mais Sandrine, ils sont déjà cassés! »

Ce qui venait, en fait, pour nous, c'était le temps de les payer, les pots cassés. De les payer leur prix d'angoisse.

Et c'est depuis cette angoisse-là que, pour la première fois, au lieu d'appliquer en flics un règlement qui se déguisait en loi, nous avons parlé à Sandrine de son malheur, et de la détresse dans laquelle elle devait être pour en arriver à vouloir tout casser, ainsi.

Aux autres enfants, qui demandaient si l'atelier pourrait avoir lieu, avec tout ce gâchis, nous avons répondu qu'il y avait, pour certains peintres, certains jours, un malheur si grand qu'il était impossible de peindre. Que ces peintres-là cassaient tout; mais que, lorsque cela arrivait dans un atelier, les autres peintres essayaient de vivre avec... et que nous pouvions, nous aussi, essayer.

Et Sandrine s'est mise à peindre, en utilisant comme matériau la peinture qu'une adulte lui tendait, au bout de ses doigts. Comme si, avant de pouvoir, elle-même, trouver les couleurs de son malheur, elle avait besoin, d'abord, qu'on lui tende la main.

Aujourd'hui, quand Sandrine manque de place sur la partie de la feuille où elle peint, il arrive qu'elle demande à son voisin de droite ou à celui de gauche : « Est-ce que je peux aller de l'autre côté et peindre à côté de toi? »

« Sandrine-l'emmerdeuse », c'est aussi Sandrine-la-folle : l'une de celles chez qui les autres enfants pointent le plus facilement ce qu'ils appellent la folie. Sandrine en souffrance, Sandrine à la dérive, Sandrine éternellement en attente. Sandrine, perdue dans le temps et qui, à chaque minute, demande, dans un questionnement incessant, de quoi sera faite la minute suivante :

« Et après, je sortirai? et après, je le ferai? et après je le verrai? »

Et quoi, après? Il y a si peu, pour Sandrine, d'aujourd'hui, d'hier et de demain : rien qu'un sempiternel « courir après » qui ne s'arrêterait jamais; tel le furet de la chanson.

Et à Sandrine, chaque semaine, nous répétions, avec la bonne conscience et la conviction que donne si facilement la surdité, qu'il ne fallait pas arriver à l'atelier « après » – après le rituel du début. Or, Sandrine, peu réceptive à notre bonne volonté pédagogique, arrivait régulièrement « après ».

Il faut bien croire que notre surdité, aussi, avait des limites. Car, un jour qu'elle arrivait en retard, au lieu de lui mettre notre montre sous le nez, nous lui avons simplement parlé de la difficulté qu'il devait y avoir à s'y retrouver quand on était, comme elle, toujours à contretemps. Et nous l'avons acceptée avec son symptôme et sa question :

« Si toi, tu t'y retrouves, tu peux rester. »

Arrivée après le début, elle a voulu partir avant la fin; nous avons dit :

« Ça a l'air de te faire bien peur, le début et la fin. »

Dans la journée, un peu plus tard, Sandrine a demandé à l'une d'entre nous :

« La semaine prochaine, si je suis à l'heure, je pourrai venir? »

C'était la première fois que nous l'entendions se situer dans le temps de tout le monde. Et c'est de ce jour-là qu'elle arrive avec les autres et peut supporter de rester jusqu'à la fin.

Si tout cela présente un intérêt, ce n'est pas du côté de la pédagogie ou d'une quelconque orthopédie, mais bien plutôt du côté de la parole et du corps.

Du corps. Car Sandrine qui refuse le début et la fin, Sandrine qui questionne sur les limites, Sandrine, lorsqu'elle peint, dessine de grandes fresques où des taches de couleurs séparées semblent voguer, tels des continents à la dérive, sans aucun point d'ancrage. Continents à la dérive ou morceaux de corps qu'aucune limite ne retient.

De la parole. Car c'est bien de ses coupures que la phrase

prend sens. Et le temps de Sandrine, ce cercle infernal qui tourne sans fin sur lui-même, évoque un texte qui se déroulerait sans qu'aucune rupture vienne à en marquer le sens.

Mais au-delà, cependant, de l'énergie désespérée que Sandrine déploie pour maîtriser un temps qui semble lui filer entre les doigts (à la façon dont, pour Alice, de l'autre côté du miroir, le but s'éloigne à mesure qu'elle veut s'en approcher), il résonne, parfois, comme un appel à une faille : un appel à ce qu'un « et après » défaille.

Et à Sandrine qui demandait, une fois de plus, ce qu'il se passerait quand l'atelier serait fini, nous avons parlé de ces langues où un même verbe signifie espérer et attendre. Au temps circulaire de Sandrine, comme au temps de l'horloge, nous en avons opposé un autre, qui parlait de désir, de risque à prendre, de choses à perdre et de manque.

Sandrine, alors, s'est retournée vers sa peinture en la désignant du doigt, et au lieu de dire comme à l'accoutumée : « Mon dessin vert », « mon dessin bleu »..., elle a montré la tache verte et a dit : « c'est des feuilles », la tache noire et a dit : « c'est la nuit ».

Nommant ainsi pour un autre ce qu'elle venait de peindre.

II. LE CADRE – LA LIGNE – LA LIGNÉE

Du fait même qu'il existe un début et une fin ritualisés, l'atelier est, d'emblée, placé sous le signe de ce qu'il faut pouvoir perdre pour qu'autre chose advienne. Abandon, au début, des « petites histoires de la semaine », pour devenir, un moment, des peintres. Abandon, à la fin, des pinceaux, pour les retrouver la semaine suivante.

Ces limites, déjà, ébauchent un cadre : comme l'ébauche le cercle que nous faisons pour dire le rituel, en nous tenant les mains. Cercle qui dit qu'en cette aventure-là, nous sommes ensemble. Car c'est une aventure que de se retrouver seul, face à la feuille blanche.

Mais le cadre, c'est aussi le contenu des rituels, dont le sens est de former une trame sur le fond de laquelle va se dérouler l'atelier. Dans un premier temps, ce fut une histoire, où s'enchaînaient la vie, la mort, les vies qui naissaient de cette mort et mouraient à leur tour... Un grain de blé marron devenait tige verte, épi doré...

De ces histoires, seule la trame comptait. Tout n'y était pas logique, il s'en faut. Tout ne s'y enchaînait pas sans failles. C'est justement dans ces « vides », délimités par la trame, que les enfants peignaient. Et nous aussi, car ces histoires, bien qu'en étant les auteurs, elles nous échappaient, nous disaient quelque chose à nous aussi.

Les histoires, donc, cernaient des vides où la peinture allait s'inscrire. Mais cet enchaînement de la vie et de la mort traçait aussi comme une ligne symbolique. Une ligne qui ressemblait peut-être au destin, à la façon dont on dit que c'est dans les lignes de la main qu'il s'inscrit. Et qui, en tout cas, évoquait la lignée : cette ligne d'où l'on est issu.

Pour évoquer cette question de la ligne et de ce qu'elle peut venir symboliser, j'évoquerai le cas de Victor.

Victor a six ans; il a été amené par ses parents à la consultation où je travaille.

Ses symptômes, c'est, au dire des parents, le refus scolaire, mais aussi l'instabilité – « il ne tient pas en place » –; « il n'a aucun sens du risque » et dans la rue il se jette sous les voitures; il fait, dit-on, n'importe quoi. Dans mon bureau, s'il ne parvient pas à réaliser ce qu'il entreprend, il lance comme sans y attacher d'importance :

« Mais je suis fou, ma parole! »

Reprenant sans doute des mots entendus, mais posant aussi la question de son histoire qui est, à bien des égards, une « histoire de fous ».

Victor a pour nom de famille un prénom féminin. J'apprendrai un jour que ce prénom est celui que porte la grand-mère maternelle. « Mais, dit la mère, quand on parle de cette grand-mère-là à Victor, on ne lui dit pas son prénom comme pour l'autre grand-mère, parce que, vous comprenez, on a peur qu'il se trompe, on a peur qu'il confonde. » Ajoutons, que le nom en question évoque, en outre, l'idée d'« époux ».

Des « vides » donc, avant Victor. Mais des vides aussi après. Le petit frère qui le suivait dans la fratrie est mort;

il s'appelait Sylvain. Ce vide en inaugurera un autre, dans le ventre de la mère, cette fois : « On m'a tout enlevé, je ne peux plus avoir d'enfants. »

De son nom, Victor dit :

« C'est mon faux nom. Mon vrai nom, c'est Victor. »

Et parmi les questions de Victor reviennent celles-ci :

« Comment peut-on être un garçon, quand on a pour nom de famille un prénom de fille? »

« Comment peut-on être le fils, quand on porte un nom qui veut dire époux? »

Un leitmotiv revient au fil des séances : celui des pages blanches dans les cahiers, de ces pages où rien n'est écrit.

Le père, comme en écho, viendra dire : « Je ne sais pas ce qu'il a : c'est sûrement un trou dans la tête et c'est pas moi qui peux le trouver. »

De Victor, perdu au milieu de ces trous, perdu dans le sexe et dans les générations, nous donnons quelques fragments de séances.

Manipulant trois personnages, il m'annonce :

« Tu vois, celui-là, il a deux mères. »

Et comme je manifeste mon étonnement, il ajoute :

« Ben oui, il est gros, alors il a fait deux mères. »

Plus tard, il prend mon livre de rendez-vous et fait mine d'y lire les chiffres, inscrits verticalement, qui indiquent les heures. En fait, il cite des chiffres qui ne se suivent pas et dit à plusieurs reprises :

« C'est le contraire! »

Je m'enquiers de ce que c'est que ce contraire et, comme il ne répond pas, je demande si ce contraire-là, ça ne serait pas lorsque les fils sont à la place des pères.

Victor, alors, prend un cahier, y écrit son nom et me dit :

« Tu sais, je n'ai jamais eu de cahier avec des lignes, pour écrire mon nom. »

Il ajoute :

« Est-ce que, plus tard, quand je ne viendrai plus te voir, est-ce que j'aurai des lignes pour écrire mon nom? »

La ligne, pour Victor, c'est celle qui, placée entre les générations, permet de ne pas les confondre; mais, aussi, la voie qu'ont tracée les ancêtres, celle qui permet de savoir d'où l'on vient, où l'on va; celle qui peut permettre de savoir où l'on met les pieds. Et lorsque le père – qui disait, pratiquement, avoir tiré un trait sur son fils – prendra la peine d'apprendre à ce petit garçon de six ans comment on fait pour traverser la rue, il reviendra me dire :

« C'est formidable, je lui ai appris à traverser dans les clous. Mais je n'y croyais pas. Alors je me suis caché pour le voir quand il allait à l'école. Je n'en reviens pas. Il attend aux feux rouges et fait des détours pour traverser dans les passages cloutés. »

A l'atelier, désormais, les histoires ont été abandonnées. Nous finissions par les écrire avec méthode... le merveilleux devenait du préfabriqué. Nous savions de quoi nous parlions. Et les enfants ne s'y trompaient pas, qui nous renvoyaient, en écho, quelque chose comme :

« C'est des histoires, votre truc! »

Cette ligne tracée par des histoires, cette ligne de l'histoire, une autre ligne l'a remplacée : celle de la lumière. Dans ce passage, ce fut un enfant autiste qui véritablement nous guida : Théophile.

Nous avions coutume de dire, en effet, avant de raconter nos histoires : « On fait un grand silence tout blanc dans sa tête. » Et, au milieu du silence, régulièrement, Théophile criait, d'un cri qui était véritablement sa parole.

Alors, nous avons amené un autre rituel. Après avoir fait un cercle, nous disons :

« Yeux fermés – langue coupée – oreilles bouchées, nous allons pousser le cri qui fait venir la lumière. »

Et, le cri poussé :

« Au pays de la lumière, il y a... »

Nous nommons les éléments avec leurs couleurs : la terre, l'eau, l'air : et l'adulte-sorcier du jour en appelle aux enfants pour savoir ce qu'on peut faire avec ces éléments. Ceux des enfants qui parlent répondent (des arbres, du feu...); nous disons alors que ce pays-là, c'est le pays de la peinture. Pays de la peinture, peut-être, parce que les éléments de la vie y ont une couleur et que, cette couleur, on peut la nommer.

Théophile, la première fois, en entendant parler du cri, s'est calmé et, grave, il a crié avec nous.

Ce jour-là, pendant tout l'atelier, il disait, les mains pleines de peinture :

« Qui qui naît? Qui qui naît? »

Théophile, qui ne peut s'asseoir qu'après avoir répété les paroles de sa mère : « Assieds-toi mon Théophile, assieds-toi mon Théophile », a rejoué, à l'atelier suivant, la scène du « assieds-toi ». Mais cette fois c'est lui qui donnait les ordres et moi qui devais m'asseoir.

Avec la lumière, les corps se sont mis à bouger différemment dans l'atelier, comme si, de ce jour-là, quelque chose était venu au jour.

III. DÉSIR DE PEINDRE ET VÉRITÉ DE LA PEINTURE

Le cheminement que nous avons évoqué a été fait en fonction de repères analytiques dans lesquels a été privilégié ce qui pouvait permettre l'émergence du désir.

Mais il faut souligner que cela n'a été et n'est possible que parce que nous nous sommes attachés à faire de la « vraie » peinture.

Nous n'avons pas visé à ce que les enfants deviennent des machines à produire de ces « dessins d'enfants » dont on ne vante le charme que pour mieux perpétuer la ségrégation dont ils sont le reflet. Notre but, ce n'était pas, non plus, que l'acte soit thérapeutique. S'il l'est, c'est de surcroît. Notre but, c'est qu'un peintre, un vrai, comme on dit, puisse venir peindre avec nous.

Cela explique, sans doute, que les adultes de passage qui viennent à l'atelier soient si frappés par l'atmosphère qui y règne. Ce qui surprend, le plus, c'est le silence. Un silence très dense, et qui n'a jamais été imposé, ni même demandé. Matisse disait : « Pour peindre, il faut, d'abord, pouvoir se couper la langue [1]. » Et il semble bien, en effet, que de discourir vienne remplacer et empêcher la peinture.

Edmond (adolescent de seize ans), manifestement très

1. Matisse, *Écrits et Propos sur l'art*, Paris, Hermann, coll. « Savoir », 1975.

angoissé par ce qui se passait là, a passé des séances entières à remplir le silence de mots. Il racontait n'importe quoi, sans arrêt et très fort. Sa peinture, parallèlement, était faite de petites taches, soigneusement rangées, toutes les mêmes, bien alignées.

Un jour, nous lui avons suggéré que, sans doute, la peinture lui faisait un peu peur, pour qu'il bavarde, ainsi, sans arrêt. Il a réagi violemment :

« Pourquoi tu me dis ça ? »

Mais la semaine suivante il se taisait, et sa peinture avait changé. L'espace fermé où il peignait avant semble avoir éclaté. Les taches sont devenues différentes entre elles, l'alignement a été rompu.

Et, aujourd'hui, quand un adolescent nouvel arrivé fait ce qu'il faisait au début, Edmond interpelle l'adulte :

« Dis donc, il a rien compris celui-là, tu peux pas lui dire, toi, qu'on laisse toutes les petites histoires à la porte ? »

Avec les mots, ceux qu'on dit, ou ceux qu'on écrit sur la feuille, les enfants nouveaux perdent, peu à peu, toute une façon de peindre, toute une imagerie héritée de l'école : la maison, le bonhomme, la route, tous stéréotypés.

Henriette, dix-huit ans, est passée par des mots écrits (qui d'ailleurs stigmatisaient la folie de sa voisine) à ces dessins appris, puis à la peinture, après qu'on lui eut dit que les peintres avaient, autant qu'elle, des injures dans la tête, mais qu'ils en trouvaient les couleurs et en faisaient des tableaux.

Et quand, à la fin de l'atelier, nous rangeons les travaux dans ce que nous appelons la « Maison de la peinture » et que, comme chaque semaine, nous dessinons « une pierre », une pierre de plus pour que la maison se construise, Henriette peint, pour la maison, une rangée de briques, « comme dans les maisons du Nord », dit-elle, là où elle est née.

Parmi les choses qui frappent l'arrivant, il en est une autre : l'importance du blanc.

Dans certaines techniques (scolaires), la peinture n'est terminée que lorsque tout est rempli. A l'atelier, les couleurs s'inscrivent sur de grands espaces blancs. Et c'est du blanc, aussi, que naît l'atelier, puisque c'est, en cercle, autour de la feuille blanche posée à terre que nous prononçons les paroles du rituel.

C'est de l'appel d'un « blanc » laissé par un tableau enlevé du mur qu'a surgi, pour une femme dont parle Melanie Klein [1], le désir de peindre, en écho à un vide ressenti en elle et jamais comblé.

Le blanc, le fond, le vide, on retrouve leur importance soulignée dans les écrits de nombreux peintres modernes. Miro avoue :

« J'ai toujours été fasciné par le vide, une toile avec rien et dans un coin, hop! juste un petit point, presque rien [2]. »

Pour Van Gogh, le génie du peintre, c'eût été de peindre, en blanc un mur blanc. Ce qui n'est, sans doute, pas rien pour celui qui s'imaginait mourant en pleine lumière; ce que d'ailleurs il fera.

Pour parvenir à plus d'authenticité, nous avons dû laisser, en route, bien des choses.

Toutes références, d'abord, au « beau » ou au « pas beau », au profit de ce qui était vrai ou pas. « L'essentiel, dit Kandinsky [3], dans la question de la forme, est de savoir si elle est née d'une nécessité intérieure ou non »; et il ajoute : « c'est dire qu'il ne faut pas faire de la forme un uniforme ».

Ensuite a été bannie toute velléité d'interprétation des peintures des enfants. D'abord, parce qu'il nous semble plus important de « faire avec »; ensuite parce qu'on imagine mal des peintres occupés au petit jeu du « dis-moi ce que tu as dessiné là »; et, surtout, pour des raisons qui tiennent à ce qu'est la peinture. Lacan dit : « Il ne s'agit pas, dans la peinture, d'une reproduction réaliste des choses de l'espace. » Et cela semble venir en écho de saint Augustin posant qu'on parle non avec des choses mais avec des signes [4].

1. Melanie Klein, *Essais de psychanalyse*, trad. S. Jankelevitch, Paris, Payot, 1968.

2. Miro, revue *Art Press*, n° 12, p. 5.

3. Kandinsky, *Regards sur le passé et Autres Textes*, trad. Jean-Paul Bouillon, Paris, coll. « Savoir », Hermann, 1912-1922, p. 149.

4. J. Lacan, *Les Quatre Concepts fondamentaux de la psychanalyse*, Paris, Seuil, 1973, p. 65 et *Écrits techniques de Freud*, Paris, Seuil, 1975, p. 271 et s.

Les couleurs jouent entre elles comme des signes; et lorsque la peinture est parole, elles peuvent traduire quelque chose du désir, et non plus seulement de la réalité des choses : à l'instar de la « terre bleue comme une orange » d'Eluard.

Dans le cadre de l'atelier, interpréter les peintures aurait aussi peu de sens que de réduire l'analyse d'un rêve à une quelconque clé des songes.

Que la création s'enracine au plus profond du désir, et parfois de la folie, voilà de quoi inquiéter, mais voilà qui nous renvoie encore à ce qu'écrivait Lacan :

« L'être de l'homme non seulement ne peut être compris sans la folie. Mais il ne serait pas l'être de l'homme s'il ne portait en lui la folie comme limite de sa liberté [1]. »

1. J. Lacan in *Enfance aliénée,* Paris, UGE, coll. « 10/18 », 1972, p. 296. Cf. aussi *Lettres de l'École freudienne,* nº 11, p. 61.

9

Jeux d'eau

PAR HÉLÈNE MARCHADIER

J'étais venue travailler à Bonneuil attirée par la démarche qui s'y effectuait : le symptôme y était entendu comme une parole à déchiffrer. La clé pour le déchiffrement relançait la question que je m'étais posée lorsque, jeune infirmière, je travaillais à l'hôpital des Enfants-malades, où j'avais la responsabilité du service des nouveau-nés débiles de naissance. L'insistance avec laquelle je donnais le biberon à ces enfants comme je faisais avec ma fille, alors tout bébé aussi, m'avait créé beaucoup d'ennuis dans ce service où la coutume était d'attacher le biberon aux barreaux du lit.

J'avais quitté cet hôpital, me posant cette question, dans ma naïveté : comment être certain qu'un nouveau-né est débile si on ne le met pas dans le même contexte que n'importe quel autre nouveau-né? Comment un bébé peut-il évoluer normalement s'il est *a priori* coupé de toute relation aux autres? Mon bébé à moi changeait de jour en jour : ceux de l'hôpital, qui avaient le même âge, restaient figés. Le premier sourire, les babillages, la nuque qui se relève, la pose assise, la première dent, le premier appel; tout était en opposition chez ma fille avec ces bébés qui, eux, avaient comme seul horizon le plafond de leur chambre, puisqu'ils passaient leur vie couchés.

A Bonneuil, les autistes me ramenaient, dans leur solitude, à ces enfants de l'hôpital. Avec la différence que cette fois il semblait que la fuite était leur fait. Et que tout était là. S'ils étaient capables de donner à voir leur choix de me fuir, c'était bien une manière de me dire quelque chose. Dans ce « je ne veux pas de toi », il y avait une parole adressée. Je me mis à attendre le temps d'être conviée à autre chose.

Cela arriva avec Léon. Persuadée déjà que Léon, par son comportement de fuite, m'avait fait signe, je fus éberluée lorsque je compris qu'il pouvait, tout en se taisant, me signifier qu'il connaissait bien des choses, et pas des moindres.

Un jour, nous étions seuls dans la salle à manger, je lisais, lui jouait dans la cheminée. Tout à coup, sans que je m'y attende, il vint me serrer la gorge, me regardant fixement, intensément, comme voulant me parler. J'étais étonnée de cette expression : je ne lui connaissais alors qu'un regard flottant, vacillant, qui regarde toujours autre part, un regard de « l'ailleurs » peut-on dire, en opposition avec ce regard du dedans qu'il eut plus tard dans les jeux d'eau. (En opposition, dis-je, de ces deux regards : tant l'un semble sans frontières, ne venant jamais buter sur aucune limite, l'autre étant au contraire le sans limite du plaisir de la découverte d'un espace corporel intérieur. Léon passa des heures dans l'eau à se satisfaire de regarder ce là-dedans.)

Je ne compris pas : de toute façon, je ne m'attendais pas à comprendre, il faut bien le dire. Il repartit à la cheminée, mais revint, me resserra la gorge très fort.

« Qu'est-ce qu'il y a ? lui dis-je. Je ne comprends pas ce que tu veux, ne me fais pas mal. »

Il repartit encore, revint et, ayant posé sur mes genoux quelque chose, serra sa propre gorge, me manifestant l'importance de son geste. Je regardais mes genoux : il y avait déposé un oiseau mort.

Je ne sais ce qui me toucha alors, de cet enfant qui, mort à la parole, était ainsi capable de désigner à quelqu'un la mort; mais cela intensifia la certitude qu'un enfant capable jusqu'alors de me dire qu'il ne voulait pas être avec moi, venait de décider, en me parlant ainsi, que j'étais une amie. Il avait fallu à peu près six mois pour que les circonstances me poussent ainsi à poursuivre ce qui venait de s'amarrer et que j'avais tant espéré.

Léon n'aimait pas le bruit; à la piscine il manifestait le plus grand plaisir à jouer dans un petit bassin mais en se réfugiant dans un tripotage, sourd à ce qui se passait autour de lui. A Bonneuil, nous jouâmes avec l'eau du lavabo d'abord, puis au printemps dans le jardin, les jours de soleil, sur la pelouse, avec une piscine en plastique. J'insistai auprès des gestionnaires de Bonneuil pour pouvoir utiliser la pièce où se trouvait le bac à sable.

Dans un premier temps, on me répondit catégoriquement non : de l'eau il y en a, me disait-on, à la piscine municipale. Je revins à l'attaque. Rose-Marie me dit alors que je me condamnais à mort : une stagiaire qui, au tout début de Bonneuil, avait fait des jeux d'eau, aurait à ce propos été renvoyée [1]; « Mais si vous cherchez la mort, après tout, me dit-elle, allez-y. »

J'étais étonnée : « Oiseau mort, stagiaire quasi morte... » : un avenir lugubre était devant moi. Mais, nantie sans doute d'un esprit de victime, je partis joyeuse au sacrifice, malgré l'oracle, prête à interroger cette mort nommée en l'occasion par Léon pour l'oiseau et par Rose-Marie pour moi.

L'automne revenu, je transportai donc la piscine en plastique dans la pièce réservée depuis aux jeux d'eau. Mais ce fut dans une solitude infinie que les premiers mois s'écoulèrent; acheter un tuyau pour l'eau chaude, puis un pour l'eau froide, qui allaient du lavabo au bassin, fut un exploit. Yves coupait l'eau chaude, la piscine en plastique était de plus en plus percée, l'écoulement sans cesse bouché. Il me fallut une force qui me vint de Dieu sait où pour attendre que réponse soit donnée à la nécessité d'un bac en ciment, où l'eau chaude s'écoulerait à profusion. Il y avait là ce qui semblait être les seuls moments où Léon acceptât de quitter ses cailloux : son attention fixée sur le fait que le bord de la piscine de plastique pouvait être annulé. Toutes les séances d'eau consistaient pour lui à marcher sur le bord du bassin, à l'aplatir, en sorte que le liquide se répande par terre. Il n'y avait plus de dedans et de dehors; la pièce était une vraie mare. Je devais quitter mes chaus-

1. D'avoir posé le problème du *plaisir* (pour l'enfant) a fait surgir du côté des adultes des fantasmes (de renvoi), mais aussi une forme de panique, formulée par les gestionnaires sous la forme du « on nous prend tout », « entendre couler cette eau qui nous ruine m'empêche de travailler ». C'est à partir de ces « effets paranoïaques » que la nécessité d'une gestion collective s'est imposée à Bonneuil (ce qui s'est réalisé en 1973, où un autre conseil d'administration a été mis en place). Il a été fait état de ce problème dans *Éducation impossible, op. cit.* (M. M.).

sures, me retrouvant ainsi, hors de toute situation prévue, dans le même bain que lui.

C'est alors que je pris le risque d'interrompre s'il n'y avait pas moyen de trouver un cadre plus précis. Maud Mannoni accepta de faire faire un bac en ciment, et je me souviens du premier vrai bain de Léon, qui interrogea ce bord fixe, puis finit par l'enjamber, pour aller chercher des objets avec lesquels il revint dans l'eau. Ce jour-là prirent naissance à Bonneuil les jeux avec l'eau; il m'avait fallu à peu près un an pour conjurer l'oracle.

Du coup, je fus amenée à interroger mon propre désir. Il n'y avait plus d'éléments extérieurs à affronter; j'étais fascinée par l'enfant, au point de ne pouvoir en parler à quiconque. Mon regard n'en perdait pas une, le magnétophone enregistrait tout. Or, peu à peu, Léon se mit à se vider dans le bassin et de plus en plus, ayant repéré que, de ce côté-là sans doute, il rencontrerait mes limites. C'étaient des îlots de caca que je sortais de l'eau; jusqu'au jour où, emmerdée jusqu'au cou, je finis par refuser de continuer car c'était autre chose que, moi, je désirais.

Cette période de fascination dura trois mois au moins. Jusqu'au jour où le magnétophone, au lieu d'enregistrer, apporta un élément tiers : de la musique. Les effets furent instantanés; le caca cessa aussitôt.

La musique que j'avais apportée était mienne. Berceuses que tous les enfants, un jour, ont entendues, musique oubliée dont chaque mère berce son petit, lui transmettant son histoire à elle, son devenir à lui. Musique première et premier entendu qui, de resurgir là, dans ce bassin, m'ont interpellée désirant désormais autre chose que d'être là pour l'enfant, fascinée par lui, par son corps dans l'eau.

Léon, étonné, écoute, entend, sourit; et, comme pour me signifier qu'il ne veut pas être débordé par mon désir à moi, met en place son propre système musical. A partir de ce premier jour musical qu'il redemandera à chaque fois (des berceuses et pas autre chose), il installe le tuyau sur le bord du bassin de manière telle que l'eau, en achoppant sur la paroi, rende un effet sonore dont il ne voudra jamais se passer.

Nous venions aussi d'entrer dans une troisième période où quelque chose enfin du jeu était repérable. Le bord du bassin, devenant limite du dedans et du dehors, venait de devenir dépositaire, par la musique, des secrets de Léon.

La production corporelle s'était limitée. Léon s'activait avec des bassines et son tuyau. Il avait mis en place le rituel de faire caca une fois, en début de séance, et de déposer sa production dans une bassine où, la mélangeant à de l'eau, il malaxait, radieux, buvait, recrachait sous mon regard interrogateur. Cela dura le temps que j'y voie clair pour lui dire : non. C'est la lecture de Freud [1] traitant de la transposition des pulsions qui me persuada que non seulement je pouvais lui demander de ne pas faire caca, mais que je devais même lui interdire de salir l'eau, en lui proposant autre chose, par exemple du sable.

Léon était entré dans le processus kleinien [2] du jeu de contenant-contenu, incorporation-expulsion (équivalences imaginaires). A cette même époque, en fin de séances, il urina dans un pot et me le donna. Je m'apprêtais à sortir, ne sachant que faire de ce cadeau, lorsqu'il me fit comprendre de le laisser là, au bord du bassin. Ensuite, à plusieurs reprises, il emplit un pot de pipi-caca-eau et le déposa sur le bord, n'y touchant plus, ne salissant plus l'eau du bain; mais vérifiant que cette chose était bien toujours là.

Lorsque j'insistai à nouveau pour échanger le caca contre du sable, je fus bien étonnée de voir Léon arriver la fois suivante à l'eau avec de la pâte à modeler. Il fabriqua un petit bonhomme très grossier, qu'il mit dans le pot, avec de l'eau, sur le bord du bassin; puis il reprit ses tripotages-malaxation dans les cuvettes. Une seule phrase me vint à la bouche :

« C'est comme si tu étais en train de fabriquer des bébés dans le ventre de maman. » Léon me regarda alors comme si mes paroles avaient un sens.

Léon, en ces jeux d'eau, s'activait dans sa mère, peut-on dire. Cette phase succédait à une première longue période

1. Transposition des pulsions, plus particulièrement dans l'érotisme anal. Freud, 1917, *La Vie sexuelle,* trad. Denise Berger et Jean Laplanche, Paris, PUF, 1973.

2. Melanie Klein, *Essais de psychanalyse, op. cit.*, p. 265-277.

passive, où, le tuyau dans la bouche, Léon gisait, tel un fœtus, moments qu'il reprenait parfois encore, mais d'une façon plus active, plus présente : ses yeux n'étaient plus fermés, mais regardaient comme vers l'intérieur de son corps, comme pour chercher à voir, à savoir ce que cette bonne eau y devenait. Ce regard vers le dedans, quête d'un savoir sur le ressenti corporel, semblait déjà marquer une coupure d'avec le pur ressenti du départ.

Ce début de découverte de son corps fut marqué aussi par deux autres points. D'abord, Léon cherchait dans sa main son image. Cela nous amena à installer une grande glace. Il mit en place, après avoir cherché longtemps, un jeu où il devait occuper une certaine position dans l'eau, face au miroir, moi-même étant conviée à occuper une certaine place dans la pièce derrière lui. Tout en malaxant dans sa cuvette sa soupe, il levait les yeux pour voir – ce qui le satisfait énormément – son image, puis la mienne. De temps en temps, il se retournait pour constater ma présence, regarder en différence mon image dans le miroir, puis sourire à son image. J'accompagnais tous ces jeux de nos nominations.

J'ouvre ici une parenthèse pour dire que ces jeux de miroir ont continué à la maternelle à Bonneuil. Léon y fait aussi intervenir la place qu'il veut me voir occuper, en sorte que, couché par terre devant le miroir, il se voit et voit mon image, se retournant de la même manière de temps en temps, comme pour vérifier ma présence réelle. Il a ainsi monté un jeu où il s'endort, se réveille et constate sa présence dans le miroir, puis la mienne, réelle, derrière lui. J'ai eu à partir de là l'impression de saisir que la fonction du sommeil est directement fonction du Moi et qu'une angoisse insensée de disparition explique qu'il a besoin, la nuit, pour s'endormir, de la présence de quelqu'un assis sur le bord de son lit, surtout lorsqu'il n'a pas son harmonica, lequel semble occuper la place de l'objet transitionnel [1], avec sa fonction particulière de n'être pas tout à fait un objet du monde extérieur.

1. Cf. D. W. Winnicott, *De la pédiatrie à la psychanalyse*, trad. J. Kalmanovitch, Paris, Payot, 1969, p. 109-126.

Mais venons au second point de l'exploration corporelle de Léon. Pendant quelques séances, Léon a joué avec les phonèmes à partir de blessures qu'il se faisait aux gencives. Le sang coulait, les phonèmes sortaient; lorsqu'il n'y avait plus de sang, il se reblessait, le sang recoulait, les phonèmes rejaillissaient, comme si ces sons ne pouvaient venir qu'avec la douleur, comme s'il lui fallait éprouver des limites corporelles pour pouvoir dire. Dans tout ce sang, c'est le sens que je cherchais; or je ne pouvais que me rappeler que c'est aussi avec le sang que l'enfant, au premier cri, naît au monde. Je lui dis que c'était bien vrai, que ça fait mal de naître aux mots. Alors Léon prononça ses premiers vrais mots par moi entendus dans l'eau : « Maman, bébé, maman, bébé. »

Après des semaines et des mois de malaxations de caca, de papier, de sable, de pâte à modeler, soit dans sa cuvette, soit dans un pot qu'il offrait non pas à moi, mais au monde; après des semaines de malaxation dans une extase toujours énorme, Léon, en disant, manifestait qu'il y avait un bébé, une maman : du bébé, peut-on dire.

Ces moments furent marqués par la fin des vraies, des épouvantables crises de Léon, crises meurtrières pour lui-même [1].

Nous entrâmes dans une période où son pénis occupa l'avant-scène. Les jeux de contenant-contenu s'estompèrent en même temps que les crises. Le pénis, entrant en activité, semblait à présent dépositaire de l'agressivité; mais d'une agressivité qui pouvait devenir créatrice, prenant le dessus sur la tendance destructrice, désastreuse, que Léon avait manifestée quotidiennement jusqu'alors, dans les moments où ce qu'il rencontrait n'était verbalisable par personne (la seule aide possible étant alors de casser avec lui l'objet auquel il s'attaquait).

Les jeux fantasmatiques et leur verbalisation avaient beaucoup atténué cette agressivité, devenue du même coup

1. Les crises de Léon, ou sadisme contre lui-même, ont toujours semblé liées à l'innommable d'une situation; la seule aide à lui porter était de casser avec lui l'objet avec lequel il se meurtrissait en disant : vilain tabouret, vilains cailloux, etc. Ces crises disparurent après des mois d'exploration du corps maternel.

activité. Les frustrations libidinales, amoindries par le développement des jeux d'eau, avaient comme amoindri les tendances sadiques manifestées dans les crises clastiques.

Il y avait cependant beaucoup d'angoisse, amenant une violence intense, lorsque l'activité pénienne au fond du bassin vide, poussée trop loin, laissait Léon insatisfait. L'activité manuelle proposée à temps venait alors supprimer le danger instinctuel et rendait possible l'investissement du monde extérieur.

Léon découvrit de nouveaux objets qu'il manipula de toutes sortes de manières, découvrit la salle contiguë à la pièce d'eau, ce qui nous mena à des jeux de cache-cache, à des échanges verbaux hors de la vue, à des départs-retours de l'autre côté de la cloison, scandés par ses éclats de rire. Ce furent, chez lui, les premiers moments de rire vrai. Et l'occasion de lui montrer que la demande verbale pouvait se faire hors du regard. Nous venions de nous engager dans la problématique du départ-retour, de l'absence-présence, où les marques sonores scandent le retour maternel, où le petit enfant entre dans l'appel à l'Autre. C'est précisément ce qui se jouait en ce moment à l'eau; Léon me faisait sortir et me rappelait lorsqu'il voulait quelque chose (il me sonnait). A la fin juin 1973, je m'interrogeais sérieusement sur la suite des événements. Je commençais à trouver pesant de m'enfermer avec Léon dans cette pièce d'eau et souhaitais démarrer avec lui autre chose. Manifestement, il prenait un plaisir intense à ses bains et le manifestait entre autres par des moments sans fin qu'il s'octroyait à faire aller et venir son sexe, son corps contre le fond du bassin vide. Cependant, quelque chose n'allait pas, j'avais l'impression d'être devenue témoin permissif d'un plaisir insuffisant; car ces moments de grande tension semblaient toujours déboucher sur une plus profonde et latente insatisfaction, dont la mauvaise humeur et l'agressivité étaient le signe.

Je pensais donc qu'il était temps d'introduire autre chose. Si le plaisir pris là le menait à l'angoisse, que lui offrir pour transformer ce plaisir en plus grande satisfaction [1]?

1. Au-delà du principe du plaisir, il y a toujours quelque part un malaise, lié à la pulsion de mort. Le désir, pour être assumé, doit être

Les vacances arrivaient, Léon vint avec nous dans les Cévennes. Il passa quinze jours dans l'eau, sans accepter d'en sortir. La piscine était son antre, il y apportait ses jouets, sa nourriture, il y dormait, favorisé en cela par une température extrêmement élevée. Nous le laissâmes faire, espérant qu'un jour ou l'autre il en aurait assez.

Effectivement, au bout de quinze jours, il sortit et devint explorateur, il s'éloigna de plus en plus de la maison, à la découverte de tout, devint actif de ses mains, constructeur, et surtout partagea les jeux des autres enfants. D'avoir vécu nu, comme un sauvage, à son rythme, au milieu de nombreux adultes, parmi lesquels il en trouvait toujours un qui le soutenait dans sa demande, Léon devint un petit garçon ingénieux, qui ne passait plus son temps à se masturber.

Nous avons eu dès lors l'impression d'avoir dépassé un cap difficile.

L'école reprit ensuite, et Léon commença à aller travailler chez un carreleur. Il revint le premier jour avec, comme cadeau, de tout petits carreaux qui ont remplacé les cailloux qu'il manipulait dans sa main d'autiste. Quand il retrouve des cailloux, la relation à eux n'est plus la même qu'autrefois. Ainsi l'enfant autiste contient au fond de sa petite main, et comme l'y retenant, le secret qui l'a fait nommer tel.

J'ai appris de Léon que les mains actives précèdent la parole et en sont la condition, et que ne pas mener un enfant à être actif de ses mains, c'est le mutiler au lieu même de son sexe.

Mains, rire, sexe et parole, c'est le tracé que cet enfant m'a enseigné depuis qu'ensemble nous cheminons : et maintenant il n'est plus manchot.

---

marqué par la castration. Lacan a montré que le dilemme ne tourne pas autour du fait *d'avoir ou ne pas avoir le phallus*, mais de reconnaître que le sujet ne *l'est pas*. C'est à partir de là qu'il peut soutenir un désir (sans l'annuler et sans risquer de mettre à la place une néo-réalité délirante) (M. M.).

3

D'un trajet hors de Bonneuil

10

Un cabinet de publicité

De Vivre à Bonneuil. *Conversation dans un cabinet de publicité, entre Michel et Alain X, avec la participation de Guy Seligmann*[1].

MICHEL

– Alors, dis-moi, Michel, quand on a fait cette bande dessinée, là...

– Oui.

– ...là, quand on a vu une autre bande...

– Oui.

– ...pourquoi tu l'as déchirée?

– Parce qu'elle ne me plaisait pas. J'avais fait des gribouillis dessus (et j'avais pas la tête à la faire).

– Pourquoi, dans l'autre, tu avais mis des grilles?

– Des gris?

– Oui.

– Il y a des grilles à Bonneuil?

– Des gris?

– Non! Des grilles!... Des grilles! des barreaux.

– Ah! Des... Oui.

– Alors, pourquoi tu avais mis des grilles?

– Parce que je voulais bien faire le dessin, et puis je l'ai

1. Ce dialogue dévoile l'absurdité d'une attitude pédagogique – l'imposition de la règle pour la règle. Bien entendu, si cela a choqué les téléspectateurs, c'est parce qu'ils ont supposé qu'il s'agit là du genre de *pédagogie* que peut dispenser Bonneuil. Il n'en est rien. C'est une des formes que peut prendre le travail avec un artisan, une déformation de l'apprentissage. Cependant, la relation de l'apprenti avec l'artisan eut là des effets bénéfiques, dans la mesure où la contestation fut autorisée (M. M.).

raté. Je me suis dit : « Je ne vais pas recommencer comme l'autre jour. » Alors, cette fois, je n'ai pas mis de grilles.

– Alors, figure-toi que, moi, je croyais qu'il y avait des grilles à Bonneuil. Et quand j'ai vu Francine hier, elle m'a appris qu'il n'y avait pas de grilles à Bonneuil.

– Il n'y a pas de grilles à Bonneuil!! Si! Devant l'entrée de la porte.

– Elle m'a dit que c'était un pavillon.

– Eh bien, oui, mais il y a une porte, et puis il y a des grilles. Je regrette! il y a un petit muret d'un mètre cinquante à peu près, et puis il y a une grille.

– Oui, mais ce n'est pas le plus important quand même.

– Eh bien non. D'ailleurs ils n'y sont plus maintenant.

– Bon! Alors tu veux me raconter un peu cette histoire?

– Tu lis?

– Non, vas-y!

– « Tous les matins, j'arrive à Bonneuil avec le petit car de M. Guérin. Puis nous devons nous réunir devant une table pour parler de notre journée. Cela s'appelle la causette.

« Puis il faut aller travailler. Certains vont aux courses, puis d'autres vont dans le jardin. Puis il y a aussi la bibliothèque.

« Après nous allons manger, et il y a le moment du temps libre. Je vais jouer avec mes petits camarades. Pendant ce temps, les adultes prennent le café à l'intérieur.

« Puis je retourne à la bibliothèque, puis vient l'heure de partir chez moi. Il faut que je m'apprête, et je dis au revoir à tous mes copains.

« Puis je pars chez moi avec le petit car de M. Guérin. »

– Bien. Alors j'ai l'impression que c'est un peu limité ton dessin, là, parce que tu vois...

– J'arrive.

– Tu arrives avec le car de M. Guérin, d'accord. Et puis après tu dis : « Il faut, il faut aller travailler. Certains vont aux courses. »

– Après la causette, il y a une activité. On ne va pas rester comme ça, à Bonneuil, comme des cons à se triturer les pouces. Alors on va travailler. Il y en a qui vont faire des courses pour la bouffe. Il y en a qui vont au jardin, accompagner l'éducateur, pour pas foutre des trucs de l'autre côté du mur, tu sais : ils jettent des couteaux, des pierres, les gens se plaignent, alors! Tu vois, lui il va aux courses, là; il invite Didier. Il l'appelle. Il porte un panier, enfin, c'est un caddy qu'il pousse, mais quand même...

– Ce que je ne comprends pas, c'est que, je ne vois pas, il y a des gens qui vous entourent, quand même, à Bonneuil, hein? Par exemple, tu nommes Didier.

– Didier est un enfant.

Et c'est l'adulte. Tu vois, il a une pipe. Je pensais à Gérard, celui qui s'occupe de moi, principalement quand je sors en dehors de Bonneuil pour travailler.

– Bon.

– Alors, pour moi : la bijouterie.

– Mais, parmi les éducateurs que vous avez... tu n'en nommes absolument aucun.

– Non. Parce que, je te dis, je parle de moi et de tout ce que je vois, et de tout ce que je sais qui se passe à Bonneuil. Je parle pas spécialement des enfants, des grandes personnes, tout ça. Je sais que j'arrive le matin, qu'il y a des enfants, je vois des enfants aller travailler – tu vois? – et puis aller jouer. Je sais que je vais, après, à la bibliothèque, vers toujours dix heures, onze heures, neuf heures et demie, non, attends! dix heures, ou... je sais que c'est comme ça. Après, il faut aller manger vers midi moins le quart.

– Bon. Alors...

– On sort de table. Là, je retourne à la bibliothèque vers deux heures et demie, quand le temps libre est fini – tu vois, j'en parle par là, où on lit « temps libre ». Et puis vient quatre heures et demie, quatre heures moins le quart, plutôt, et je dis au revoir à Didier, enfin ces deux personnes-là. Qu'est-ce que tu veux, ça représente une dizaine de gens à qui je dis au revoir; mais je n'ai pas assez de place; enfin, je me comprends.

– Je veux dire une chose : dans une bande dessinée, il y a un sens de lecture; un peu comme quand on écrit à la main. Alors, quand tu arrives au bout, comme ça, au bout de ta ligne, tu repars par ici...

– J'ai pas envie de le faire, moi.

– ...de gauche à droite. Tu vois? Tu as fait ta bande

dessinée dans ce sens-là. Et puis, quand tu es arrivé là, tu es descendu ici.

– C'est-à-dire que je suis parti comme si qu'on écrit.

– Tu es revenu en sens inverse, comme ça, et tu es allé par là. Tu as été obligé de mettre des flèches pour expliquer que cette image-là correspondait à celle-là; et à celle-là, et à celle-ci, et à celle-là, hein!

– Celle-ci, c'est quand on va faire des courses; parce que je ne peux pas faire une flèche comme ceci, là. Moi, ce que je voudrais, c'est refaire une autre bande dessinée, sur... un sujet à moi?

– Un sujet à toi. Pas un sujet imposé : un sujet libre, d'imagination. Mais là je voudrais bien que tu ne mettes pas de flèches pour obliger les gens à comprendre. Je voudrais que les gens comprennent.

– S'ils ne comprennent pas?

– Eh bien, s'ils ne comprennent pas...

– Il faut qu'ils comprennent sans chercher à comprendre?

– Il faut que tes vues soient mises de telle façon que la lecture se fasse d'elle-même.

– O.K.

– Sans donner d'indications de flèches, et sans donner de sens.

– O.K. Donc, toujours comme on écrit, tu vois : un point. A la ligne. Tac-tacque-tac, toc!

– Pas forcément.

– Ah si! écoute! si tu ne veux pas que je mette des flèches.

– D'abord je fais un texte, et je raconte, en une ou deux images, ce texte.

– D'accord. Bon! Qu'est-ce que tu vas prendre comme sujet? De toute façon, on en parlera après. Là, on va attaquer, hein?

– Je ne sais pas, moi. Je vais te dire la couleur qu'il me faut.

– Alors, je te signale une chose, par ailleurs...

– Je commence toujours avec les couleurs.

– ... Tu n'as qu'une seule feuille.

– Oui.

– Il n'est pas question de recommencer, de déchirer quoi

que ce soit. Tu pars d'un bout, il faut que tu arrives à l'autre; terminé, bien ou mal, hein!

– Bien ou mal! Je peux d'abord ne faire que les cases?

– Non. Non, parce que...

– Pour voir ce que je vais remplir. Parce que si je fais les cases trop grandes, ou trop petites! Il faut que je voie à peu près ce que je vais mettre dans la case, et faire la case par ordre, avec ce qu'il y a dedans.

– Mais ce n'est pas la case qui fait le dessin : c'est le dessin qui fait la case.

– C'est ça. Il faut d'abord faire le dessin et l'encadrer, alors?

– Parce que sinon, tu te trouves comme les gens qui font une surface et qui, après, se limitent à cette surface. Là, tu n'es pas limité, hein. Tu as des crayons, tu as du papier, tu peux dessiner tout ce que tu veux dans l'espace que tu veux.

– Mes cases ne sont pas faites pour que je trace...

– C'est le dessin, c'est ce que tu vas mettre dans ton dessin qui va te donner ton espace. Et pas l'inverse, hein.

– Sinon, je suis contraint.

– Ce que je voudrais, là, tu pars : tu vois, là tu as un problème que moi j'ai rencontré très souvent; tu te trouves devant un carré blanc, et qu'est-ce que tu vas faire? Qu'est-ce qui se passe, hein? Il n'y a rien de plus terrible qu'un carré blanc.

– O.K.!

– Alors, est-ce que tu sais déjà au départ ce que tu as l'intention de faire? De quel sujet tu as envie de parler?

– Eh bien, je suis obligé d'y réfléchir. Attends une petite seconde.

– Moi je crois qu'il faudrait en parler avant quand même. Quel est le sujet... Bon, tu m'as dit, la dernière fois : « Tu m'as imposé un dessin; ça ne me plaît pas; je n'ai pas envie de le faire. » On l'a recommencé deux fois. Je te dis : « Maintenant, tu n'es pas imposé. Tu fais le dessin que tu veux, la bande, tu racontes ce que tu veux. » Alors tout à l'heure, tu m'as dit : « Bon! Eh bien, je vais raconter ma vie. » Et puis, après, tu m'as dit : « Non, je vais parler de l'histoire d'un lapin. » Ça fait déjà deux choses différentes. Alors je voudrais bien que tu me dises...

– Laquelle des deux? On va peut-être parler d'un petit lapin.

– Tu préfères raconter l'histoire d'un petit lapin que la tienne? D'accord! Il faut, avant, ce qu'on appelle un « canevas ». Un « canevas », c'est-à-dire les grandes lignes de cette histoire. Un petit lapin...

– Que je te la résume, en quelque...

– C'est ça. Avant même de partir. Parce qu'il y a peut-être des choses qui ne sont pas intéressantes à montrer; il y en a peut-être d'autres, par contre, qui sont intéressantes à montrer.

– D'acc. Alors, je peux te raconter l'histoire?

– Oui, tiens, là-dessus tu vas me faire un résumé de cette histoire, d'abord.

– En lecture? Bon; alors je vais parler tout doucement. Il y avait un jour un lapin qui s'appelait Jeannot.

– C'est ça.

– Il habite... Ce Jeannot habitait dans un terrier... qui se trouvait dans la terre – enfin, on le devine, là. Un jour, il reçoit la visite de son copain, le raton laveur... Ah, merde! Je ne sais pas faire les ratons laveurs. Je ne sais pas dessiner. Attends, on va... Il reçoit la visite de son camarade – donc, c'est un autre lapin : ce sera pas dur à faire : deux oreilles, hein! – son camarade, euh, Clapo! pourquoi pas?

– D'accord!

– ...son camarade Clapo. Ils sortent ensemble; ils vont dans un pré, et puis ils fauchent une salade. Alors il faut deux images : une, ils sortent dans le champ, et une autre, il y en a un qui passe aux salades.

– Oui.

– Ils se sauvent à toutes jambes, et retournent dans leur terrier. Un chasseur maladroit a foutu son fusil dans le trou, qui a vu les lapins et il veut les tuer. Les lapins qui sont très malins, ils foutent un bout de bois dans le fusil. Boum! Ils éclatent de joie – tu vois le fusil? la balle part en sens inverse, boum! et puis ça lui éclate dans le visage.

– Au chasseur? Bon, d'accord.

– Ils se sauvent à toutes jambes, et puis les lapins éclatent de rire.

– Bien! Bon! Alors, ce que tu vas faire : dans un premier

temps, tu vas d'abord présenter le personnage qui est le lapin. Moi, je crois que la première image, c'est ça, tu vois : d'abord...

– En parlant du lapin en disant « je »?

– Non, ce n'est pas ça.

– « Je m'appelle Jeannot; j'ai un petit camarade. »

– Non, pour les gens, tu vas leur raconter une histoire par une bande dessinée; il faut que tu leur montres en premier lieu le personnage. Après, ils ressentent de quoi il a l'air.

– Donc, une case à lui tout seul?

– Pas forcément. Je te dis seulement les éléments qu'il faut absolument montrer. Et puis, après, le reste, tu fais ce que tu veux, hein.

– On dit : « Il y a un lapin qui habite dans un terrier. » Alors on pourrait peut-être faire une sorte de grotte.

– Alors : le personnage, c'est-à-dire le lapin, le décor, c'est-à-dire son terrier, ou...

– O.K.! Là, on va démarrer.

– ...le paysage qui l'entoure, son copain le raton laveur.

– Non! le lapin, Clapo : le lapin. J'ai dit que c'était moins dur de faire un lapin que...

– Donc, tu veux faire deux lapins.

– Deux lapins.

– Alors, il faut bien les différencier, parce que sinon on risque de les confondre...

– Dis, les lapins, ils sont tous pareils à peu près, hein.

– Parce que si tu as deux lapins dans une bande dessinée, on va arriver un moment à ne plus savoir lequel est l'un et lequel est l'autre, hein!

– Si on met des bulles au-dessus?

– Il faut que ce soit quand même des lapins un peu personnalisés.

– Il y en a un où je mettrai une paire de lunettes, et l'autre non.

– Par exemple!

– Et pour qu'on comprenne bien, sur la première image où je parle de Jeannot, je mets une paire de lunettes et une bulle au-dessus : « Bonjour Clapo! »

– Tu peux définir Jeannot. Dans la première image, tu

peux le décrire. Tu peux le dessiner d'une part, et puis le décrire, et...

– Mais non, il y a... O.K. Dans la deuxième, on fait une flèche au-dessus du lapin qui a les lunettes, et dans la bulle, on marque : « Jeannot... ». Non, non, non, on dit : « Bonjour Clapo! » Donc ce ne sera pas Clapo; il dit : « Bonjour Clapo! » Il va pas dire bonjour à lui-même. Et dans l'autre : « Bonjour Jeannot! »

– Mais ça, ça va se faire après. Maintenant, tu peux commencer à dessiner le premier lapin, c'est-à-dire le personnage, le décor qui l'entoure; et puis après l'histoire démarre. On y va?

– Et ici je mets, je fais une écriture avant d'attaquer le second dessin, où Clapo vient voir Jeannot?

– Maintenant, moi, je te laisse entièrement libre de faire ce que tu veux. Maintenant, j'ai tous les éléments. Je t'ai dit ce que tu pouvais à peu près faire. Maintenant, tu fais.

– Je vais faire une entrée de grotte, hein? Dis?

– Pourquoi tu es bloqué comme ça?

– J'ai envie de faire des bulles. Mais je n'en aurai pas assez pour marquer ce que je veux dire. Je voudrais...

– Bon. Alors, tu as deux possibilités : ou te limiter dans ce que tu veux dire, ou...

Guy Seligmann : Quel genre de travail faites-vous ici?

Alain : Ici, on est au studio de création, graphique sous toutes ses formes, que ce soit sur des supports plans, des maquettes en volume; et on est aussi une petite agence de publicité qui travaille dans le domaine de l'édition, dans le domaine de différents produits; comme n'importe quelle agence de publicité.

G. S. : Et comment, Michel, vient-il travailler là?

Alain : Quand on nous a demandé de recevoir Michel, j'étais tout à fait pour. Je ne me suis même pas posé la question de savoir si ça poserait des difficultés ou pas, dans un contexte de travail comme le nôtre.

Et, donc, Michel est arrivé. On a quand même demandé un peu l'avis des autres; l'expérience nous a intéressés.

Et on s'est rendu compte très très vite que ça soulevait

certaines difficultés, mais pas du tout les difficultés pour lesquelles on nous avait préparés, contre lesquelles on nous avait prévenus. Parce que, en fin de compte, les seuls problèmes qu'on rencontre, c'est, par exemple, quand le téléphone sonne : il arrive que Michel intervienne dans une discussion; ou quand un client arrive, qu'il ne se rende pas compte qu'un client est là; ou quand quelqu'un travaille sur une maquette, qu'il ne se rende pas compte que cette personne a besoin de concentration pour travailler.

Donc, c'est surtout l'aspect perturbateur de Michel qui peut poser problème. Mais, à ce moment-là, il se confronte aux autres exactement comme il se confronterait dans la vie ou dans la rue, et il se fait remettre en place comme n'importe qui, exactement dans les mêmes conditions : ou il accepte, ou il n'accepte pas.

Michel : Ce qui me plaît... Il ne me plaît pas toujours de faire quelque chose que je ne pensais pas du tout faire; ou dès qu'on me dit : « Il faut que tu fasses ceci, tu feras ce que tu veux, après! » Faire une bande dessinée sur Bonneuil, je n'en avais pas du tout envie.

Alain : Pardon?

Michel : J'ai dit que je n'avais pas envie de faire un truc sur Bonneuil. Je voulais laisser Bonneuil à la porte, et faire mon travail à moi.

G. S. : Et c'est quoi ton travail à toi? Qu'est-ce que tu aimerais faire ici?

Michel : Travailler, quoi. Parler de moi, de mon travail.

Alain : C'est-à-dire qu'il y a deux possibilités. Il y avait la possibilité que Michel vienne ici uniquement pour s'occuper et passer le temps. Ça, ce n'est pas tellement intéressant. Mais on est quand même obligé d'en passer par là pour arriver à la deuxième possibilité, qu'il soit dans un cadre professionnel où il a la possibilité de s'exprimer en voyant d'autres gens travailler techniquement sur des choses bien précises, donc de se former professionnellement, dans la mesure où ça l'intéresse.

C'est le point le plus difficile et le plus délicat; on n'en est pas encore arrivé à ce stade-là. Et je pense que ce sera assez long.

De toute façon, on n'a pas du tout envie de faire de la formation professionnelle, mais on n'a pas du tout envie non plus d'ouvrir la porte à Michel uniquement pour qu'il passe son temps et qu'il s'en aille sans en avoir tiré profit.

....

Michel : Je ne devrais pas poser cette question, parce que j'apprends normalement à l'école, mais « Jeannot », comment ça s'écrit? J...?

Alain : E, A, deux N, O, T.

Michel : J, E, A...

Alain : Je crois. Tu sais, les noms propres, on peut les écrire comme on veut.

Michel : Deux N, deux N.

Alain : O, T. Mais tu peux écrire J, A, N, A, U, D, si ça te fait plaisir.

Michel : Ah non! Ah non, je sais que ce n'est pas AU, mais OT.

....

Alain : Par ailleurs, on s'est aperçu d'une chose : c'est que quand Michel est arrivé, il est rentré dans un cadre disons sympathique, parce qu'on a toujours un peu de musique; il y a un chien. Et puis on fait un travail aussi où, quelquefois, on travaille avec des bandes magnétiques ou des matériaux assez curieux et assez intéressants, donc qui, pour Michel, donnaient peut-être l'impression d'être un jeu. Il avait peut-être l'impression que le travail qu'on faisait, c'était un jeu; et il n'a pas tort d'ailleurs, parce que c'est un certain plaisir; c'est de la création, c'est vrai. C'est l'aspect agréable de ce qu'on fait. Seulement en fait on n'était pas là pour s'amuser.

Donc, il est arrivé parfois que, moi n'étant pas là – parce que j'ai l'impression qu'il a besoin d'une personne qui, de temps en temps, le raisonne un peu –, quand je n'étais pas là, il n'y avait plus de contrôle sur Michel; c'est-à-dire qu'il avait tendance à en profiter un peu. Il lui est arrivé récemment de se faire mettre dehors, exactement comme quelqu'un qui devient trop gênant ou qui ne correspond pas au travail qu'on attendait de lui. Et on lui a demandé gentiment de retourner chez lui et de revenir quand il aurait l'intention de travailler.

G. S. : Tu es d'accord, Michel, avec ce que vient de dire Alain?

Michel : Oui.

G. S. : Tu estimes qu'il faut que tu fasses un certain travail?

Michel : C'est ça.

....

Alain : Alors, Jeannot mange une carotte.

Michel : Il est assis sur un tabouret et il attend, attend comme ça.

Alain : Oui, la venue de son ami Clapo? D'accord!

Michel : On peut mettre une bulle.

Alain : Ah bien, oui, tu peux mettre une bulle en disant...

Michel : Ou une pensée, peut-être.

Alain : Je ne sais pas. Là, il dit bonjour. Il dit : « Salut les copains! C'est moi, Jeannot! »

Michel : Non, il mange sa carotte, il est en train de bouffer sa carotte sagement en attendant; il ne sait pas quoi faire, tu vois. Il ne veut pas se ronger les ongles, enfin, il est bien élevé. Je ne sais pas comment dire, moi. Enfin, c'est un lapin normal. Il est sagement dans son terrier, assis sur son tabouret; il mange une carotte.

Alain : Bon!

Michel : Il sait que, dans quelques secondes, quelques heures peut-être, ou plutôt quelques minutes, son ami Clapo va entrer. Il va entendre toc-toc-toc. Alors, je fais cette image?

Alain : L'autre jour, tu avais plus de couleurs dans tes dessins.

Michel : Ça peut venir après, hein, remarque.

Alain : Là, il y avait une chose qui était très, très bonne, que moi j'aimais beaucoup, tu vois, qui était que tu es parti tout de suite dans la couleur, hein, sans cerner les formes. Et, aujourd'hui, je ne sais pas pourquoi, tu cernes; tu cernes trop.

Michel : Remarque, tu ne sais pas pourquoi, et moi non plus.

Alain : Oui; mais moi, j'aimerais bien que tu essaies de savoir pourquoi.

Michel : Et pourquoi pas faire les couleurs après? Parce que si je m'attarde, je me dis : « Merde! J'ai pas fait tant! » Je vais vite me dépêcher, vite; je vais tout faire noir et blanc, et puis après je mets les couleurs dessus! Tu as vu comme c'est rapido! Et puis enfin, un rond comme ça, avec des traits dessus, et puis je te dis que c'est un personnage. O.K.!

Alain : O.K.

Michel : Je fais avec ces deux couleurs-ci. O.K.! Et puis, après, le lapin, comme les marron, j'ai qu'à le faire tout entier comme ceci, ou dans un autre marron. Tu vois? Bon! Alors, tu dis que c'est bien? Bon! O.K.!
Quelle heure est-il, Pascale, s'il te plaît?

Pascale : Tu sais bien : je n'ai jamais l'heure sur moi.

X : Onze heures un quart.

Michel : Onze heures un quart! Bon! Fermons-la.

HISTOIRE DE MICHEL « JEANNOT-CLAPO »

Jeannot mange une carotte.
Il est assis sur un tabouret. Il attend la venue de son ami Clapo.
Soudain, quelqu'un frappe à la porte : toc-toc-toc...

– C'est toi, Clapo? Entre! s'exclame Jeannot.

Et Clapo entre dans le terrier de son ami Jeannot.

– Comment ça va, Jeannot?

– Très bien. Et toi, Clapo?

Après s'être fait de la politesse, les deux amis boivent à leur santé.

Après, ...quelques instants après, Jeannot s'exclame :

– Si on allait faire un tour dans le jardin?

Ils vont dans le jardin. Ils volent un plant de salades et continuent à aller dans leur terrier... enfin... ils retournent dans leur terrier avec ce qu'ils ont volé : leurs salades.

Et puis le chasseur les a surpris. Il fonce à leur train; il met, il fourre son... son... son fusil dans le truc... dans le... dans le terrier, quoi, il tire. Mais juste avant, Clapo il a foutu un truc dans le fusil, un bout de bâton, et, boum, ils éclatent de rire, parce que le fusil lui a éclaté dans la gueule.

Terminé!

11

Les cuisines

Compte rendu, par Alain Vanier suivi d'un débat entre Jean-Jacques Bouquier, Jean Cahors, Robert Lefort, Hélène Marchadier, Francine Muel, Dominique Misset, Maud Mannoni, Michel Polo, Gilles Van Hove.

I

Paul a travaillé l'an dernier, de mars à juin, comme stagiaire à la cuisine d'un restaurant universitaire parisien. Le directeur avait alors décidé de l'engager comme garçon de cuisine et de le rémunérer à partir de la rentrée.

Lorsqu'il reprend le travail, à la mi-septembre, une partie du personnel est encore en vacances : obligation lui est faite d'assurer par roulement la plonge. Il supportera cela d'autant plus difficilement que c'est par ce travail qu'il avait commencé, quelques années auparavant. C'est peut-être pour cela, et aussi à cause de ce qu'il a vécu pendant ses vacances, que, se sentant mis en infériorité, il va tenter de se revaloriser en faisant appel au prestige social de son père. Cette référence est d'autant plus facile pour Paul que, depuis la mort de son « petit frère » en juillet, sa place dans la constellation familiale a changé et que s'est modifié du même coup l'enjeu que la réussite de son travail représentait.

A force de parler de l'argent de son père, de ses vacances aux Baléares, des cadeaux de ses parents, Paul va rapidement se rendre insupportable au personnel de la cuisine et se retrouver pris comme bouc émissaire dans une revendication de classe. Le sous-chef dit : « C'est encore nous, les pauvres, qui devons nous coltiner ces fils de riches quand ils sont fous. »

L'appartenance bourgeoise, cette « tare » familiale, c'était donc à Paul de la porter : c'était à lui de payer pour. Il est d'ailleurs beaucoup question de « payer » dans le discours de la Faculté, au moment où Paul y devient salarié.

Il va se trouver tout à fait rejeté : il reste habillé en bleu dans une cuisine où tout le monde est en blanc.

Il va fonctionner comme le « fou » de chacun. C'est quelque chose qui se produisait occasionnellement déjà l'an dernier; mais le travail restait alors prépondérant, et les quelques mises au point faites à ce moment avec le personnel avaient permis d'éviter ces difficultés.

A toute demande de travail faite par Paul, ce qui lui est répondu, ce qui lui est renvoyé, c'est son discours « dingue » – qu'il donne d'ailleurs très facilement (on lui répond : « Alors, Paul, raconte ce qu'elle t'a fait, Brigitte » ou bien : « Quand est-ce que tu bats Eddy Merckx? », etc.). Il apparaît comme le support d'une expression du refoulé dans le groupe : il est le spectateur à qui l'on donne à voir des mimes homosexuels ou des jeux violents, l'acteur des fantasmes de certains, comme le boucher dans son rapport aux femmes du service. La place du fou, c'est ce même boucher qui l'occupait; il a trouvé en Paul quelqu'un pour le remplacer, il l'actionnera comme tel. Il nourrira Paul de ses fantasmes, en lui donnant par exemple une photo dédicacée par Brigitte Bardot. Paul dira d'ailleurs : « Il m'a baisé le boucher avec ses femmes. »

Puisqu'on demande à Paul du discours fou, il se met à surenchérir : en l'espace d'une semaine, il se mouche dans un plat de hors-d'œuvre, rend une sauce inutilisable, menace le pâtissier avec un couteau. Le directeur téléphone à Bonneuil et annonce son intention de le renvoyer. Il est décidé pourtant que Paul finira le mois.

Les dernières semaines seront très dures pour lui. Un interdit est posé quant au vrai travail de cuisine : Paul n'a plus accès à la préparation des plats. Il est relégué à des tâches subalternes, et quasiment inutiles : le nettoyage des fourneaux, où on le fait rester plusieurs heures pour un travail que le plongeur responsable refera après lui en dix minutes. C'est bien ce que dit le directeur : « Il ne sert à rien. Les gars ne veulent plus lui donner de travail. » Le rapport aux employés ne passe plus par une loi de travail, mais se résume en un exil de la folie, que Paul est chargé d'incarner.

Il redresse quelque peu la situation en se taisant, en « fermant sa gueule » comme il dit; et cela amène le directeur à avancer une proposition qui rend bien compte de la nouvelle place faite à Paul : il serait chargé du balayage des couloirs et des escaliers, dont il importe peu en fait qu'ils soient nettoyés ou non. Personne ne travaillerait avec lui, mais il pourrait prendre ses repas au restaurant. Repas qu'en fait Paul prend souvent seul, non pas dans la cuisine avec les autres, mais dans la grande salle du restaurant, déserte à cette heure-là.

D'un seul coup, tout le sens du travail de l'an dernier est aboli. Tout ce qui avait pu s'échanger, ici ou là, sur le sens d'un travail, n'apparaît plus. Il y a dans le discours des adultes une volonté de faire comme si tout cela n'avait jamais été, et c'est ce nouveau sens du passé qui est renvoyé à Paul. « Il faut toujours quelqu'un avec lui », dit-on, nous reprochant de l'avoir laissé venir seul en octobre, oubliant tout d'un coup que les choses se passaient ainsi à la fin de l'an dernier.

L'intervention de la télévision avait déjà amené un certain laxisme dans l'exigence de travail. Une plus grande tolérance avait été montrée à cette parole folle qui avait fait de Paul et du restaurant des « vedettes ». Rétrospectivement, la télévision apparaît aujourd'hui au nombre des privilèges de classe de Paul. Le cuisinier en vient à regretter ce qu'il a dit, car « ça fausse le problème ».

Paul est à la fois vécu comme « en haut » et comme « tout en bas » de l'échelle sociale. « Les psychologues, nous dit-on, vous visez toujours trop haut; il ne pourra jamais être cuisinier. » Tout est d'ailleurs fait dans ce sens, pour marquer un écart; en fait, Paul est mis en situation d'échouer dans un travail qui, d'être salarié, prend un autre sens. La question de savoir s'il sera payé, et combien, est posée avec insistance. Un fou est nécessairement improductif (c'est là la différence qu'introduit le salaire). Cela m'a fait penser à ce que soulignait Foucault [1], touchant les critères de l'internement dans les premiers temps : à savoir, l'oisiveté. La folie était « perçue, écrit-il, sur l'horizon social de la pauvreté, de l'incapacité au travail ».

Au restaurant intervient en même temps une reprise du discours ségrégatif : « Il faudrait construire plus d'hôpitaux pour ces gens-là, c'est pas à nous de nous en occuper, on fait déjà un travail difficile. »

Cette place du fou, cette place du rien qui lui est rendue, Paul va la dire pour sa part en reprenant ses idées suicidaires et associant sa mort possible à celle de son petit frère. Le retour de thèmes de mort, qui avaient complètement disparu depuis juin, coïncide avec les événements du restaurant et le « racisme » véritable dont Paul est l'objet à la fois en tant que fils de bourgeois et en tant que fou.

Le départ de Paul rendra à la cuisine les problèmes que sa présence avait permis de masquer. Et les quelques mises au point faites avec le chef, le sous-chef et le directeur n'auront comme effet que de désigner un successeur à la place que Paul laisse vacante; c'est le boucher qui sera chargé de tous les maux. C'est lui, dit-on, qui a fait faire le dingue à Paul; et on lui interdit fin octobre de travailler avec le garçon. Le boucher tombe d'ailleurs malade et prend un congé. Ainsi, pour qu'institutionnellement rien ne puisse être entendu de ce que le passage de Paul aura pu faire émerger, le boucher sera le bouc émissaire de son départ difficile et en portera tout le poids.

Paul, lui, a touché son salaire et pu assurer une transition plus facile avec un restaurant parisien où il travaille actuellement.

II

Maud Mannoni : L'intérêt de cette observation est de montrer qu'il ne suffit pas que les enfants aillent chez

1. Michel Foucault, *Histoire de la folie*, Paris, Gallimard, 1972, p. 90.

l'artisan pour que tout s'arrange magiquement. Il vaut la peine de rappeler que les ouvriers du restaurant se sentaient payés de retour par la parole de l'adulte qui accompagnait l'enfant. Dès qu'il n'y a plus eu d'adulte dans le circuit, les choses ont dégénéré rapidement, ce qui ne veut pas dire qu'il faille à vie maintenir un adulte de Bonneuil dans le circuit du travail! Cependant nos échecs sont souvent liés à notre hâte de voir l'adolescent se débrouiller sans nous. Par où nous méconnaissons ce que Basaglia [1] ne cesse de souligner : c'est dans le monde extérieur que se joue la bataille qui permettra – ou non – au « fou » de dépasser l'exclusion dont on le menace. Nous avons à aider l'adolescent à faire face à l'agression à laquelle il est exposé, dès l'instant où il revendique un statut de travailleur « à part entière ».

Robert Lefort : Paul s'est trouvé à une place privilégiée d'amplificateur de la folie sous-jacente qu'on retrouve dans tout groupe.

M. M. : Dans son nouveau restaurant, Paul n'occupe pas une place privilégiée : l'accès à la vraie cuisine lui est encore interdit. Il est accepté dans l'antichambre de la cuisine : le lieu où l'on fabrique les hors-d'œuvre. Cette situation est ressentie par lui comme une brimade.

Dominique Misset : C'est cependant le trajet de tous les apprentis.

R. L. : Des apprentis sont venus me parler de leur apprentissage : qu'est-ce qui se passait là? Ils y étaient non seulement exploités, mais sadisés. Ils encaissaient plus ou moins bien. On ne peut demander à Paul, et à tous ceux qui lui ressemblent, d'encaisser. Il va ruer, il va exploser, il va crier (en se détruisant lui-même) l'intolérable d'une situation. La question de l'apprentissage se pose différemment dans un milieu artisanal où le groupe est réduit que dans un groupe élargi comme était celui de la Faculté.

M. M. : Toute société a ses rituels d'« initiation à la vie », qui ne sont rien d'autre que des étapes par lesquelles

1. Basaglia, *L'Institution en négation,* Paris, Seuil, 1972.

l'adolescent doit passer pour devenir un homme (il en « bave » et il en est « marqué »). Ce qui est arrivé à Paul s'est situé hors de la ritualisation, dans un contexte de non-sens.

R. L. : Dans notre type de société, il n'y a plus d'initiation.

M. M. : Il n'y a plus qu'une mystification, c'est-à-dire un imaginaire, qui ne débouche que sur des luttes spéculaires : on ne peut que se casser la gueule.

R. L. : C'est aussi le dernier arrivé dans un groupe d'apprentis qui est appelé à occuper la fonction de victime. Cette appréhension sadique de l'autre, des garçons comme Paul, étant donné leur fonction de vérité, la dénoncent.

M. M. : La fonction du fou, Paul l'a eue aussi bien au club Méditerranée, où il se trouvait dans un monde essentiellement bourgeois. A peine arrivé dans le camp, il a voulu s'instituer comme le surhomme de l'endroit – et cela, dans une espèce de lutte à mort avec son père. C'est comme s'il ne pouvait y avoir une réussite pour les deux à la fois (le père et le fils).

Ce n'est pas à n'importe quel moment que Paul a introduit le discours qui allait l'opposer aux autres. Il en a été de même pour Jacques. Les choses, pour lui, allèrent bien tant qu'il put, pour son plaisir, démonter et remonter les voitures. Elles se sont gâtées quand il a exprimé le vœu d'être seul responsable (seul maître) de la voiture. Le patron lui a répondu : « La responsabilité légale, c'est moi qui l'ai; les réparations doivent être vérifiées. » Jacques n'a pu supporter de se trouver délogé d'une position de toute-puissance mégalomaniaque. Il a tenu aux ouvriers un discours de fils de bourgeois; mais il a trouvé à qui parler. Pendant toute une période, il allait de l'extrême droite à l'ultra-gauchisme : c'étaient les deux faces d'un même disque. Il était traversé par un discours qui ne lui appartenait pas.

Hélène Marchadier : Le premier jour où Paul est allé au restaurant universitaire, il en est revenu complètement effondré : « Qu'est-ce que ça veut dire, répétait-il, tout ce que je dis est inscrit sur les murs... tout le monde est fou à la fac! » Un démarrage a été possible à partir de là.

Francine Muel : Ceux que Paul considérait comme fous, c'étaient les étudiants. On peut se demander si on n'a pas multiplié les difficultés dans le choix de ce lieu de travail. Paul était à la limite, pour ce milieu d'immigrés, l'étudiant idéal à se mettre sous la dent.

Jean-Jacques Bouquier : Cette observation met en question notre possibilité de faire évoluer le milieu dans lequel l'adolescent se trouve pris.

R. L. : Tout ce que nous avons rencontré là, n'est pas à interpréter dans le sens du politique, mais dans le sens d'une politique de l'analyse. Les éléments mis en avant dans le débat et qui avaient affaire avec la lutte des classes, l'économie ou les problèmes de la politique, ça n'était jamais qu'une relance de la question : qu'est-ce que le travail, et qu'est-ce que c'est que la position politique? Dans les deux cas, il s'agit d'un réel où Paul ne peut prendre en charge, ni son travail ni sa position. Paul emploie la politique en se présentant comme fils de bourgeois, sur un plan qui est en fait narcissique. S'il n'avait pas été fils de bourgeois, il aurait employé un autre système, cela aurait donné le même résultat.

J.-J. B. : Dans le travail effectué avec Paul aux cuisines, je n'ai pas l'impression que nous ayons réussi à faire bouger le milieu de travail. Paul, une fois parti, le boucher a repris sa place, rien n'a changé.

Alain Vanier : Cette place du « fou » que le boucher occupait dans le groupe avant l'arrivée de Paul, il l'a, en effet, reprise après son départ, puisque, identifié à Paul, il en est venu à perdre sa voiture devant l'école de Bonneuil!

12

Le théâtre

A. *Alice s'émerveille (texte)*
B. *Débats après la représentation*
C. *Le théâtre de l'Inconscient (essai)*

A. ALICE S'ÉMERVEILLE

L'Alice de Lewis Carroll a été mise en scène par les enfants de Bonneuil. Ils sont devenus ainsi les auteurs d'un texte lu à travers une trame. C'est ce texte créé par eux que nous reproduisons ici, suivi du débat qui eut lieu avec le public.
Représentation de l'atelier-théâtre au Café d'Edgar, hiver 1975; au Biothéâtre, printemps 1974.

– Il fait chaud.
J'ai le cœur qui bat.
Des oiseaux qui s'annoncent.
L'aventure d'Alice commence.
Entendez!
Voyez ce lapin blanc aux yeux roses.
Entendez! Voyez! Alice le suit. Elle court, vite!
Plus vite, plus vite, plus vite.
Mais où va-t-il? Mais où va-t-il?
Où va-t-il?
Alice, entraînée, tombe dans un tunnel au fond de la terre.
Où va-t-elle échoir?
Elle tombe loin, loin.
Échoir loin dans la terre.

Et le lapin...

Elle tombe. Elle tombe. Elle tombe, loin, loin.

Dang! Dang!

Tout est noir, tout est obstacle : mur, trou. Mais où sommes-nous? Où suis-je?

– Où suis-je?

Où sommes-nous

Et où sommes-nous?

Où suis-je?

J'ai peur. J'ai peur.

J'ai peur.

Peur. Où sommes-nous?

– Où suis-je? J'ai peur.

Que sommes-nous?

Qui sommes-nous?

Je veux sortir. Je veux sortir.

Où sommes-nous? Et où suis-je?

Je veux sortir. Je veux sortir. Je veux sortir.

Je veux sortir du noir.

Où suis-je?

Je veux sortir.

J'ai peur du noir.

Je veux sortir.

Je veux sortir, sortir, sortir. Je veux sortir.

J'ai peur ici. J'ai peur du noir. Où sommes-nous? Dans le noir?

Où sommes-nous ici?

Il fait noir.

Je veux sortir d'ici.

Je veux sortir d'ici.

J'ai peur.

Comment sortir d'ici?

Comment sortir?

Comment sortir d'ici? Il fait noir.

J'ai peur.

Les rayons du soleil jaillissent. Le jardin, le jardin merveilleux d'Alice!

Le jardin, le jardin.

Le jardin merveilleux.

Là-bas!

derrière! Regardez, loin!

Des fleurs!

Oh!

Des oiseaux!

Oh, regardez!
Du soleil! La lumière!
Regardez là-bas!
AMBIANCE.
Un jardin merveilleux! J'ai une porte.
Une porte? Pour aller où? De l'autre côté? C'est de l'autre côté qu'Alice veut aller.
Je veux passer de l'autre côté.
De l'autre côté!
Une porte, une serrure, une clé.
Une clé!
Une clé! Non.
Une bouteille!
Mes pieds rentrent dans ma tête
mes pieds rentrent dans ma tête.
Toute petite. Mais c'est de l'autre côté.
– Mais la clé?
Mange-moi!
Que se passe-t-il?
Au revoir, mes pieds!
Au revoir ma tête!
Oh! Mes pieds.
Mais que se passe-t-il à nouveau?
Ma tête!
Mais je suis bien trop grande maintenant.
Bien trop grande! ou trop petite, ou trop grande. Mais que vais-je devenir?
Que vais-je devenir?
Que vais-je devenir?
Je ne pourrai donc jamais passer de l'autre côté?
Jamais?
de l'autre côté?
Jamais?
Jamais! Jamais!
Jamais de l'autre côté?
Jamais!
Trop petite, trop grande.
On va où?
Je suis trop grande. Tout est fermé.
C'est fermé partout.
Jamais je ne pourrai passer de l'autre côté.
Non. On ne peut pas.
– Alice!
Jamais!

ne peut pas passer.

Jamais de l'autre côté. Ce n'est pas possible.

Ce n'est pas possible de sortir.

C'est impossible.

Jamais on ne passera de l'autre côté.

Jamais! Jamais!

Jamais!

Trop grande ou trop petite...

Alice s'effondre, pleure. Une vraie mare de larmes l'entoure

des larmes.

Maintenant, là, tout a disparu. Plus de petite porte, des petits pas précipités.

Le lapin blanc. Courez tout de suite! Et rapportez-moi une paire de gants et un éventail!

un éventail

une paire de gants

  un éventail

  une paire de gants.

Alice épouvantée

des gants

Un éventail

Épouvantée par cet ordre, Alice entre dans la maison de monsieur Jean Lapin.

Un éventail. Des gants.

Vous avez les gants?

Vite les gants!

L'éventail!

L'éventail. Les gants.

Non!

un éventail, des gants.

Une bouteille?

Une bouteille!

Oh! oh!, la voilà!

Qu'elle me fasse grandir de nouveau.

Mais, tout à coup, ma tête touche le plafond.

Oh!

Un doigt dans la cheminée, un pied par la fenêtre.

Errant dans la forêt. Errant dans la forêt, pas plus haute qu'un brin d'herbe, Alice se trouve nez à nez devant un grand champignon de sa taille. Mais qu'y a-t-il dedans, dessus, dessous? Mais qu'y a-t-il? Un ver à soie bleu, un ver à soie bleu qui fume un long nouka.

cigare

Qui êtes-vous?
Qui j'étais? Qui je suis?
Et toi? Qui es-tu, Sophie?
Qui es toi?
Je suis Bernadette.
Et moi? Qu'est-ce que c'est Bernadette?
Alice. Alice.
Je ne suis jamais certain que, d'une minute à l'autre?
Alice. Alice.
Alice. Alice.
Alice, derrière toi, la maison de la duchesse. La maison de la duchesse.
Allons-y! Allons-y voir!
A peine entrée, Alice voit, en mille morceaux...
C'est une maison de fous! C'est pas possible.
C'est pas possible.
Au milieu de la pièce, la duchesse, un bébé dans les bras.
Mais dans quels bras est-il tombé? Dans quels bras est-il tombé, ce bébé?
Un bébé!
Un bébé comme ça?
Un bébé?
Non, c'est un bébé.
Un bébé cochon.
Un bébé cochon?
Une machine à vapeur, ce bébé!
Regardez!
Une machine à vapeur, ce bébé!
Regardez, mais regardez-le!
Regardez-le un peu mieux.
Un cochon!
Il grogne.
Il est laid, il est laid.
Danggg!
Cette fois-ci, tout près, tout près, le bord, l'entrée du jardin.
Un grand rosier peint en rouge.
Alice s'approche. « Fais donc attention! »
Mais dépêchez-vous, elle va arriver.
Pousse-toi. Dépêche-toi.
La reine va arriver.
Dépêche-toi.
Tais-toi, le Cinq!
Mais dépêche-toi! Plus vite que ça.

Plus vite. Plus vite le Deux.
Dépêche-toi, le Quatre.
C'est pas le Cinq, c'est le Sept.
Viens ici le Deux. Viens ici le Deux.
Mais dépêche-toi, le Deux. Mais vite!
Dépêche-toi!
Dépêche-toi, la reine va arriver.
Attends! Attends! Attends, le Deux.
Le cortège.
Dépêchons-nous. Dépêchons-nous.
Mais, doucement, le Trois.
Allez, plus vite le Quatre.
Mais dépêchons-nous. Vite! La Reine!
Plus vite, le Quatre.
La Reine!
Vive la Reine!
Le Deux.
La Reine!
Dépêchez-vous. Pousse-toi le Quatre.
En avant! Défilez! Défilez!
En rang. En rang.
As de cœur.
As de trèfle.
As de carreau.
As de pique.
La partie de croquet commence.
A vos places!
A vos places!
Qu'on leur fauche la tête!
Coupez-leur la tête!
Coupez-leur la tête!
La tête. La tête.
La tête!
Qui roule.
Une tête sans corps, un corps sans tête.
Il perd la boule.
La tête, la boule.
Coupez-lui la tête.
Un corps sans tête.
Tranchez-lui la tête.
Mais peut-on trancher une tête sans corps?
Un corps sans tête.
La tête sans corps.
Un corps, une tête.

Ah! Tranchez-lui la tête. Tranchez-lui la tête, la tête. Ah!
Il a perdu la tête.
Il a perdu la tête.
Il a perdu la boule.
Il a perdu la boule.
Alice!
La boule!
Le procès.
Alice!
Présent!
Les jurés!
Messieurs, la Cour.

Article 42 : « Toute personne mesurant plus de quinze cents mètres devra quitter tout de suite la salle d'audience du tribunal. »

Elle ne mesure pas mille cinq cents mètres, hein!
Elle mesure au moins ça!
Ah non!
Ah oui.
Ah oui. Ah si.
Au moins trois mille mètres.
Trois mille mètres.
Quatre mille mètres.
Cinq mille mètres.
Six mille mètres. Six mille.
Sept mille mètres.
Sept mille mètres? Ah non, c'est pas vrai!
Sept mille mètres!
Ah, mais c'est pas vrai!
Si. Si. Si, regardez!
C'est pas vrai!
Dix mille mètres.
Dites que c'est pas vrai!
Mais si! Mais on le voit bien!
Dix mille mètres.
Quoi? Dix mille mètres?
Tu n'as pas le droit de grandir, ici.
Tu es trop grande.
C'est interdit de grandir ici.
C'est interdit de grandir ici.
On ne peut pas grandir.
Alors, on ne peut pas grandir.
Non, on ne peut.
C'est interdit de grandir.

C'est interdit de grandir.
On va lui couper la tête.
On ne peut pas... Pour qui, grandir?
Tu ne peux pas grandir.
Pourquoi?
Parce que c'est interdit.
C'est interdit, vous croyez?
Oui.
De toute façon, on va lui couper la tête, alors qu'elle grandisse ou pas!
Ah non!
Ah si!
Elle est trop grande.
Mais pourquoi condamner Alice? Pourquoi pas la juger?
La condamnation d'abord. Le jugement ensuite.
Le jugement d'abord.
La condamnation d'abord, mais le jugement après.
Qu'on la pende avant. Qu'on la juge après.
C'est la loi!
Elle est coupable, mais de quoi?
Si elle était pas coupable, eh bien elle ne se défendrait pas comme ça!
De quoi est-elle coupable?
Coupable de quoi?
Elle est coupable.
Tu es coupable?
Elle a volé l'État.
L'État?
Elle mesure plus de mille mètres.
Elle est trop grande.
Elle ment et elle...
Vous n'avez pas le droit de...
Laissez-la grandir!
D'avoir volé l'État, ça la fait grandir?
C'est pas vrai.
Elle a grandi quand même.
Elle a grandi quand même, alors qu'elle n'avait pas le droit de grandir.
C'est vrai qu'elle a volé l'É... l'État?
Oui.
On sait pas nous, hein!
C'est vrai, n'est-ce pas?
Ah, on ne sait pas nous.
C'est vrai!

C'est pas vous, c'est moi qui suis vous!
Alors c'est vrai?
Oui.
C'est pas juste!
Ah, tu n'es pas juste, d'accord. Qu'est-ce que tu fais, toi?
Et d'ailleurs...
Elle est. Hein?
Il y a une lettre que l'on vient de trouver qui prouve qu'elle est coupable.
Mais c'est pas signé, cette lettre. C'est pas signé.
Mais justement, c'est parce que vous vous sentiez coupable que vous ne l'avez pas signée!
Mais à qui est-elle adressée?
A qui est-elle adressée?
Justement à qui est-elle adressée?
Mais à personne.
A toi?
A personne!
Qui est-ce qui l'a trouvée, cette lettre?
A qui est-elle adressée?
Tu ne sais pas! Tu ne l'as pas lue.
Coupez-lui la tête.
Qu'on lui coupe la tête.
La tête. La tête.
On lui coupe la tête.
Coupez-lui la tête.
Venez lui couper la tête.
Non!
Elle est coupable. La tête est coupable.
Non!
Voilà!
Le jeu.
Le jeu des cartes.

Le jeu tout entier s'envole dans les airs, puis vient retomber en désordre sur Alice.

Elle se retrouve couchée sur le talus, la tête reposant sur les genoux de sa sœur qui lui enlevait délicatement, du visage, les feuilles mortes, chues des arbres voisins.

Les feuilles mortes.
Alice! Réveille-toi!
Réveille-toi, Alice!
Réveille-toi.

B. DÉBATS APRÈS LA REPRÉSENTATION

Avec la collaboration de Jean-Jacques Bouquier, Marie-José Richer et Anastasia Belitsi.

I

Spectateur : La voix qui dit le texte, la voix off devrait être un petit peu plus attentive à ce qui se passe et savoir se taire pour laisser la parole aux enfants.

Jean-Jacques Bouquier : Oui, à la dernière représentation un enfant a devancé la voix off et a dit le texte, ce qui nous a entraînés, nous acteurs, à le suivre.

Marie-José Richer : Nous avons mis beaucoup de temps à régler la coordination de la voix off avec le jeu sur scène, car à chaque fois, à chaque représentation, des choses imprévues surgissent et à des moments fort différents.

Mais c'est évident que la voix off ménage de longs silences d'autant que son unique fonction est de dire un minimum de texte : support et repère de ce qui se passe et se dit sur scène. La voix off est la voix « extérieure », une voix d'ailleurs qui, tout en donnant la trame du tableau, permet aux enfants de situer leurs dires par rapport à elle, justement. Et finalement peu importe, à mon avis, que ce qui est dit sur scène précède ou suive le texte. C'est bien parce que cette voix est là qu'ils prennent position vis-à-vis d'elle, en parlant.

Il ne s'agit pas de personnaliser ou de singulariser ce que dit un tel ou un tel, mais bien de créer, de susciter à partir de ce qui est dit sur scène un champ de langage propre au jeu *hic et nunc.*

Nous avons toujours essayé d'éviter de tomber dans un jeu de rôles personnalisés. Tout le monde peut être Alice ou le petit lapin blanc, ou la duchesse, alternativement ou continûment durant la pièce.

Un micro placé là pour recueillir ce que dit l'un d'entre eux à certains moments risquerait de briser l'unité de ce qui se dit ou se joue, car tous les acteurs parlent à leur manière, mots, gestes, mimiques, etc., et ce serait introduire une valorisation tout à fait spéciale pour celui qui parlerait dans le micro, au risque d'exclure toute autre expression sur la scène.

Spect. : Pouvez-vous préciser le processus de création au niveau du texte?

M.-J. R. : Le texte est devenu prétexte; c'est-à-dire qu'après avoir lu tous les chapitres du livre de Carroll, on est resté à l'écoute de ce que reprenaient les enfants d'une séance à l'autre, de ce qu'ils apportaient et ainsi de suite. Si bien que chaque acteur est devenu auteur; et ceci a donné naissance à un minimum de reprise du texte de Carroll : une trame permettant une création. Les adultes ont mis en place les conditions pour que les enfants puissent créer. On a apporté un sens dans lequel l'enfant s'est senti pris, pour qu'ensuite il puisse inscrire une parole. Il ne s'agit pas d'attendre tout des enfants; sinon, on tombe dans les stéréotypes qu'ils apportent d'emblée et dont ils sont prisonniers.

Spect. : La structure mise en place est extrêmement forte. Pourquoi ne pas les laisser faire? Qu'est-ce qu'ils feraient?

J.-J. B. : Pour qu'une parole soit possible il faut un minimum de loi. On en a fait l'expérience tout au début de l'atelier du théâtre : on laissait faire; eh bien, très vite, c'était l'asile qui se recréait, chacun voulant empêcher son voisin de vivre; et, dans ces conditions, rien ne pouvait avoir lieu, sinon du n'importe quoi.

Anastasia Belitsi : De plus, c'est parce que les adultes ont vraiment un désir de faire du théâtre que les enfants accrochent si bien au travail théâtral.

M.-J. R. : S'il n'y a pas d'impulsion dans l'échange entre l'enfant et l'adulte, rien ne se passe, la situation est totalement figée. Et, dans notre théâtre, capital a été le jour où Anastasia, professionnelle, a été partie prenante dans l'atelier. Tout un dynamisme de la structure de la pièce s'est révélé.

Spect. : Il y a des moments très angoissants, des moments très forts, que j'ai mal supportés; notamment quand il y a le jeu du regard et qu'est lancé aux acteurs et aux spectateurs : « Où est ta place et qui es-tu? » On ne sait plus qui est qui.

Spect. : On se demande, après coup, où se situe la thérapeutique : ce n'est pas évident. On est là en spectateurs, on assiste à un travail, mais où est la thérapeutique? Vous avez certainement un but, en faisant cela.

M.-J. R. : Notre intention, en venant ici jouer, est de sortir des murs de la ségrégation, à partir d'un travail prêt à être présenté à un public chaque fois renouvelé.

Que notre travail ait des effets « thérapeutiques » est une chose, mais il n'est pas en soi une activité thérapeutique. La thérapeutique devient actuellement une véritable étiquette dans les institutions. C'est un fourre-tout : enfiler des perles est dit activité thérapeutique...

Spect. : Avant que commence la pièce, il y a un rythme sur la scène. Pourquoi est-il abandonné par la suite?

J.-J. B. : Le rythme du début est quelque chose de l'ordre d'une mise en condition, pour oublier la vie de tous les jours, les petites histoires du moment. D'ailleurs, ce sont les enfants qui l'ont mis en place. Avant, on faisait un silence, et c'est un enfant qui rentrant dans l'atelier du théâtre s'est mis à hurler, jeter des cailloux, etc. Nous avons repris ces cris, scandés sur des tam-tams, comme pour expulser ce qu'il y avait d'intolérable et d'indicible en nous. La fois suivante, les enfants ont pris d'eux-mêmes les tam-tams et ont créé cette sorte de rituel d'entrée, avant d'entreprendre le travail.

M.-J. R. : Ce sont les trois coups symboliques de la convention théâtrale! Rituel d'entrée en scène et annonce d'une autre scène.

Spect. : Durant la pièce, le jeu est dominé par la voix humaine, c'est le règne de la parole; alors qu'un jeu muet ou musical pourrait être utilisé comme chez Bob Wilson.

J.-J. B. : Nous ne pouvons échapper à ce règne!

M.-J. R. : Disons qu'effectivement il ne s'agit pas du regard d'un sourd, et qu'Alice nous a permis d'offrir un autre regard sur des cris demeurés sourds jusqu'à présent!

Spect. : J'ai remarqué que pendant la pièce certains enfants manifestaient de l'agressivité envers les adultes et que les adultes n'y répondaient pas de la même façon. Est-ce volonté, de votre part, d'éviter cette agressivité en n'y répondant pas?

J.-J. B. : Je ne pense pas qu'on cherche à éviter l'agressivité qui se manifeste, mais plutôt qu'on la déplace, en y répondant sur un autre mode que le coup pour coup.

Si on rend à l'enfant son coup, on est dans un registre purement duel. Une situation de miroir dont on ne peut pas sortir. Le problème, c'est ce que cherche l'enfant, il cherche à nous faire entrer dans une relation duelle où aucune médiation symbolique ne sera possible : de moi à moi, deux images, jeu d'images à l'infini. Alors on cherche, ou essaie de trouver quelque chose, une médiation pour l'en faire sortir. Et effectivement on profite de la trame et du sens d'Alice pour déplacer son agressivité, en la faisant rentrer dans le jeu au lieu de la prendre pour nous personnellement. On se réfère à Alice par exemple.

M.-J. R. : Il est sûr que cela se passe aussi suivant notre disponibilité. Quelquefois, on réagit suivant nos limites de tolérance. Mais finalement, l'enfant, en nous manifestant une agressivité, nous interroge quant à ces limites que nous avons en chacun de nous. Et c'est dans cette perpétuelle remise en question de celles-ci que la rencontre avec l'enfant se fait riche de sens.

II

Spect. : Avec cinquante enfants de l'hôpital de Perray-Vaucluse, nous étions aujourd'hui votre public. J'aimerais savoir pourquoi vous avez manifesté certaines craintes quand on vous l'a annoncé, la semaine dernière.

M.-J. R. : Ce sont moins des craintes que nous avons manifestées qu'une interrogation quant au sens que cette représentation allait avoir. Car nous avons mené ce spectacle dans un petit théâtre où aucun critère de sélection au niveau du public n'était posé au départ. Un public d'habitués du Café d'Edgar, constitué aussi bien d'enfants que d'adultes tous azimuts. Et cela rentrait tout à fait dans notre projet d'ouverture sur le monde, contre la ségrégation infligée aux enfants dits « fous ».

Notre travail n'a de sens à l'extérieur qu'au niveau de cette rencontre et de ce message.

Or, cette fois, on s'est dit qu'on allait être enfermés, c'est-à-dire qu'on allait se trouver en présence d'un public complètement homogène, identifié, d'une institution psychiatrique qui allait voir les merveilles d'un groupe d'enfants eux-mêmes en difficulté, mais dans une autre institution.

La démarche de faire sortir des enfants de l'hôpital est en un sens formidable; mais avec le risque, dans la mesure où il n'y avait pas d'autres spectateurs qu'eux, de transporter l'asile avec eux.

Nous nous sommes demandé si ce n'était pas rentrer dans une énorme provocation d'une part, et si d'autre part ça n'allait pas redoubler la ségrégation. Ce qui va tout à fait à l'encontre de notre démarche. Nos craintes se situaient là.

J.-J. B. : Je voudrais ajouter des craintes d'un autre ordre : à la dernière représentation, il y avait quelques enfants ayant les mêmes difficultés que les enfants de Bonneuil; dès le commencement de la pièce, ils sont montés sur scène et se sont mis à se balancer. Ceci a induit une série de passages à l'acte chez les enfants de Bonneuil.

Dans notre travail, les enfants sont pris sur scène par les conventions du théâtre, lesquelles font que, quoi qu'ils disent ou jouent, c'est entendu par le spectateur comme faisant partie du spectacle. Pour le spectateur, ce qui est fait et dit sur scène, il pense que c'est prévu, bien que nous, acteurs, travaillions avec l'imprévu. L'enfant n'est plus identifiable comme fou, puisque le spectateur, lui, élabore, en même temps que l'action qui se déroule, un sens des tableaux qui s'énoncent et ne peut en rien y déceler une parole imprévue. Cela donne un tout autre statut à l'enfant.

Pour en revenir à la dernière séance, quand les enfants de Bonneuil ont vu sur la scène des enfants se balancer, se frapper, etc., l'image qui leur a été renvoyée a été celle de leurs symptômes de tous les jours. Cela a eu pour effet qu'ils n'ont pu se tenir au niveau du jeu du théâtre. Cela avait réveillé en eux un retour à quelque chose de fou en identification. Nous nous demandions si, aujourd'hui, des enfants ayant les mêmes types de difficultés (et encore plus nombreux) n'allaient pas induire quelque chose de spéculaire du même ordre, qui rendrait le jeu impossible.

Il se trouve qu'aujourd'hui tout s'est bien passé, le jeu s'est déroulé plus rapidement mais pas au niveau des symptômes, comme la dernière fois.

Spect. : A Vaucluse, on a mis sur pied un groupe de créativité autour du théâtre, et le problème se posait de savoir s'il fallait aborder ce groupe en tant que lieu où les enfants s'expriment sans aucune règle, au niveau de leur propre désir, recréant quelque part un certain nombre de symptômes; ou bien s'il fallait trouver une loi en fonction d'un travail à faire.

M.-J. R. : Je crois qu'il ne faut pas confondre deux choses. La mise en place d'un cadre de travail n'est pas là pour empêcher que des symptômes aient lieu. Il ne faut pas oublier que les symptômes sont des expressions de paroles bâillonnées. Ils prennent sens là où justement quelque chose échappe.

Une autre chose est de mettre en place un cadre, la loi d'un travail, qui finalement est fait pour que tout cela surgisse, s'exprime et prenne sens. Il n'y a pas de recette, on ne peut faire l'économie d'un tâtonnement, d'échecs et de fausse route.

Nous sommes passés par tous ces dédales et cela continue.

J.-J. B. : Oui : de la mise en scène tyrannique, où nous ne participions pas en tant qu'acteurs, au psychodrame et du laisser-faire où l'enfant était littéralement pompé par nous, où il racontait toujours les mêmes petites histoires et où nous, par contre, nous esquivions totalement. On a mis beaucoup de temps à se repérer et à mettre en place un travail qui ait un sens et pour nous et pour les enfants. A pouvoir faire aussi avec la violence qu'ils nous apportaient crûment. Tout cela est une longue histoire. Nous avons aussi beaucoup travaillé Artaud-Grotowsky.

C. LE THÉÂTRE DE L'INCONSCIENT [1]

par Jean-Jacques Bouquier
et Marie-José Richer

> Ainsi du Pays incertain
> Naquit la saga : un à un
> Se constituèrent ses chants.
> A présent le conte est fini
> Et, heureux, au soleil couchant,
> Nous voguons vers notre logis [2].

Cinq années d'un cheminement commun, tel a été le « temps pour comprendre » d'un groupe d'enfants et d'adultes engagés dans une recherche sur le théâtre à partir d'un questionnement sur la psychose.

Le lieu est loin d'être sans effet sur notre recherche pour bien des raisons. Notons simplement, d'une part que le projet de présenter notre travail devant un public est né lorsque Maud Mannoni introduisait à Bonneuil le concept d'« institution éclatée [3] », d'autre part que notre confrontation avec les réalités culturelles, sociales, économiques et

1. Nous reprenons là le titre donné par *le Quotidien de Paris*, dans l'article qu'il nous a consacré le 16 janvier 1975.
2. Lewis Carroll, *Les Aventures d'Alice au pays des merveilles*, trad. Henri Parisot, Paris, Aubier-Flammarion, 1970, p. 79.
3. Maud Mannoni, *Éducation impossible, op. cit.*, p. 76-77, 227-232, 253-254.

politiques du théâtre [1] coïncide avec le moment où l'école est en passe d'obtenir l'agrément de la Sécurité sociale, tout en se voyant reconnaître un statut original.

C'est poser d'emblée les difficultés, voire l'impossibilité de mener une recherche véritable de cet ordre dans une institution dont les structures seraient dans l'incapacité de s'adapter aux changements des personnes qui la composent. L'une d'entre nous en a fait l'expérience. Un travail riche d'effets de sens à Bonneuil, elle a voulu en introduire la possibilité en hôpital psychiatrique, dans un pavillon d'enfants étiquetés « grabataires » : cette activité a conduit trois de ces enfants à faire très rapidement d'énormes progrès, les amenant à ne plus coïncider avec la classification nosographique qui « normalement » aurait dû rester la leur jusqu'à leur mort. Or, dès cet instant, il n'y avait plus de place pour eux dans l'institution, sans pour cela qu'il soit possible de leur en trouver une ailleurs. De plus, les infirmières qui s'en occupaient auparavant se trouvaient particulièrement mécontentes : coincées qu'elles étaient elles aussi dans les structures rigides de l'institution, on leur retirait les seuls enfants à « visage humain » qu'elles pouvaient « chouchouter » un peu.

De cette expérience douloureuse, comme toujours, ce sont les enfants qui en ont fait les frais ; et l'on peut penser qu'après quelques essais de ce genre, ils se contenteront de préserver leur statut de « relativement privilégiés » chez les grabataires, dans un monde qui ne peut accueillir ce qui, en eux, demande à vivre.

Mais qu'en est-il de notre travail ?

L'essentiel est que, durant plusieurs années, adultes et enfants ont accepté de se laisser interpeller les uns les autres en quittant l'abri commode des rôles de soignants et de soignés, et que ceci a eu des effets sur chacun d'eux.

Catherine Dasté, animatrice de théâtre pour enfants,

1. Nous remercions ceux qui nous ont aidés à réaliser cette confrontation, les équipes du Biothéâtre, du Vrai Chic Parisien et particulièrement Alain Mallet et son équipe du Café d'Edgar, que nous avons toujours trouvés malgré les conditions parfois difficiles que nous leur apportions.

déclarait en décembre 1974 [1] qu'un tournant important de sa recherche avait été celui où elle s'était rendu compte qu'à vouloir que tout provienne des enfants, récit, mise en scène, etc., on tombait dans les stéréotypes et qu'il était nécessaire que les enfants soient pris dans un scénario, une trame qui vienne d'ailleurs.

Nous avons rencontré cet écueil après les deux années de travail où nous tentions de mettre en scène *Arden of Faversham* [2]. Durant ces deux années, les enfants sont restés figés dans les rôles, lorsqu'ils n'étaient pas simplement au niveau d'un parasitage visant à empêcher que quelque chose puisse se faire, et questionnant du même coup les adultes sur le sens, ou plutôt l'absence de sens, de l'atelier.

C'est Pierre Fedida [3] qui nous a fait prendre conscience que, malgré tous nos efforts, nous demeurions au niveau de « la recherche d'un langage et non d'une nécessité de parole ».

Certains d'entre nous pratiquaient par ailleurs le psychodrame analytique, nous avons essayé d'en faire une adaptation qui permette à une parole d'advenir. Il nous est apparu très vite que cette position n'était pas tenable, non seulement elle faisait problème, du fait du contexte institutionnel [4], mais en plus, la parole qui surgissait se situait essentiellement au niveau des stéréotypes : le gendarme, le voleur, Zorro, papa, maman, etc.

Finalement, ce que ces tentatives révélaient, c'était le refus des adultes de s'engager dans le travail théâtral avec leur désir et leur corps.

Un premier pas fut effectué par le choix d'un travail au niveau du corps, reposant sur les indications de Grotowsky [5] : travail qui conduisit même des enfants autistes à prendre du plaisir à mimer, par exemple, un chat au réveil.

1. Émission « Après-midi de France-culture » à laquelle participaient certains d'entre nous.
2. Pièce apocryphe de Shakespeare proposée par Artaud dans le *Théâtre de la cruauté*, Paris, Gallimard, 1967, p. 119.
3. 15 mars 1973.
4. Nous tombions dans la visée thérapeutique que nous dénoncions. Cf. à ce sujet l'article de F. Dolto, « Difficultés d'une cure de psychothérapie psychanalytique dans le cadre de l'établissement scolaire où vit l'enfant », *Le Coq héron*, n° 48-49, septembre-octobre 1974.
5. *Vers un théâtre pauvre*, Éd. de la Cité, 1971.

Un second pas fut fait avec le choix du texte d'*Alice au pays des merveilles;* à l'éclatement des acquisitions du corps institué, venait faire écho l'éclatement des rôles et du langage. C'est à partir du moment où chaque acteur a pu, à chaque instant, devenir n'importe quel personnage de la pièce, que le jeu s'est instauré sur scène, et que les corps sont devenus la scène de toute scène possible.

A partir de la nouvelle de Lewis Carroll, une structure signifiante s'est mise en place, rendue manifeste sur la scène par la disposition des corps des adultes et le discours de la voix *off* (venant comme d'une Autre Scène). Avec comme support cette série de rapports entre le discours et le corps, les enfants peuvent courir le risque de se sentir dans un corps vivant et inscrire le signifié qu'ils veulent ou qui leur échappe, qu'il soit gestuel ou langagier. Ce signifié, par la grâce des conventions théâtrales avec le regard des spectateurs, peut s'inscrire du lieu de l'Autre sur des registres différents de celui sur lequel il reste parfois prononcé; à savoir de celui du réel à celui de l'imaginaire et du symbolique. C'est ce que manifestent fréquemment les questions des spectateurs, visant à savoir si ce qu'a dit un tel « c'est la première fois ou bien c'est à chaque représentation pareil? »...

Après une représentation, Maud Mannoni disait que ce qui l'avait intéressée c'était la façon dont la parole de ce type d'enfants (tournait comme un « disque ») arrivait sur la scène, à travers une sorte de crise de possession à un véritable renversement.

Ainsi, dans le tunnel, construit avec les corps des plus grands, un enfant autiste a pu entrer à la suite du lapin blanc, puis, parvenu au milieu, s'immobiliser et bientôt se mettre sur le dos et sortir par soubresauts, yeux clos, inscrivant par là comme une nouvelle naissance.

Ce sont des moments de ce genre qui ont conduit adultes et enfants à devenir auteurs de cette série de tableaux vivants constituant notre interprétation d'*Alice au pays des merveilles.*

Merveilleuse alchimie où, dans le creuset de la scène du théâtre, l'imaginaire vient à se distinguer du réel sous l'effet de la symbolisation, produisant par là même une communication jusque-là impossible.

Quelque chose de l'ordre de l'échange fonctionnait entre enfants et adultes, chacun servant de « passeur » à l'autre : l'enfant pour l'adulte, en lui permettant de renouer avec une partie de son refoulé; l'adulte pour l'enfant, en apportant le minimum de loi, à commencer par celle de la symbolisation; car d'une cacophonie, aucune parole ne pourrait surgir.

De quelle parole s'agit-il?

Il est évident qu'elle est différente selon chaque enfant, à commencer par l'autiste dont c'est par des va-et-vient entre la scène et la salle, rythmés par l'action en train de se faire, qu'il établit une communication dont certains spectateurs nous ont dit combien intense était le message. A leur sujet Robert Lefort nous déclarait, après une représentation que, cela lui faisait penser au jeu du coucou où le petit enfant se met en scène avec son apparition et sa disparition sous le regard de l'autre, ouvrant la voie à une autre mise en scène dont l'exemple nous est fourni par le jeu du *Fort-Da* [1].

Nous prendrons appui sur le trajet effectué par deux enfants pour illustrer ce qu'il en est de cette parole et quels en sont les effets.

... « Après sa longue chute dans le terrier du lapin, Alice a essayé en vain d'ouvrir les portes de la salle longue et basse où elle a chu. Elle revient tristement vers le milieu de la salle en se demandant comment elle pourrait sortir. »

Entendant ce récit, Armand se lève brusquement et hurle : « Je veux sortir, laissez-moi sortir. »

Il essaie de défoncer les parois avec sa tête, renverse les autres participants. « J'ai peur. Laissez-moi sortir », hurle-t-il.

Nous faisons alors écho à ce cri.

« Alice veut sortir. Elle a peur. Il fait noir. »

Nous martelons de nos poings les parois.

1. Freud, « Au-delà du Principe de plaisir », in *Essais de psychanalyse,* trad. S. Jankelevitch, Paris, Payot, 1968.

Armand paraît un moment comme sidéré, puis il répète avec moins de violence déjà :

« Je veux sortir, Armand veut sortir, Alice veut sortir, j'ai peur, Armand a peur, Alice a peur! »

Bientôt, très calme, il reprend avec nous : « Alice a peur, elle veut sortir », mais cette fois tout à fait au niveau du jeu de l'acteur.

Ceci se passait au moment du travail proprement dit. Depuis qu'Alice est représentée en public, Armand y a participé avec nous, criant avec nous « je veux sortir », mais de la place d'Alice, cette fois.

De plus, après la séance de travail que nous avons racontée, les parents nous ont interrogés sur ce qui s'était passé avec Armand :

« Il parle toujours du théâtre et après votre dernière séance il a oublié qu'il avait peur du noir. Il est descendu pour la première fois de sa vie à la cave. »

Ainsi, Armand a accepté de jouer Alice, de jouer à l'intérieur des conventions du théâtre. Et, à partir d'une mise en scène qui n'a rien à voir avec le normal et le pathologique, des effets s'inscrivent qu'on appellerait ailleurs thérapeutiques.

Aussi Armand, jouant du lieu d'Alice avec sa peur, commence à maîtriser cette peur en la déplaçant, ce qui n'est pas sans évoquer la maîtrise acquise par l'enfant dans le *jeu* du *Fort-Da.*

Ce qui se passe avec Armand nous paraît aussi pouvoir être éclairé par ce que décrit Melanie Klein de Dick. Pour Dick, nous dit Lacan, les effets de la symbolisation de Melanie Klein déterminent une position initiale, à partir de laquelle le sujet peut faire jouer l'imaginaire et le réel et conquérir son développement [1].

Sur la scène du théâtre, Armand arrive avec le réel de son symptôme, sa peur, qui se traduit au niveau de son corps. Le groupe accueille cette peur en y apportant alors la seule réponse possible, c'est-à-dire en lui donnant

1. Le commentaire de Lacan du cas « Dick » de Melanie Klein nous a beaucoup aidés à élaborer la théorie de notre pratique. Cf. *Le Séminaire,* livre I, *Les Écrits techniques de Freud, op. cit.,* 1975, p. 85 et s.

un sens ailleurs que dans le réel, par un discours qui vient d'ailleurs. C'est cette intervention qui permet à Armand de dépasser et de déplacer son symptôme, en acceptant de lui donner un sens universel, le sens de ce qu'une « petite fille nommée Alice a ressenti, il y a bien longtemps ».

Sous la pression des conventions théâtrales, nous retrouvons là tout à fait ce que dit Freud quand il avance que c'est dans la mesure où le drame subjectif est intégré dans un mythe ayant une valeur humaine étendue, voire universelle, que le sujet se réalise. Armand a, en somme, pu advenir à une symbolisation jusque-là impossible ou absente.

A partir de quoi, il découvrira que son jeu a des effets sur les spectateurs et ces effets deviendront eux-mêmes « symboligènes ».

Armand : Je ne veux plus jouer dans le club à Bonneuil.

Nous : Oui, pourquoi?

Armand : Cela n'impressionne pas les gens. Je veux qu'il y ait des spectateurs.

Cela sur un ton tout à fait différent de celui qui lui est habituel et où il parle de lui-même en troisième personne.

Après une représentation tout à fait réussie, devant plusieurs centaines de personnes, il sera observé que pour la première fois de sa vie Armand peut reconnaître la dimension du jeu dans ses actes. Il s'arrête brusquement alors qu'il tentait de se jeter sous une voiture et, regardant les adultes qui n'avaient pas eu le temps d'intervenir, déclare : « Mais je joue à faire peur et à me faire peur. »

Ainsi, ce qu'Armand a pu acquérir sur la scène à savoir investir cette scène comme imaginaire après l'avoir vécue comme réelle, aura ensuite été transposé dans la vie de tous les jours; et cet acquis semble reconstituer rien de moins qu'une structuration de l'Imaginaire et du Réel nécessaire à l'instauration de cette « série d'équivalences » dont parle Lacan, « dans un système où les objets se substituent les uns aux autres [1] ».

C'est là nous semble-t-il toute la force et la fragilité d'un

1. J. Lacan, *ibid.*, p. 100.

tel travail : Force? parce que la scène peut être investie comme imaginaire et non comme réelle, un effet de symbolisation est possible. Fragilité? le spectateur perçoit combien il s'en faut de peu que tout ce jeu bascule du côté du réel.

Il est arrivé, lors de représentations, que ce glissement vers le réel soit amorcé.

« Je veux partir », crie Armand au moment du procès, oubliant qu'on joue Alice.

« Silence, lui répond le roi, ou je fais évacuer la salle du tribunal. »

« Ah oui! », répond Armand, qui reprend alors une place dans le jeu.

Il est à noter que c'est après de telles représentations, où les enfants ont eu tendance à glisser de nouveau vers la mise en scène de leurs symptômes, que les adultes sortent réellement épuisés.

Durant de nombreuses séances de travail, Lucien demeure allongé sur la scène comme un objet-déchet que piétinent sans arrêt les autres acteurs.

Quelque chose bascule pour lui le jour où le regard des spectateurs vient comme authentifier l'engagement du groupe à faire véritablement du théâtre : regard qui sans doute ne le laisse pas indifférent à ce qu'il donne jusque-là à voir de lui-même. A partir de ce moment, Lucien se redresse, comme si une nouvelle dimension, la verticale, lui était donnée par le regard.

(Notons qu'au même moment, à l'atelier de poterie cette fois, c'est le jour où la télévision vient filmer son travail que Lucien passe de sa production de galettes et pierres tombales à celle de champignons et de menhirs.)

Au théâtre, il peut maintenant participer au jeu, dans son corps et par sa parole, et cette parole a des effets étonnants. Toujours « un peu à côté » dans un pur jeu de signifiants, il déclenche le rire des spectateurs, un rire par lequel s'échappe leur angoisse.

« Avez-vous dit cochon ou pochon? », demande le chat à Alice.

« Vous mesurez au moins mille cinq cents mètres », est-il dit d'Alice dans la scène du procès.

« Plus que cela, s'exclame Lucien, au moins quarante mille... dollars. »

« Article 42 », commence le roi.

La voix de Lucien nous surprend alors :

« Non, pas 42, 44, Loire-Atlantique. »

Ses jeux de mots deviennent plus nombreux. Quelque chose s'établit comme une communication acteur-spectateur, tout à fait selon le processus que décrit Diderot dans son paradoxe sur le comédien. « Observateur continu des effets qu'il produit, l'acteur devient en quelque sorte spectateur du spectateur en même temps qu'il l'est de lui-même et peut ainsi de représentation en représentation perfectionner son jeu. »

Certes, pour Lucien, perfectionner son jeu, cela veut dire se faire un peu plus objet du désir de l'autre. Seulement, parce qu'il se trouve sur une scène de théâtre, avec les conventions attachées au théâtre, il est malgré lui remis dans une position de sujet : du fait même que le spectateur se demande à chaque fois si telle intervention est ou non prévue dans le jeu.

Sans doute pouvons-nous faire à cet endroit le lien avec l'agressivité que Lucien a développée tout récemment sur scène.

Tout ce qui précède va nous permettre d'articuler quelques questions d'ordre plus théorique sur les rapports entre théâtre et psychose. O. Mannoni écrit : « Le théâtre en tant qu'institution fonctionne comme un symbole de négation *(Verneinung)* grâce à quoi ce qui est représenté le plus possible comme vrai est en même temps présenté comme faux, sans qu'aucune espèce de doute soit admis [1]. » Ceci concerne le spectateur, mais aussi l'acteur.

Or la *Verneinung* présuppose une *Bejahung* (affirmation primordiale), celle que Lacan qualifie d'admission au plan du symbolique et dont il nous dit qu'elle peut elle-même faire défaut. Dans ce dernier cas, nous avons la psychose, caractérisée par une « abolition symbolique » avec son corol-

1. O. Mannoni, *Clefs pour l'imaginaire ou l'Autre Scène*, Paris, Seuil, 1969, p. 304.

laire « ce qui a été forclos du symbolique réapparaît dans le réel [1] ».

Que des enfants psychotiques parviennent à jouer véritablement sur la scène d'un théâtre présuppose donc l'acquisition d'une possibilité de symbolisation, là où précisément elle faisait jusque-là défaut. En d'autres termes, qu'un enfant psychotique devienne capable d'un jeu en respectant les conventions du théâtre conduit à admettre que quelque chose a changé, touchant la forclusion, et qu'une ébauche de symbolisation opère maintenant quelque part.

A la limite, même si le jeu théâtral n'est respecté que dans un effet d'illusion de la part du spectateur, une symbolisation s'est instaurée avec tous les effets que cela implique. Nous sommes cependant là à la limite; car donner à voir la folie sur une scène de théâtre ne suffit pas à instaurer la symbolisation. Nous nous en sommes rendu compte le jour où nous avons accepté que certains enfants viennent sur scène, qui n'avaient pas suivi le travail avec les autres. Comme ils demeuraient au niveau du parasitage, rien ne pouvait prendre sens à partir de leur simple présence folle sur scène.

Ce travail nous paraît questionner aussi la nature et la fonction du théâtre.

« Le théâtre aussi, écrit Artaud, doit être considéré comme le double non pas de la réalité quotidienne (...) mais d'une autre réalité dangereuse et typique où les principes, comme les dauphins, quand ils ont montré leur tête, s'empressent de rentrer dans l'obscurité.

« Or cette réalité n'est pas humaine mais inhumaine. L'amour quotidien, l'ambition personnelle, les tracas journaliers n'ont de valeur qu'en réaction avec cette sorte d'affreux lyrisme qui est dans les mythes auxquels les collectivités massives ont donné leur consentement [2]. »

C'est du regard naïf d'Alice, qui ne s'étonne de rien devant l'insolite du monde dans lequel elle évolue, au regard

1. J. Lacan, Séminaire du 16 novembre 1955 (inédit).
2. Antonin Artaud, *Œuvres complètes*, t. IV, Paris, Gallimard, 1967.

des spectateurs, que se situe notre action théâtrale, d'un regard à l'autre, d'un lieu à l'autre.

Dans ces regards croisés, à partir desquels chacun a une place qu'il peut échanger avec un autre, c'est bien au niveau de l'échange entre acteur et spectateur que se joue la réalité concrète de l'événement théâtral.

L'œuvre théâtrale, ce n'est pas le texte, le livre. Le théâtre rendrait plutôt sensible ce qui, dans la page imprimée, ne peut se traduire que par des blancs, par l'absence de ponctuation, les points de suspension, etc. Ce n'est pas non plus la représentation, conçue comme un objet clos sur lui-même. L'œuvre théâtrale s'achève dans les réactions du public, et les inclut.

Si le spectateur vit une activité réelle au moment du spectacle *hic et nunc,* il est avant tout le centre et le fondement du jeu théâtral; puisque c'est pour lui que l'acteur construit son jeu et que c'est de la réponse qu'il peut apporter à ce jeu que dépend l'élaboration de l'échange théâtral.

« Du même coup, si l'acteur est réel et bien vivant, il ne peut jamais être réduit à ce qu'il représente, ni enfermé dans une fonction de signe; car il est celui qui porte les signes. Le théâtre n'est pas un langage, ni même une parole, il est la présence de celui qui parle. L'acte est là, comme une personne, avec son corps propre. La confusion que crée le corps de l'acteur entre le jeu théâtral et la réalité de sa vie est sans doute un des faits fondateurs de l'acte théâtral [1]. »

Or, les enfants « pas comme les autres » sont leur symptôme même, porteurs d'un message de contestation envers une société qui ramène toujours au niveau du besoin ce qui demande à se faire entendre au niveau du désir. Le travail effectué avec eux, à partir d'Alice, montre suffisamment combien ils peuvent, à partir de ce qu'ils sont, émettre une parole productrice d'effets de sens, dont certains spectateurs garderont longtemps le souvenir.

1. Pierre Voltz, *L'Onirisme et l'Insolite dans le théâtre français contemporain,* Actes et colloques n° 14, « L'insolite est-il une catégorie dramaturgique? », Éd. Klincksiek, 1974, p. 63.

A l'occasion de ce travail, ils ont pu entrer dans des circuits, économique [1], culturel [2], social [3] et politique [4]. Pour adultes et enfants, ce fut l'occasion d'entrevoir la possibilité de s'engager dans les défilés de leur désir.

1. L'argent gagné à l'occasion des représentations a servi à des achats très divers, décidés par l'ensemble des enfants et des adultes de Bonneuil.

2. Des enfants proposent maintenant des pièces à aller voir ou à mettre en scène. D'autres, après avoir entendu une seule fois telle pièce de vers, nous accueillent la semaine suivante en en récitant des passages.

3. En particulier, des contacts avec des gens d'autres institutions et du monde du théâtre.

4. Lors des débats, les spectateurs ont souvent exprimé combien un tel travail contribuait à établir une brèche dans la ségrégation dont sont victimes de tels enfants et ceci a été repris avec les enfants.

13

Les vacances

Entretien entre Francine Muel, Gilles Van Hove, Hélène Marchadier, Dominique Misset, Claire-Lise Grandpierre, Jean-Jacques Bouquier, Maud Mannoni.

Francine Muel : En Suisse, on habitait une maison d'alpage qui se compose, de façon traditionnelle, d'une très grande pièce avec une immense cheminée où on fait chauffer la marmite de lait pour le fromage, il y avait une grande écurie derrière, une porcherie transformée en salle d'eau, un grenier où la quasi-totalité des adultes dormait. Ce grenier était éventé, c'est là qu'on faisait sécher le foin. La majorité des enfants préférait les tentes. On avait l'eau à un robinet qui était dehors, là où les vaches vont boire en temps normal; la corvée d'eau était importante. Toute la vie là-bas est dominée par l'économie locale, c'est-à-dire le bétail, le travail d'alpage. On fait monter les bêtes d'un alpage à l'autre, il y a à sortir les vaches, à les rentrer, et puis il y a la fabrication du fromage.

On avait espéré pouvoir participer à la fabrication du fromage. Mais cela n'a pas été possible, le fromage se fait à partir de trois cents litres de lait; si l'opération est ratée, cela constitue une énorme perte d'argent. Les gens du pays ne pouvaient en accepter le risque. Ce qui a été possible, par contre, c'est de participer au dépierrage des alpages. Il y avait aussi les foins.

Armand et Roland ont vécu en haute altitude avec un ami de Claire-Lise qui avait la responsabilité d'un troupeau. Cette vie passée entièrement au rythme des bêtes, dans un silence total, a été pour eux quelque chose d'absolument extraordinaire.

Claire-Lise Grandpierre : Par rapport aux alpages (où l'enfant vivait seul avec le gardien du troupeau), le nombre des adultes dans le village était beaucoup trop élevé. Le séjour n'a été bénéfique pour les enfants, que lorsqu'on réussissait à se séparer en petits groupes. Alors, on retrouvait un rythme et le sens du temps qui s'écoule.

Gilles Van Hove : Les adultes venus avec nous, mais extérieurs à Bonneuil introduisent tout de suite l'idée d'exploitation, dès qu'on se met à un travail. Ce qui se trouve dès lors perdu pour l'enfant, c'est la dimension de désir qui s'instaure dans une possibilité de travail vrai au sein d'un monde de non-ségrégation.

Hélène Marchadier : Dans l'Aude, nous avons pu échapper à tout un discours imaginaire sur Bonneuil et sur le travail, parce que nous avons été confrontés au départ à une même difficulté : l'hostilité des gens (paysans, etc.) On allait chercher le lait à sept kilomètres. Et c'est en bavardant avec les gens de ce hameau-là qu'on a trouvé petit à petit du travail et un accueil. Les gens ont été conquis par nous, parce qu'ils avaient appris que nous faisions, avec les enfants, un travail d'entretien des forêts avec les gardes forestiers. Ils ont dit : « Qu'est-ce que c'est que ces hippies qui protègent nos forêts, vont travailler nos foins et démerdent les enfants fous? » C'est là qu'on a senti qu'on avait gagné quelque chose; on nous a même proposé une maison pour l'année prochaine [1].

Jean-Jacques Bouquier : Dans les Landes, chaque enfant avait un lieu de travail, à la mise en place d'un véritable réseau [2]. Quand pour un enfant ça n'allait pas dans un lieu, on était sûr que ça marcherait dans un autre.

Dominique Misset : Ce qui a été dur, au niveau du groupe, c'est que les adultes se trouvaient tout le temps avec les enfants... Les adultes venus avec nous, mais extérieurs à Bonneuil, supportaient mal que l'enfant, qui était payé, mette une partie de sa paye dans une caisse commune;

1. Ce qui s'est effectivement réalisé (M. M.).
2. Nous avons bénéficié de l'aide d'Anne-Marie Gioux et de l'hospitalité offerte par le comte d'Armaillet.

supportaient mal aussi que les adultes de l'endroit accueillent l'enfant « gratuitement » pour une soirée. Comme si tout devait toujours être monnayé. Quant au prix du séjour dans une famille, certains de ces adultes extérieurs à Bonneuil trouvaient qu'il fallait le payer le plus cher possible, comme si le handicap ne pouvait être abordé « normalement » qu'à travers l'exploitation qu'on peut en faire! Les gens du pays se sont ainsi trouvés pris dans un discours fou : celui des citadins!

Maud Mannoni : La question que les adultes perdent de vue, c'est celle de ce que signifie : se mettre au service d'autrui. On a parlé (dans un journal suisse) de la chance des Suisses d'avoir là, à leur porte, les gens de Bonneuil. Mais Bonneuil y a trouvé les cailloux qui font défaut au milieu parisien. Si le travail a pu prendre sens et valoriser narcissiquement certains enfants, c'est parce qu'il s'agissait d'un travail vrai, avec les gens du pays, d'un travail commandé par la rigueur des intempéries, la nécessité du climat, l'exigence des bêtes... et non d'une ergothérapie. Tout dépend du contexte dans lequel le travail est situé...

4

Débats

14

Les parents

Extraits de plusieurs réunions du lundi, avec Michel Polo, Maud Mannoni, les parents (et parfois un enfant) de Bonneuil.

Le plaisir est toujours passé ou futur, il n'est jamais du moment présent, de même que le bonheur est toujours celui d'autrui, jamais une entité qui n'appartiendrait à personne; il est toujours conditionné, jamais absolu...
Tout le monde a éprouvé le plaisir ou l'éprouvera, mais nul ne l'éprouve. Tout le monde a joui de la vie ou en jouira, mais personne n'en jouit dans le temps présent...
De très nombreux plaisirs n'en sont qu'à cause de l'espoir et de l'intention qu'on a de les raconter. Cela ôté, nous n'y trouverions qu'un grand vide.

Vitaliano Brancati,
Don Juan en Sicile [1].

1. Trad. Adeline Arnaud, Paris, Gallimard, 1968.

I

La mère de Sandrine : Le film *Vivre à Bonneuil* m'a marquée. J'ai eu la révélation de l'infinie tristesse de Sandrine (15 ans). Elle s'est arrêtée...

Maud Mannoni : Elle s'est arrêtée depuis le départ de son père.

La mère de Sandrine : Ses yeux sont creux et vides. Les autres vivent. Elle, c'est une grande débile.

M. M. : Ce n'est pas une grande débile, c'est plus une future schizophrène, dirait le psychiatre.

La mère de Sandrine : C'est ça. Ses yeux sont morts.

M. M. : Elle est absente quand il y a beaucoup de monde.

Michel Polo : Depuis l'histoire avec Armand, elle est redevenue vivante.

M. M. : Sandrine a été sans corps pendant toutes ces années.

La mère de Sandrine : Je ne m'en suis pas rendu compte, car j'étais sans corps aussi. Il y a eu le départ de son père, la mort de son grand-père, et la formation. Sandrine ne vit pas. Elle longe les murs dans le film. Elle est absente. Au théâtre, à Paris, elle était vivante.

M. M. : Il y a eu un tournant avec le départ du père, la mort du grand-père. Le changement, cette année, c'est qu'elle peut vous remplacer comme objet d'amour.

La mère de Sandrine : Il y a une régression chez Sandrine. Ses crises se sont amplifiées. Cela use tout le monde. Cette nuit, elle n'a pas fermé l'œil.

M. P. : Sandrine fait des courses et s'intéresse à l'école.

La mère de Sandrine : Sandrine savait lire. Elle semble tout perdre maintenant.

M. P. : Elle vient me chercher pour lire. Elle évolue mieux quand elle a une éducatrice pour elle toute seule. Elle n'aime pas le groupe.

M. M. : Sandrine a fait un progrès spectaculaire au début. C'est au moment où elle a effectué un virage que son père est parti. Pour ne pas souffrir, Sandrine s'est isolée, en défense contre un monde extérieur ressenti comme menaçant et méchant.

La mère de Sandrine : Sandrine parle beaucoup de son père.

II

La mère d'Armand : Armand est revenu très bien des Landes. A propos de la montagne, il m'a dit : « La montagne? ah non – j'ai honte. » Je lui disais souvent : « Maman t'a quitté quand tu étais petit, car tu étais malade. » Il avait un an. Il m'a dit : « J'ai mal à l'estomac. » Il m'a dit ça quand je lui ai dit que je l'avais toujours aimé.

M. M. : Si nous l'avons envoyé dans les Landes et non en Bretagne (comme vous le souhaitiez), c'est parce qu'il y avait là, pour lui, un travail vrai à faire. Par moments, on a l'impression qu'Armand se trouve pris dans votre refus de Bonneuil, quelque chose lui reste, en effet, sur l'estomac.

La mère d'Armand : J'étais très attachée à Mme Guérin et j'étais inquiète pour lui.

M. M. : Ça n'a pas facilité les choses, il exprimait ce que vous ressentiez.

La mère d'Armand : Et, moi, j'exprimais ce que lui ressentait; je lui disais toujours : tu reverras Mme Guérin.

M. M. : Ce qui est important, c'est que vous alliez dans le sens du progrès. Mme Guérin s'occupe de plus petits maintenant. Dans les Landes, il était avec des adultes.

La mère d'Armand : Je lui ai dit : « Tu veux Mme Guérin, Bonneuil ou l'école d'avant? ». Il m'a dit : « Bonneuil. »

M. M. : Drôle de question, puisqu'il ne peut réintégrer ni l'école d'avant, ni être accepté par Mme Guérin. C'est le type de la question-piège.

La mère d'Armand : C'est lui qui doit choisir.

M. M. : Mais pas dans des conditions où aucun choix n'est possible! Les jeux sont faits. Quoi qu'il dise, c'est Bonneuil qui subsiste actuellement comme seul lieu d'accès. C'est donc un faux choix. Il est mystifié.

III

La mère d'Urbain : A son retour de Bretagne, Urbain se venge en mettant du caca plein les murs. J'ai béni que vous le gardiez à cause de la grève. Ailleurs, il est bien : à la maison, c'est l'enfer.

M. M. : Il n'y a pas un coin à la salle de bains qu'on peut lui réserver?

La mère d'Urbain : Ce qui intéresse Urbain, c'est de mettre ses matières plein les murs de sa chambre. Le jour où je suis venue à la réunion des parents, Urbain en avait mis partout. Mon mari le gardait, mais il ne s'aperçoit de rien.

M. M. : On peut se demander en substitut de quoi il joue avec ses excréments.

La mère d'Urbain : L'effet de la pâte à modeler est fini. Si je l'emmène coucher dans la famille, tout se passe bien. C'est à la maison que ça ne va pas.

M. P. : Cet été, nous n'avons jamais eu d'ennuis avec lui.

M. M. : Il faudrait peut-être que je voie votre mari, un jour.

La mère d'Urbain : Mon mari n'est pas bien. Il est très dépressif. Quand Urbain est comme ça, mon mari est mal.

Il m'a dit : « A la maison, il y a deux malades, Urbain et moi. Il faut que tu choisisses entre l'un et l'autre. » C'est un peu comme s'il fallait supprimer l'un pour que l'autre vive. Si mon mari était en psychothérapie, cela lui ferait du bien. Il a des problèmes avec tout. Aussi bien à la maison, qu'avec son travail. Il n'a aucun recul. Il perd trois kilos par semaine... Il les regagne le week-end, quand Urbain n'est pas là. Il ne peut sentir son directeur. L'incompréhension est totale.

M. M. : Un enfant, quand il sent un des deux parents dépressif, est agressif.

La mère d'Urbain : Une coupure de trois semaines, ça fait du bien. Par moments, on serait tentés de le laisser à vie chez les Guérin. On sait pourtant que ce n'est pas bien. Ces idées-là, de placement, ça vient quand on est déprimé.

M. M. : Sinon, Urbain est en progrès?

La mère d'Urbain : Il est très gai. Il dit des phonèmes, il chante.

M. P. : Avant de partir, il a eu un moment dépressif. Il est très vulnérable.

La mère d'Armand : Est-ce qu'on ne pourrait pas apprendre des mots à Armand? Quand on lui dit : regarde derrière, il ne sait pas la signification de *derrière*.

M. M. : On peut arriver à les aider à se situer dans l'espace et le temps : devant, derrière, gauche, droite, le passé, le présent, le lendemain. Aussi, les situer dans leur généalogie : savoir en quoi, un oncle, c'est pas pareil qu'un neveu. Ça n'a rien à voir avec leur apprendre des mots. Les mots, ils les ont. Quand on les dresse à acquérir, ils répètent en écho, mais c'est la parole de l'adulte qui les traverse. Ils demeurent bouchés au sens. Ils ne prennent pas la parole. C'est la parole des autres qu'ils donnent...

Pour revenir au père d'Urbain, je pense qu'à un certain moment c'est important que les parents puissent être aidés sur le plan analytique.

La mère d'Urbain : J'en ai fait pendant trois ans, ça m'a fait du bien.

M. M. : C'est quand l'enfant commence à s'en sortir, qu'un des deux parents craque.

La mère d'Urbain : Urbain s'améliore. Je ne le vois pas s'en sortir actuellement.

M. M. : Il n'est plus le grand autiste. Qu'il puisse être œuvrant de ses mains, c'est important.

La mère d'Urbain : A la maison, il mange et défèque, c'est tout.

M. M. : Il ne peut être, chez lui, qu'un tube digestif, qui se remplit et se vide.

La mère d'Urbain : Pourtant, il est gai, et ses yeux sont rieurs et présents par moments.

M. M. : C'est pas facile, un enfant qui démarre séparé de soi.

La mère d'Urbain : Je ne peux m'absenter, mon mari a besoin de moi, comme un enfant. Je ne peux quitter Urbain. Je ne peux quitter mon mari : c'est pas une vie. Urbain sent que son père est comme mort.

La mère de Paul : A la maison, cela devrait bien aller maintenant, puisque Paul n'est plus là, mais c'est avec un autre enfant que le problème se pose maintenant.

Ma fille dit qu'elle veut faire sauter la cervelle de son père.

M. M. : Maintenant que Paul n'est plus à la maison, il y en a une autre pour prendre la place de Paul.

La mère de Paul : C'est un peu ça en fait. Elle est insolente. L'autre jour, elle a reçu une correction brutale de son père; mon autre fils en a été tout triste... Mon mari me dit : « Il y aura un autre fou dans la maison. » Il dit à ma fille : « Si tu veux Bonneuil, on t'enverra voir Mme Mannoni. » Elle était adorée par son père jusqu'à la naissance du petit frère. Au fur et à mesure qu'on avance dans la vie, ça s'améliore tout de même.

M. M. : Lorsqu'on a rendu un enfant responsable de tout, s'il s'en va, c'est à un autre que l'on s'en prend. Comme s'il fallait à tout prix garder un bouc émissaire.

La mère de Théophile : C'était le cas chez nous. C'est pourquoi j'ai mis le fils en pension.

M. M. : Tout se passe comme si le groupe ne pouvait vivre que sur l'exclusion d'un de ses membres. Si cela se trouve, le mari de Mme Th. occupe dans son travail la place réservée à la victime.

La mère d'Urbain : Il occupe le poste de celui qui, à court terme, s'en va, car c'est invivable.

La mère d'Hector : Comment peut-on arrêter le cercle vicieux?

M. M. : C'est compliqué. Tout se passe comme si une harmonie ne pouvait être acquise qu'au prix d'une violence. La catégorie des gens exclus a changé au cours des temps.

M. P. : Tout se passe comme si un des deux devait crever.

La mère d'Hector : Pourquoi l'existence de l'un menace-t-elle l'existence de l'autre?

La mère de Théophile : C'est difficile de rétablir la communication entre deux adultes. La communication d'adulte à adulte, c'est difficile à atteindre. La psychothérapie n'arrange rien. Les gens évoluent pour leur plus grand équilibre à eux, mais ils ne se rapprochent pas pour autant du conjoint. Ça tend peut-être à prouver que les gens ne sont pas faits pour vivre ensemble.

La mère de Lucien : Il n'y a qu'à vouloir.

M. M. : Ce n'est pas si simple. Il y a au cœur même de chacun une agressivité énorme. Cela fait partie de l'amour.

IV

La mère d'Henriette : Henriette a essayé de nous provoquer sans cesse le dernier week-end. A la maison des jeunes, les animateurs me posent des tas de questions sur Henriette. Ils aimeraient bien avoir vos conseils.

M. M. : Cela m'ennuie, la façon dont on psychologise les choses à cette maison des jeunes. Ici, ça se passe bien.

La mère d'Henriette : Henriette se pose la question : pourquoi les garçons restent-ils entre eux à la maison des jeunes?

M. M. : Ce n'est pas une question anormale.

La mère d'Henriette : Les animateurs déconseillent à Henriette la fréquentation de ces garçons. Ils lui ont même dit qu'ils l'interdisaient.

M. M. : Ça lui donnera envie. L'évolution d'Henriette est assez remarquable. Elle devient jeune fille, coquette. Elle nous est reconnaissante de l'accueillir avec nous le mardi soir [1]. Elle est intéressée, pose des questions, se tient à sa place. Elle est sensible à l'idée de pouvoir participer à des réunions d'adultes, non ségrégatives. Tout ce qui est cloisonnement n'est pas indiqué. Une maison de jeunes devrait être un lieu d'accueil et non un pensionnat. Il faut me mêler le moins possible aux histoires de cette maison de jeunes.

La mère d'Henriette : Henriette rêve d'une grande boom pour ses dix-huit ans et d'inviter tous ceux qu'elle pourrait ramasser dans la rue. Elle ne veut plus des enfants d'amis. Henriette demande... et quand ça devient possible, ça ne l'intéresse plus. D'autre part, elle est nettement plus gentille qu'avant. Elle veut s'assurer tout le temps que je l'aime bien encore. Elle m'injurie, puis m'achète un collier.

M. M. : C'est là qu'on se rend compte de l'importance de l'accueil de nuit qu'on peut lui offrir. Ce qui la transforme, c'est le fait de se sentir accueillie comme elle est. Et pourtant les conditions de logement à Bonneuil (F5) sont très précaires.

La mère d'Henriette : C'est pas ce qu'elle nous dit. Tout au F5 est mieux qu'à la maison.

1. Réunion informelle avec les éducateurs et adultes de Bonneuil (M. M.).

M. M. : Pourtant la pauvreté qui y règne est totale.

M. P. : C'est un lieu d'adolescents. Henriette y est très à l'aise.

M. M. : On y reçoit des gens de l'extérieur et elle participe.

La mère d'Henriette : Nous, quand on reçoit, elle n'est pas d'accord. Elle est jalouse de ses frères, particulièrement de l'aîné.

La mère de Martinien : Martinien (8 ans) est mieux, mais toujours aussi emmerdant. Il veut être partout à la fois. Il est envahissant. Il évolue beaucoup et a l'air heureux. Il ne m'angoisse plus, et du coup il est moins emmerdant.

M. P. : Il y a toujours un adulte avec Martinien. C'est à ce prix-là, qu'il participe et est actif.

La mère de Martinien : Martinien est complexé à l'égard de sa sœur qui dessine, lit, etc. Quand il demande quelque chose à son père, il lui dit : « Demande donc à ta sœur. »

M. M. : Cela situe bien la fonction de Martinien dans la famille. Le débile, c'est lui, et l'intelligence c'est pour l'autre.

La mère de Martinien : Jusqu'à l'âge de quatre ans, on m'a dit que Martinien était débile. Ça nous a marqués.

M. M. : Il se peut qu'il ait à cacher à la maison ce qu'il sait. Il y a des enfants qui cachent à leurs parents qu'ils savent lire.

La mère de Martinien : Nous fichons la paix à Martinien. C'est lui qui ne nous fiche pas la paix.

La mère d'Henriette : Vous dites qu'Henriette (14 ans) devient jeune fille, mais, avec nous, elle s'enlaidit à plaisir. Il faut qu'elle fasse honte à son père.

M. P. : Ici, Henriette est coquette et très sensible à tous les compliments qu'on peut lui faire.

La mère d'Henriette : Je renonce à comprendre.

M. M. : Tout tourne autour de vous : faire honte aux parents, c'est l'envers de la crainte de ne pas être aimée.

V

Éducateur : Paul est allé jusqu'à la porte d'Orléans et puis il n'a plus voulu continuer. Il refuse d'aller chez Régine (au restaurant).

M. M. : Paul est allé à la montagne chez ses parents, alors qu'il demandait à passer Noël à travailler. Depuis, rien ne va plus. Il refuse le restaurant et est saisi d'un ras-le-bol total. Ces trois jours chez ses parents ont tout démoli.

M. P. : L'autre jour, il a voulu se jeter sous une voiture.

(Entrée de Paul.)

M. M. : Alors mon bonhomme, viens t'asseoir ici. Qu'est-ce qui se passe?

M. M. (aux parents) : Cela marchait bien. Paul était embauché dans un restaurant trois étoiles. Depuis son séjour chez ses parents, il ne sait plus s'il est un travailleur ou s'il est le bébé de la famille. On est nous-mêmes perdus.

La mère de Sandrine : Tu ne veux pas retourner au restaurant, Paul? Cela te plaisait bien. Ta mère était si fière de toi.

M. P. : Il faudra qu'on prévienne Régine et lui donner un certificat médical pour justifier ton absence.

La mère de Sandrine : Ça arrive à tout le monde de faire des conneries. Il y a des jours où ça ne va pas droit pour personne. Quand on s'en rend compte, c'est déjà quelque chose.

Paul : Je ne veux pas aller chez Régine. Je veux aller à la campagne. Je ne veux plus être légumier. C'est monotone.

M. M. : Tu ne resteras pas légumier à vie.

Paul : Je veux partir, n'importe où; la cuisine me donne des nausées. Mon corps me dégoûte. La ville est polluée. Le métro est bruyant. Les gens m'énervent. C'est la campagne qu'il me faut.

M. M. : Tu en as ras-le-bol des parents, de Bonneuil et de tout. On est d'accord pour que tu organises ton départ [1]...

VI

La mère d'Hector : Depuis trois jours, Hector n'est pas très bien dans sa peau. Ça fait déjà trois fois qu'il m'envoie paître.

M. M. : La question du ras-le-bol... On s'en est rendu compte pour Paul. Dans un désir de bien faire, on s'est si bien occupé de lui tous les week-ends qu'on a négligé ce qui fait la spécificité de Bonneuil, la notion d'*institution éclatée.* Si on avait adressé Paul à *Tourisme et Travail,* ou à n'importe quel centre culturel pour le week-end, c'est eux qui auraient été situés par Paul comme le lieu dégueulasse à vomir (comme Bonneuil l'a été d'ailleurs à certains moments). Cette unité de Bonneuil se constituant autour de Paul a privé Paul d'un recours : pouvoir opposer un lieu à l'autre. Nous avons été malgré nous en collusion avec une idéologie familiale, sociale, nous étions tous d'accord pour que le travail soit maintenu (il venait d'être embauché et payé... un certificat médical a donc été fourni), mais nous avons négligé de lui ménager des brèches par où il pourrait s'échapper.

Il a fallu son refus du restaurant, la période de confusion dans laquelle il s'était installé ensuite, pour comprendre qu'il fallait lui permettre une fuite. Et on lui a laissé prendre l'avion pour Nice où il a pu rejoindre un chantier de jeunesse. En vingt-quatre heures, Paul s'est détendu. Il vaut mieux prendre l'avion que de se flinguer, nous a-t-il dit. La notion d'institution éclatée est à reconquérir tous les jours.

1. Cf. p. 62 de ce livre.

La mère d'Henriette : A l'échelle des familles, comment voyez-vous cette notion d'institution éclatée?

M. M. : L'histoire de Paul nous a montré que ce n'était pas la peine de l'avoir soustrait à sa famille (qui n'en voulait plus) pour lui substituer une autre famille, rigide et close sur elle-même.

La mère d'Henriette : ...et dans le cas d'un enfant normal?

M. M. : La famille joue à deux niveaux :

a) C'est important pour un enfant d'avoir une famille quelque part, d'avoir comme repère la permanence d'un cadre familial.

b) Mais il faut éviter que cette permanence d'un cadre familial ne devienne aussi pesante que la permanence du cadre hospitalier ou pénitentiaire. C'est important que les enfants aient la liberté d'organiser leur vie les week-ends.

La mère d'Henriette : Vous dites que l'administration se conduit comme une mère de psychotique, c'est quoi une mère de psychotique?

M. M. : Un travail fait par Searles a expliqué les différentes manières de rendre quelqu'un fou. Il prenait comme exemple une mère disant à son enfant : « Tu choisis ce que tu veux. » Mais le choix était illusoire, rien n'était offert à l'enfant comme porte de sortie, toutes les issues étaient bouchées. L'enfant était amené à formuler des demandes qui ne pouvaient déboucher sur aucun désir. C'est en cela que l'administration aussi est une mère de psychotique. Elle vous pousse à réitérer des demandes qui ne sont pas entendues, elles sont « classées », c'est-à-dire perdues, soustraites à toute écoute.

VII

M. M. : Paul doit nous téléphoner pour nous dire quand il veut reprendre son travail chez Régine. Régine, quand elle a vu le certificat médical, a dit : « Oui, c'est une dépression nerveuse. » Ce qui est important, c'est de lui avoir donné la possibilité de foutre le camp. Quand il y avait la maison et Bonneuil, c'était soit la maison qui était dégueulasse, soit Bonneuil. Ensuite, quand il ne s'est retrouvé qu'à Bonneuil, il n'y a plus eu pour lui de porte de sortie, et c'est à lui-même qu'il s'en est pris. Nous aurions dû ménager la possibilité d'un autre lieu à vomir.

La mère de Paul : C'est dur à accepter, notre retrait.

M. M. : Ce n'est pas nous qui l'avons exclu de la famille. C'est la famille qui voulait s'en débarrasser à l'hôpital psychiatrique parce que les week-ends se passaient tellement mal.

La mère de Paul : Mais les menaces d'hôpital psychiatrique, c'étaient des mots.

M. M. : Des mots, ça marque.

La mère de Paul : Maintenant, on a besoin de Paul. Maintenant, il va avoir dix-huit ans, il va se débrouiller tout seul et on est hors circuit de tout. Si un jour, vous n'êtes plus là, que va-t-il se passer, puisqu'il aura appris à se passer de nous?

M. M. : Si, dès que ça va mal, les parents parlent de l'exclure à l'hôpital psychiatrique, il vaut mieux que l'enfant apprenne à compter sur lui-même et qu'il n'entretienne pas une dépendance qui pourrait avoir des effets malheureux.

Quand Paul est revenu à Bonneuil, l'an passé, il est revenu dans un contexte de drame, puisqu'il avait été décidé qu'on se débarrasserait de lui à l'hôpital. Tout le monde avait peur de sa violence et on ne parlait que de la fratrie à protéger. Les parents avaient perdu confiance dans Paul. Pour eux, il n'y avait plus d'avenir le concernant.

La mère de Paul : Mais il jouait du couteau et était menaçant.

M. M. : Les menaces d'exclusion n'arrangent rien.

La mère de Paul : Mais, tout ça, c'étaient des mots.

M. M. : Mais c'est avec ces mots qu'il faut pouvoir compter. En juillet, Paul était persuadé qu'il n'avait à compter que sur lui-même et qu'il aurait à gagner sa vie. Il était comme les garçons normaux de dix-huit ans qui ont quitté leur famille. Et puis, il y a eu en août la mort du bébé que vous attendiez. Vous vous êtes alors retournée vers Paul et vous lui avez demandé de passer quinze jours de vacances avec vous. Très vite, les choses se sont gâtées. Paul ne savait plus s'il était le travailleur qui quittait ses parents ou le bébé à caprices. Ça s'est terminé par une gifle au père. Paul, pour la deuxième fois, est venu dans la famille remplacer un bébé mort, boucher quelque chose de l'ordre du deuil chez les parents. Quand Paul est là, on n'a pas à faire le deuil d'un mort. A un moment, Paul a dit lui-même qu'il n'y avait pas de place pour lui à la maison. Vous m'avez téléphoné à plusieurs reprises pour me dire : « Ça va mal, Paul va tuer son père ou le père va tuer Paul. »

La mère de Paul : C'était un jeu, le téléphone. J'utilisais ce moyen pour arrêter la violence.

M. M. : Des crises de violence peuvent encore survenir. Quand Paul a failli se couper le bras dans la machine à laver à la maison, ça doit être entendu comme un désir suicidaire. L'histoire entre Paul et son père est telle que Paul est rapidement mis en danger quand il retourne chez lui. C'est à cause de tout cela que le problème du retour de Paul chez lui est reparu. Paul, d'ailleurs, est d'âge à former lui-même une famille. La famille est beaucoup plus importante à sauvegarder à un niveau symbolique (qu'on puisse compter sur elle) qu'au niveau de la présence réelle. Pouvoir compter sur ses parents, c'est pouvoir compter qu'ils continuent à payer pour que leur fils ne soit pas démoli. C'est au moment où les parents se sont effacés dans leur présence réelle que la question : puis-je compter sur eux? s'est posée. C'est avec ça qu'on a travaillé, et c'était important. La façon dont Paul a pu démarrer, parce qu'il ne se trouvait plus pris dans une situation intenable le week-end, c'est quand même quelque chose d'important.

Nous aurions dû respecter, à Noël, le refus de Paul de voir ses parents : parce que ce refus n'était pas un refus des parents, c'était la revendication d'être considéré comme un travailleur.

La mère de Paul : Ça je l'ai bien compris.

M. M. : Ce n'est pas de gaieté de cœur qu'il ne vous retrouve pas, alors qu'il vous aime bien. Pouvoir faire honneur à son père à un moment où le père perd confiance en lui, c'est ça qui lui importe. Cette réussite-là ne doit pas lui être confisquée.

La mère de Paul : Et si mon fils venait pour une heure seulement?

M. M. : La question ne se pose pas à ce niveau-là. Ce qui fait problème, c'est la place accordée à Paul dans sa famille. On ne l'accepte pas comme adulte. On en veut bien comme bébé. C'est mieux que vous soyez en retrait. Si Paul dit : « Je veux aller voir mes parents », ça ne fait pas problème. Mais ça doit venir de lui. Si c'est offert par les parents, on ne sait pas dans quel nœud d'étranglement on le met.

La mère de Paul : Est-ce que Paul se sent encore rejeté?

M. M. : Paul sait que c'est une course vaine, qui ne mène nulle part, que de rêver de reprendre dans la famille la place d'enfant aimé qu'il n'a jamais occupée. Quand vous souhaitez le revoir, c'est avec votre chagrin que vous essayez de vous débrouiller, Paul venant colmater quelque chose de pénible en vous. Une réussite peut toujours sortir d'un ratage.

La mère de Paul : J'ai confiance, mais je ne veux pas me culpabiliser par l'idée que je n'ai plus à m'occuper de ce gosse. J'y pense tout le temps.

M. M. : L'important est que vous compreniez à quel niveau est l'aide que vous pouvez lui apporter.

La mère de Paul : En ce moment, je suis déprimée; ma mère est en train de mourir d'un cancer. Elle n'en a plus que pour deux mois. Elle est à la maison. Paul, pour elle, c'est tout. Elle voulait fêter les dix-huit ans de Paul.

M. M. : Pourquoi est-ce toujours Paul qui doit venir boucher le vide d'un mort?

La mère de Paul : J'ai du chagrin, j'ai perdu mon père et puis ma mère, et Paul n'est pas là.

VIII

La mère de Léon : J'ai invité hier à la campagne une amie intime et ses quatre enfants. J'avais fait une table pour les enfants, une table pour les parents. Quand les deux plus petits ont su que Léon allait déjeuner avec eux, ça a été un tollé. Finalement, j'ai mis une autre table. Il a déjeuné seul avec le chien. Vous voyez, l'histoire de la ségrégation. Chaque fois que j'invite des amis, Léon est exclu; ou bien on le tolère par charité chrétienne. J'essaye d'inviter à nouveau des gens. Ces enfants étaient vivants. Léon était heureux, il n'y a pas eu un incident ce dimanche-là.

M. M. : C'est important de souligner que, malgré ce rejet, Léon a passé une journée « normale », sans crises. Le public a besoin d'être éduqué. L'expérience que nous tentons au Café d'Edgar, c'est cela. L'interpellation d'un public qui apprend à reconnaître un monde différent de lui. Ce public est non averti. Le moment d'appréhension passé, c'est extraordinaire ce qui se passe entre le public et les enfants.

La mère de Léon : C'est normal que les gens soient scandalisés. Sandrine parle. Léon pousse des cris. Un enfant sans langage, ça fait peur. Bernadette, ma fille aînée, n'a pas pu manger, tellement ça l'a traumatisée, l'attitude de rejet dont a fait l'objet son frère.

M. M. : Malgré cela, il vaut mieux pour la santé de Bernadette que vous receviez vos amis. Les difficultés auxquelles elle se heurtera sont moins graves, comme effet, que la ségrégation qui coupe une famille entière du monde.

La mère de Léon : On a une souffrance intolérable. Il suffit que quelqu'un nous agresse pour qu'on devienne méchants.

La mère de Théophile : Quand je vois un petit de deux ans qui parle, je pleure.

M. M. : Mais vous amenez votre fils au club Méditerranée.

La mère de Théophile : Oui, je l'emmène même au cinéma. Au club Méditerranée, je l'ai mis au mini-club. J'ai rencontré là un moniteur épatant. Il avait expliqué aux enfants que si Théophile ne parlait pas, c'est parce que je ne lui avais pas appris à parler. Je me suis fait agresser par les enfants, qui m'ont traitée de mère dénaturée.

La mère de Sandrine : Jusqu'à douze ans, je sortais ma fille. C'est après que la ségrégation se fait impitoyable.

M. M. : S'il y a une lutte à mener par les parents qui ont des enfants en difficulté, c'est une lutte contre la ségrégation dont ils font l'objet avec leurs enfants.

La mère de Sandrine : On me téléphone pour me demander quels jours je n'ai pas Sandrine.

La mère de Théophile : Mon fils ne joue plus dans le quartier. Il sort à la nuit tombée, quand les autres sont rentrés.

M. M. : Comment cela se passe, dans les lieux de vacances?

M. P. : Il y a des possibilités d'entraide avec les gens de l'extérieur. C'est grâce à eux que les enfants ont fait un certain trajet.

La mère de Théophile : Ce sont les adultes qui sont rejetants. Les enfants ne sont que le reflet de la position de leurs parents. L'an dernier nous étions en maison familiale. Théophile y a été bien accueilli.

La mère de Sandrine : En pleine campagne, avec les paysans, oui.

La mère de Théophile : L'aide des étrangers est importante aussi. Ils ne se rendent pas compte que les enfants parlent mal ou sont en retard. Ils ne mettent pas ce retard sur le compte de la psychologie. Ça change tout.

La mère de Francis : Comment un enfant entouré d'amour peut-il devenir un autiste?

La mère de Sandrine : Ma fille était voulue. Le couple allait bien. Et elle est devenue anormale. Son frère est né à un moment où le couple s'est séparé. Il a eu une vie dure, et lui est normal. Pourquoi se culpabiliser?

La mère de Francis : Pourquoi en effet? Nous n'y sommes pour rien, dans la psychose de notre enfant.

M. M. : C'est inconscient, la culpabilité. Elle existe même si aucun reproche ne vous est fait.

La mère de Léon : Mme Mannoni m'a culpabilisée; la première fois que je vous ai vue, vous m'avez parlé de mon père. Je me suis dit : ah! si je n'avais pas tellement désiré qu'il vive, mon fils n'aurait pas été là comme un mort vivant. Pendant longtemps, j'ai remâché des remords.

M. M. : Quand j'essaye de dégager une vérité d'un drame qui vous submerge, ce n'est pas pour introduire un verdict. C'est pour frayer un chemin, à partir de quoi une communication peut être retrouvée avec l'enfant.

La mère de Sandrine : Cette communication n'a pas été perdue.

M. M. : Du côté de votre enfant, oui.

La mère de Léon : Mais du côté de la mère aussi. A partir d'un malheur comme celui-là, on est uniquement construit en défenses contre tout, contre soi, contre le monde.

La mère de Théophile : Réapprendre à parler, à vivre, c'est quand même pas rien. C'est pour cela qu'on vient ici. On en sort plus responsable.

IX

M. M. : La semaine dernière vous avez vu un Paul en état confusionnel, comme disent les psychiatres. Il était redevenu aussi malade qu'aux pires moments que nous avons connus quand il avait treize ans. En quarante-huit heures, l'amélioration a été spectaculaire, et cela parce que nous lui avons offert une brèche par où il a pu s'évader. Nous lui avons permis de regagner une communauté de jeunes près de Nice, communauté qui est aussi chantier de travail. Là, Paul peut s'intégrer à un travail ou s'évader. A la réunion de mardi, Paul nous a dit : « Il vaut mieux que je prenne l'avion que de me flinguer. »

M. P. : Paul est à Cap-d'Ail. Ces jeunes font un chantier. Un des membres de la communauté est mécanicien, l'autre cuisinier, l'autre architecte. On peut leur téléphoner. Paul va d'une activité à l'autre. Le milieu est très accueillant. On lui a dit qu'il pourrait y rester le temps qu'il faudra avant de reprendre son travail.

La mère d'Hector : Vous ne croyez pas qu'il avait envie d'arrêter ce métier de cuisinier?

M. M. : C'est ce qu'il disait, mais on ne peut séparer sa crise d'un contexte. La menace (l'hôpital psychiatrique) formulée par les parents en novembre, on en retrouve aujourd'hui les effets. Paul veut mettre ses parents à l'épreuve, pour voir si vraiment on va le lâcher. Ceci est sous-entendu par l'éternelle question : suis-je aimé ou pas?

Dans les réunions avec les enfants, Paul a évoqué le drame qui l'avait opposé à son père et qui l'avait conduit à quitter la maison pour s'installer au F 5. Il a posé cette question : « Je ne vois plus mes parents, mais est-ce que je peux encore compter sur eux? » Cela a été capital, de maintenir « je peux compter sur un Autre ». Ce n'aurait pas été le cas si l'adolescent, dans la réalité, était demeuré avec des parents débordés par une situation intenable. On a donc travaillé avec la question « compter pour un Autre ». Ce qui est apparu ensuite, c'est le problème des dix-huit ans : il aurait bientôt à apprendre à s'assumer seul. Cela a été très important, pour Paul, d'avoir réussi à se faire accepter dans une formation et payer pour son travail dans un restaurant trois étoiles. Quelque chose d'autre a pesé : Paul avait été pris à l'essai au restaurant. Son travail y fut tellement bon qu'il fut embauché sans attendre l'essai d'un mois. Mais *rien ne lui fut dit* et Paul garda pour lui son anxiété concernant la peur d'un renvoi, son anxiété concernant sa peur d'une répétition de l'exclusion.

Plus tard, il nous dit son contentement de se trouver pris

dans une formation professionnelle, mais le temps de légumier (six mois) lui paraissait long. Il aurait voulu tout de suite pouvoir bénéficier du privilège d'une fonction de cuisinier. Pendant cette période d'incertitude concernant son embauche, il y eut au F 5 un accrochage avec un enfant qui partage sa chambre. Cet autre enfant qui, lui, est scolarisé, le traita de con. Paul interpréta cela comme une dénonciation de sa « débilité ». Hyacinthe se défend en humiliant. Car Paul a sur lui une supériorité physique. Quand Hyacinthe lui dit : « Je veux que Paul s'en aille », Paul répond : « Fils de roi, je te laisserai la chambre et je m'en irai. » Le problème de la ségrégation est le problème universel. C'est avec cela qu'il faut travailler. L'exclusion est partout. Le combat contre l'exclusion est quotidien. Le « je ne veux pas du restaurant » n'était pas à prendre à la lettre. Il fallait d'abord pouvoir faire confiance à ce qui se jouait pour Paul comme demande de reconnaissance à un niveau symbolique.

Quand Paul surmonte une épreuve, il est tellement heureux! Ce qui est important, c'est de souligner que légumier à vie, il ne le sera pas. Voire, qu'une formation de cuisinier lui permet de choisir ensuite autre chose. Cette crise, où tout semble se cristalliser sur le choix professionnel, c'est peut-être aussi une crise où, à partir du moment où il se réalise comme adulte dans sa majorité, il lui faut renier une vocation de l'enfance. L'important, c'est de laisser, ici aussi, toutes les ouvertures pour toutes les possibilités.

X

La mère de Martinien : C'est quand Martinien avait quatre ans que j'ai vu un spécialiste. J'avais pris la fuite d'Alger. J'ai été voir Dumézil. Pendant quatre ans, j'avais été voir un nombre incalculable de médecins qui ne faisaient qu'augmenter la tension dans laquelle on était tous les deux. Quand le médecin m'a dit : « Votre enfant est psychotique; il est menacé de mort psychique, il n'y a que la psychanalyse (la vôtre) qui peut le sauver. » Cela m'a bouleversée.

Le plus difficile, pour moi, ça a été de me démarquer du choc où Martinien était « le » psychotique. Comme pendant quatre ans, il avait été « le » débile. C'est difficile de vivre ensuite sans angoisse. On pourrait maintenant me dire n'importe quoi. Je sais qu'on en est sorti tous les deux, on pourrait me dire : « C'est un schizophrène », cela ne me ferait plus d'effet. Il a fallu longtemps pour me démarquer de ce premier verdict. C'était avant : *la psychose, Martinien et moi.* J'étais comme dans le coma. A la naissance, Martinien a eu un tétanos ombilical. Le médecin n'avait pas stérilisé ses instruments. Le jour où j'ai amené Martinien chez le médecin, pour des histoires de régime alimentaire, il m'a dit : « Qu'est-ce que vous faites avec cet enfant? Ne voyez-vous pas qu'il est en train de mourir? Sauvez-vous. Il va crever dans les heures qui suivent. Le bébé est né magnifique. En quelques heures, il est devenu une poupée de bois. » Le tétanos avait fait son œuvre. Dans l'avion, le steward a prévenu une ambulance qui est venue me chercher. Sinon, j'aurais été perdue, ne sachant où aller. Il aurait pu mourir à Orly. J'ai mis des années à m'en remettre. L'ambulance m'a amenée à Saint-Vincent-de-Paul, il était cyanosé. On l'a mis sous oxygène. Le médecin m'a dit : « Votre enfant est sauvé, mais il aura des séquelles neurologiques. » J'ai répondu : « Je pourrai en avoir d'autres de normaux? » Il m'a dit : « Oui », mais dès cet instant, Martinien est devenu l'*anormal,* il a reçu son statut d'anormal, dans lequel je me suis trouvée avec lui emprisonnée.

C'est horrible, on se demande comment on a fait pour supporter tout ça. D'autant que, six ans après, on s'est rendu compte que des séquelles neurologiques *il n'y en avait pas.* Mais ce verdict a cassé quelque chose entre moi et mon fils au départ.

Martinien a été un cas qui a fait la gloire du médecin qui l'a sauvé. Je suis retournée ensuite à Alger. Je voulais tuer le médecin qui avait par négligence provoqué le tétanos. Il m'a dit : « Mais vous exagérez. » Tout le monde à Alger me tournait le dos. On ne trouvait pas bien que je veuille agresser des gens si bien. Pour moi, vivre à Alger, c'est la mort. J'ai failli y laisser ma peau.

M. M. : Ce que vous semblez dire, c'est que, dans ce drame, il ne s'agissait plus de votre fils, mais *d'un cas.*

La mère de Martinien : Oui, c'est ça.

La mère d'Hector : Quand on consulte le médecin, il n'entend pas ce qu'on dit.

La mère d'Urbain : On est zéro. On ne compte pas. C'est un dialogue de sourds. Moi, j'ai eu le cas inverse de Mme B. Personne ne voulait croire que mon fils avait quelque chose. A partir de l'âge d'un an, j'ai consulté des tas de médecins. On avait l'air de me dire que c'était moi qui étais dérangée et pas l'enfant. Je disais : « Mais, il ne me reconnaît pas. » Tout le temps, on me disait : « Il n'a rien. »

M. M. : Le problème ne se situe pas au niveau : il a quelque chose ou il n'*a rien de mauvais* en lui. C'est ça qu'on vient demander. Là où une aide peut être apportée, c'est dans ce qui se trouve coincé de la relation entre la mère et l'enfant. Il y a là un nœud. Quelque chose à entendre. Or, l'enfant est mis sur la table d'autopsie. Il devient un cas. On vous dit : ses organes sont sains ou malades. Ça ne peut aider en rien. Au niveau du cas « autopsié », l'enfant n'a rien (ou a quelque chose... ça revient au même). Or vous, vous lancez un appel à l'aide, du lieu du corps de l'enfant. On se précipite sur le corps, mais on demeure sourd à ce qui insiste, comme appel, dans un au-delà du corps. Appel en quête d'une vérité... qui n'a rien à voir avec un savoir objectivé.

La mère de Martinien : Quand je suis partie chez Dumézil, j'avais apporté les électro de Martinien. Je lui disais : « Voilà les électro. J'ai pas besoin de parler. C'est dans les électro. » Mais Dumézil ne voulait pas entendre les électro. C'est ma parole qu'il voulait entendre. C'est là que quelque chose s'est passé. Il a écouté ce que je disais, sans faire référence à l'« autopsie, » au corps mort.

La mère de Théophile : Au tout début, je me suis rendu compte que Théophile était différent. Je sentais que le pédiatre estimait que la folle, c'était moi, et que l'enfant allait bien. Je sentais que l'enfant allait mal, mais tout le monde disait que je me faisais des idées. A un moment, les médecins ont cru qu'il était sourd. On a été voir une femme psychiatre. Cette femme ne plaisait pas à Théophile. Elle nous a dit : « C'est un opposant, il n'y a qu'à le forcer. S'il ne parle pas, il n'y a qu'à refuser de lui donner à manger. » A cette époque, Théophile parlait, mais ne faisait pas de phrases. Au bout de quinze jours de ce régime, Théophile ne parlait plus du tout.

M. M. : C'est une méconception de ce qu'est la valeur du langage. Le langage n'a rien à voir avec le besoin. Le langage appartient au registre du désir. Si on veut faire acquérir la parole par dressage, on obtient une poupée mécanique.

La mère de Théophile : Théophile n'a commencé à parler que des années plus tard. Il lui arrive de ne se souvenir que du cri... Depuis les vacances de Noël, il hurle à nouveau.

M. M. : Que s'est-il passé aux vacances de Noël?

La mère de Théophile : Il s'est plu à la montagne. Il a fait beaucoup de ski. Ça ne lui a pas plu de revenir à Bonneuil. Il crie pour crier.

M. M. : Non. Ça cesse immédiatement quand il y a une personne qui peut s'occuper de lui. Ça n'a pas de sens de le laisser crier pendant une heure. Ça n'a pas de sens dans la mesure où il suffit qu'il se sente entendu pour cesser.

M. P. : Si on peut s'occuper de Théophile, il ne crie plus.

La mère de Théophile : Il crie pour vous perturber. Je lui dis : « Crie mais je ne veux plus t'entendre. »

M. M. : Le laisser crier, c'est créer l'asile à domicile. Théophile, quand il crie, réclame quelque chose. Le non-entendu, c'est dangereux.

La mère de Théophile : Quand il crie, il veut me séparer de quelqu'un avec qui je me sens bien.

M. M. : Eh bien, ça doit être entendu, et ça doit lui être dit. Ce qui ne veut pas dire qu'il faille laisser au cri le pouvoir de vous commander. Mais Théophile réclame une parole, fût-ce une parole de refus. Le silence, c'est la mort.

La mère de Théophile : C'est vrai que je le supprimerais bien, par moments. Il m'épuise. Théophile crée une situation folle, une situation d'exclusion où il met les normaux à la porte. Il me tyrannise.

M. P. : Théophile cherche des limites, et la parole de l'autre venant couper ses cris lui permet de retrouver des repères. A partir de quoi, bien souvent, il dit : « J'ai envie de faire ceci ou cela. » Il a parfois besoin de refuser avec des mots pour dire oui dans un faire.

M. M. : Quand Théophile s'inscrit en une activité, il y a parfois une parole qui lui échappe; ça dit qu'il veut faire de la cuisine, mais en réalité, il s'agit d'un commandement. Dans un deuxième temps, Théophile cherche comment il peut se dégager de ce commandement, en faisant surgir une parole personnelle. Cette parole, ça peut être l'obstacle : le cri. Au-delà, il peut mettre les choses dans des mots – pourvu qu'on n'ajoute pas un commandement à cette voix intérieure qui le tyrannise.

La mère de Théophile : Il veut et ne veut pas. Où est le bon vouloir?

M. M. : Dans la première proposition, il y a une phrase, mais qui échappe à Théophile dans la deuxième proposition, il cherche à introduire un sujet. Qui a envie de quoi? C'est lui, sa mère ou un autre?

La mère de Théophile : C'est vrai qu'il ne parle qu'au niveau « Théophile fait ceci, Théophile fait cela ». Pourtant, je ne le commande pas. Il ne vit qu'au niveau du commandement automatique. Je ne l'ai jamais obligé; et, cependant, il vit dans une terreur. Je n'ai pas été terrorisante. J'ai essayé de protéger le monde extérieur de lui, mais les histoires qu'il se raconte sont pires que la réalité.

La mère d'Hector : C'est nous qui sommes terrorisées. On se bat contre notre terreur.

La mère d'Armand : On les protège trop. C'est nous qui faisons surgir les dangers.

La mère de Théophile : L'autisme de Théophile s'est noué avant sa naissance. J'étais souffrante et on m'avait dit qu'il était dangereux pour moi d'être enceinte. Quand je l'ai été, on m'a dit que l'enfant que je portais risquait de venir au monde *mort.* Ce que j'ai attendu, c'est un enfant mort. Je me suis sentie coupable d'être, moi, anormale. La culpabilité, ça existe, quoi qu'on vous dise, ça vous colle à la peau.

La mère d'Armand : Ce qu'il faut, c'est ne plus être l'objet passif des événements. On devient alors responsable et non plus coupable. On est tous responsables, on fait partie d'un tout.

La mère de Théophile : Moi, je me sens coupable, mais ça m'est utile pour réparer. Mme V. ne se sent ni coupable, ni responsable. Pourquoi donc vient-elle ici?

M. M. : Faire marcher quelqu'un à coup de culpabilité, ça n'arrange rien. Être condamné à réparer, je n'aime pas ça.

La mère de Martinien : Moi, je me sens coupable de ne pas avoir voulu de ma grossesse. Je me dis, si ça avait été autrement, il aurait été autrement.

La mère de Théophile : Je pense que ça peut aider de connaître un trajet et de s'affronter à une vérité.

M. M. : Une vérité, oui, mais pas une vérité objective. Il ne s'agit pas de traquer une cause, comme on recherche un virus.

XI

Prosper : Le week-end s'est mal passé. Il y avait des types de trente ans. Paul n'avait pas le moral. Il parlait de suicide. On est rentré hier. C'était pas marrant.

M. M. (aux parents) : C'est un tournant pour Paul, sa dépression. C'est à partir de là qu'il va pouvoir formuler une demande. On peut se demander si on n'a pas gêné Paul, à un moment, en le soustrayant à sa famille. Il travaillait *contre* elle, pour pouvoir être indépendant. Quand il n'y a plus eu un lieu à opposer à l'autre, Paul s'est trouvé perdu. Il en a eu ras-le-bol de lui-même. Il a besoin d'un lieu à vomir.

... Ce qui est dur à supporter pour les parents, c'est tout ce qui émerge chez l'enfant comme vœux de mort à leur égard. L'enfant doit pouvoir en vouloir à mort, sans que les parents s'effondrent. Le problème de la majorité crée une panique, puisque ce que Paul met à la place, c'est le vœu d'être assisté à vie. C'est dans ce piège que nous ne devons pas tomber. Paul est dépressif comme des gens normaux peuvent l'être. Il se pose des questions, maintenant. D'une certaine façon, c'est plus lourd pour nous de porter tout ça.

Il nous dit : « Ou je suis clochard ou je gagne tout de suite un million par mois. » Il refuse d'avoir à passer par les étapes normales d'apprentissage. Il se définit par rapport à son père « qui a tout », ou par rapport au frère de celui-ci « qui n'a rien ». Il veut brûler les étapes. D'une certaine façon, Régine n'est pas assez marginale. Si on avait trouvé un petit restaurant qui lui aurait permis d'emblée de mettre la main à la cuisine, cela aurait été mieux.

La mère d'Henriette : Henriette m'a demandé : suis-je renvoyée du cours Morin? Elle se plaignait de ne pas avoir d'amis.

M. M. : Elle a un chagrin d'amour avec une maîtresse.

La mère d'Henriette : C'est malheureux qu'elle soit tombée sur cette Mlle R. Ce n'est pas son genre. Henriette cherche à l'imiter en rendant visite à des malades dans des hôpitaux. La semaine dernière, elle est entrée avec Arabelle dans un hôpital psychiatrique. On se demande comment elles ont fait. Elles ont vu des malades mentaux.

M. M. : Ce n'est pas gênant qu'elle ait un professeur très conventionnel. Elle essaye de faire jouer Bonneuil contre le cours Morin. « Je suis contre les écoles catholiques », disait-elle.

La mère d'Henriette : A moi, elle dit que c'est très bien d'être dans un cours catholique.

M. M. : Henriette est écartelée entre Bonneuil et le cours Morin. Elle n'a pas fait le deuil non plus du bébé qu'elle voulait avoir. Elle vous a amené comme substitut un chat, et vous avez refusé le chat.

La mère d'Henriette : Mais elle s'y prend pour rencontrer le refus. Elle m'a amené ce chat le jour où je partais en voyage. Henriette m'a dit que, si elle était psychotique, c'était de ma faute. Je lui ai dit : « Peut-être bien, on fait ce qu'on peut. »

M. M. : C'est Arabelle qui a dit à Henriette, à propos de son chat, qu'elle se conduisait comme une mère de psychotique. Elle l'enfermait toute la journée dans un petit panier pour l'empêcher de s'enfuir... Il y a une histoire de contagion des enfants entre eux. Le malaise de Paul a fait boule de neige. Michel a refusé un matin d'aller à son travail. Henriette a refusé l'école.

La mère d'Henriette : Maintenant, elle écrit des lettres à son chat. Elle ne s'accroche plus à son travail, elle perd ses affaires.

M. M. : Il y a des moments comme cela...

La mère de Francis : Les parents des autistes, ils attendent, ils se demandent s'il se passera jamais quelque chose. Les autres parents ont à faire face continûment à l'imprévu. On se demande ce qui vaut mieux.

La mère de Théophile : Il se passe des choses. J'ai pris François, vendredi. C'est lui qui m'a conduite. Quand je me trompais, il me le faisait savoir. Ses repères sont excellents. Avant, il ne se manifestait pas.

M. M. : Pour Armand, vous ne pouvez pas dire qu'il ne se passe rien.

La mère d'Armand : Dès qu'un week-end n'est pas bon, on est catastrophé. On a surtout la hantise de retrouver les années d'enfer. Il ne faut plus grand-chose maintenant pour perdre espoir.

La mère de Léon : A la réunion, l'autre jour, j'ai pris mes lunettes et j'ai regardé les pères. Ils sont beaucoup plus ravagés que nous : ils ont les cheveux gris ou pas de cheveux du tout, l'air fatigué. Leur sensibilité est à fleur de peau. Dès qu'on leur dit la moindre chose, ils réagissent de façon tragique. Les pères sont beaucoup plus atteints que nous.

La mère de Théophile : Les hommes sont atteints dans leur virilité.

Le père d'Armand : Ça m'intéresse.

La mère de Théophile : Les pères sont fiers de leurs enfants et un enfant anormal, c'est un enfant dont ils ne peuvent être fiers.

Le père d'Armand : Et les mères ne sont pas fières de leurs enfants?

La mère de Théophile : Les mères ont toujours un côté bonne sœur, et elles acceptent l'enfant comme il est.

La mère de Léon : On peut faire des tas de choses qu'un homme ne peut pas faire. J'ai pleuré toutes les larmes de mon corps. Mon mari ne peut pas pleurer, ce n'est pas convenable.

Le père d'Armand : La maladie, on n'en est pas responsable.

La mère de Francis : Pour un père, le problème, c'est l'avenir. Tant que nous sommes là, ça va, mais après?

M. M. : Ce qui me frappe, c'est que, s'il y en a un qui est pris dans un travail à l'extérieur, c'est Armand. Et c'est le père d'Armand qui se lamente... Il faut le temps qu'il faut. Il faut compter jusqu'à vingt-cinq ou trente ans. A vouloir les insérer plus tôt, on en fait des automates. Dans la mesure où le père de Paul n'y croit pas et où, à la moindre difficulté, il renvoie le problème à celui de son propre frère qui a échoué, l'enfant se trouve pris et piégé dans un enfermement qu'on lui propose. S'il n'y a pas un autre qui croit dans le devenir de l'enfant, eh bien, ce dernier abandonne.

La mère d'Armand : Croire, c'est des actes.

M. M. : C'est aussi des mots. Ce sont les mots qui portent. Quand on dit à un enfant : « Tu finiras à l'asile », c'est avec ces mots-là qu'il fait son chemin et se condamne.

La mère de Léon : A la maison, Léon est épouvantable. Cette nuit, il s'est réveillé à deux heures du matin. Je l'ai battu. J'ai vu cette petite chose se cachant sous les couvertures.

M. M. : Et pourtant, ici, il dort.

La mère de Léon : Nous vivons dans un immeuble. Je lui enlève son harmonica pour qu'il ne gêne pas les voisins. Il est venu dans notre lit. Cela revient cinq ans en arrière. Hélène est trop bonne, elle laisse les portes ouvertes.

M. P. : Cela allait si bien qu'il dormait, à un moment, dans une chambre avec les autres enfants. Il a mal dormi la semaine dernière, mais c'était un accident.

M. M. : Il faut qu'il puisse se coucher avec un objet transitionnel quelconque. (Lorsqu'il n'a pas son harmonica, c'est un adulte qu'il réclame, tellement son angoisse est grande la nuit.)

La mère de Léon : J'ai eu des remords de lui avoir enlevé cet objet, mais j'avais les plaintes de mon mari qui était crevé.

M. M. : Des moments de dérythmage dans le sommeil, cela devrait se régler de façon non catastrophique. Il faudrait que vous puissiez vous en occuper pendant une demi-heure avant le sommeil, lui donner un chiffon de maman à qui il pourrait parler. Son harmonica, il ne l'utilisera pas la nuit, il en a besoin comme d'un compagnon.

La mère de Léon : Chez nous, le drame est là tout de suite, au moindre fléchissement. Nous aurions dû partir à la campagne, mais j'ai eu tort de rester à Paris.

M. M. : Dans les malheurs et les difficultés, il faut pouvoir faire le partage. Quand on a un enfant intégré à une équipe d'ouvriers, œuvrant de ses mains, et qui à un moment donné ne dort plus, il faudrait pouvoir faire face, sans drame inutile et sans mots blessants. Les mots, ça marque.

La mère de Léon : Quand vous m'avez parlé de vacances, je me suis dit : comment est-ce possible? puisque à deux heures du matin, il ira dans le lit des adultes.

M. M. : Il ne réveillera pas cette famille à deux heures du matin. Tout le problème est là, justement.

La mère de Léon : J'avais, en effet, attendu toute la journée, le moment où il me réveillerait. Quand j'attends la catastrophe, elle survient.

XII

M. M. : On est dans une situation difficile avec Julien. Vous l'avez mis sans le vouloir dans une situation d'enfant de parents divorcés, entre son analyste kleinienne chez qui il continue à aller trois fois par semaine et Bonneuil.

La mère de Julien : Non, il n'y va plus depuis janvier. Seulement, j'y avais amené le frère pour une question de psychomotricité et je me suis heurtée au chantage : on vous prend Élie, si vous nous redonnez Julien.

M. M. : Si l'analyste mobilise les médecins (entre nous, nous n'avons nullement envie de disputer Julien au corps médical)... Julien ne peut venir à Bonneuil comme enjeu. Le conflit des adultes le traverse. Cette analyste a beaucoup aidé Julien au départ, ensuite, il est devenu son « cas ». Elle avait sur lui un droit de priorité, d'antériorité, et il n'était pas question qu'elle le « lâche ». « Pour une fois dans ma vie que j'ai eu un cas de démence, se dit-elle, il faut que je le garde. » S'il faut qu'elle continue à suivre Julien jusqu'à sa retraite...

Julien s'est trouvé, à un moment de son histoire, dans une situation « démentielle ». Quant à le figer pour autant à vie dans une étiquette actuellement contestée par les psychiatres eux-mêmes... Julien ne veut plus de son analyste. Comme elle ne peut entendre ce refus, il le lui fait voir, en crachant et cassant. Mais hors du cabinet de l'analyste, Julien est normal et il pourra l'an prochain fréquenter l'école d'un village. La gratuité des « aides » ne peut avoir comme contrepartie qu'on laisse à vie son enfant à la médecine.

La mère de Julien : Élie a été en psychomotricité parce que l'analyste a dit : « Il ne faut pas que les enfants soient jaloux. » Quand je lui ai dit « Je ne vous amène plus Julien », elle m'a dit « Gardez Élie ». Puis elle m'a fait téléphoner pour que je lui amène, malgré tout, Élie; mais j'ai été coincée après. En Bretagne, Julien s'est conduit de façon parfaite; mais, dès qu'il me voit, il m'injurie, et c'est odieux.

La mère d'Éric : Éric est transformé depuis qu'il vit en internat : il revit.

M. M. : L'internat en semaine (et je pense ici au foyer de jeunes apprentis où est Hector) doit permettre à ces jeunes de se prendre en charge, de mener une vie avec d'autres travailleurs, dans une ambiance qui permet le soir des activités culturelles diverses. Hector est pris dans une communauté de jeunes de son âge, échappant ainsi à une ségrégation prolongée. Il sera dans le monde des travailleurs (et de leurs luttes) et non plus dans le monde de la jeunesse inadaptée.

Le monde est essentiellement ségrégatif. Dès qu'on s'écarte d'une norme, on est désigné du doigt. Henriette a failli se faire renvoyer d'un cours de secrétariat, uniquement parce qu'elle interrogeait les étudiants (dont certains avaient dépassé la trentaine) sur leur vie privée. Henriette n'a pas été insupportable; mais non conforme aux usages du monde.

Un autre adolescent, Michel, avait été accepté dans un foyer de jeunes travailleurs; dès qu'ils ont appris que ce garçon était, comme on dit, « un enfant de la DDASS », son admission a été remise en question. On nous demandait son « dossier ». Un « dossier » impressionnant qui le suivait à la trace depuis sa plus tendre enfance. Il n'était pas question pour nous, maintenant que Michel faisait son entrée dans le monde du travail, de faire suivre ce dossier-là. Nous avons aidé Michel, sur les lieux mêmes du foyer, à établir un « dossier » qui eut pour effet d'introduire une coupure avec son passé d'assisté. Pour la première fois, l'adolescent faisait son entrée dans un lieu « démarqué » de son passé. A partir de là, il a pu prendre son histoire en main, en son nom propre. Il fut admis *in extremis*... Là encore la rupture avec l'idéologie de médicalisation de la vie d'autrui avait failli rejeter un adolescent « guéri » dans la ségrégation dont il avait été l'objet depuis sa naissance. La ségrégation de l'« inadapté » venait dans ce cas redoubler la ségrégation sociale dont l'enfant était dès l'abord victime.

La mère de Théophile : Ce qui est aussi lourd à porter, c'est l'effet de la « maladie mentale » auprès de la fratrie. Mon autre fils est très marqué par l'histoire de son frère. Il se fait toujours le défenseur de la veuve et de l'orphelin. C'est un écorché vif. J'ai l'impression qu'il a été volé de sa jeunesse. Il souffrira toute sa vie, et sera malheureux.

La mère de Léon : Ce n'est pas sûr.

La mère de Francis : Une famille doit être solidaire.

La mère d'Urbain : Mon fils est trop sensibilisé *(elle pleure)*. Il est trop mûr.

La mère de Francis : C'est peut-être bénéfique après tout.

La mère d'Urbain : Mon fils nettoie le caca de son frère, il est l'abnégation même. Il ne vit pas. Il a peur que je ne tienne pas le coup. Ce qui pèse lourd, c'est aussi la dépression de mon mari.

La mère de Lucien : Pour moi, c'est chacun pour soi; il ne faut pas que la fratrie ait à supporter les effets d'un anormal.

La mère de Théophile : On ne peut imposer un handicapé à la fratrie.

La mère d'Henriette : La famille nombreuse apprend la solidarité, et cela constitue un soutien.

La mère de Théophile : Il faut être doué pour accepter d'avoir une famille nombreuse. La seule chose que l'on n'apprend pas à l'école, c'est d'être parent.

La mère de Francis : A chaque enfant, c'est différent. Chaque fois, on a fait autant d'enfants uniques.

La mère de Théophile : La seule chose qui peut nous préparer à être parent, c'est la façon dont on a été élevé. On fait pareil, ou le contraire. Ceux qui ont connu une bonne harmonie la donnent à leur enfant, d'instinct.

XIII

La mère d'Armand : Armand est encoprétique maintenant. Or, il avait été propre à un an.

M. M. : Il a été propre bien tôt. Disons qu'il exprime actuellement un désarroi.

La mère de Sandrine : Sandrine est propre. C'est Armand qui est Sandrine maintenant. D'ailleurs, Sandrine me le dit : « Il n'est plus propre, c'est moi qui suis propre. » Ça date d'il y a trois mois.

M. M. : Il y a un problème identificatoire, pas commode à vivre pour l'un et l'autre.

. . . .

La mère de Sandrine : Est-ce que vous pensez à ce que seront ces enfants à vingt ans?

La mère de Léon : Si on pense au futur, on se jette par la fenêtre.

M. M. : Ce qui nous différencie des hôpitaux de jour traditionnels, c'est que nous n'acceptons pas l'idée de nous séparer des enfants à tel âge réglementaire (quatorze ou dix-huit ans). Nous pensons à des solutions de vie autonome dans un village, le moment venu.

La mère de Léon : L'hostilité à l'égard de l'anormal est particulièrement vive dans les villes. Dans certains villages, l'idiot trouve encore sa place.

M. M. : Il s'agit d'une chaîne d'amitié qu'on réussit à mettre en place. Cela exige de notre part une grande disponibilité. Cela implique que nous fassions, nous aussi, des séjours en province. Ceux qui accueillent les enfants de Bonneuil demandent beaucoup d'attention. C'est leur problème qui se fait entendre à travers l'enfant.

Ce que l'enfant demande, lui, c'est un lieu qui demeure inconnu des parents. Quand les adultes s'entendent trop bien, l'enfant est jaloux, et puis ça ne l'intéresse plus, et il le fait sentir aux hôtes qui l'accueillent.

Les parents induisent d'autre part des stéréotypes de comportement, en donnant à la famille d'accueil des « recettes » : comment il faut faire pour que ça marche avec l'enfant. L'utilité de l'éclatement institutionnel, c'est aussi la chance donnée à l'enfant de se trouver pris dans un autre discours, d'avoir à se réinventer avec un autre.

Il arrive que les parents ne supportent pas l'orientation prise par leur enfant (vie en communauté dans un village). Sourds à sa transformation (on pourrait dire à sa renaissance), ils usent à un moment de leur autorité pour l'arracher à son village et le « placer » en institution psychiatrique. Il y a passage à l'acte (chez le patient ou chez les parents de celui-ci), lorsque du côté de l'analyste, quelque chose a échoué au plan d'une symbolisation. Notre responsabilité est bel et bien engagée : il arrive que nous ne sachions pas demeurer suffisamment présents aux parents, durant l'absence de leur enfant (cette présence aux parents est d'autant plus nécessaire dans les cas où l'adolescent choisit de vivre « en rupture » avec notre idéologie de la « norme »).

C'est toujours au moment où un adolescent se tire d'affaire (au point d'arriver à subvenir à ses besoins), que les parents, paradoxalement, sont tentés par des solutions d'internement, laissant entendre qu'ils ne sauraient admettre que leur *enfant leur échappe* (et c'est leur échapper, que de naître à un désir en dehors d'eux).

La mère de Noémie : Cette situation nous l'avons vécue... Mon mari à nouveau ne supporte plus rien. Il va bien quand sa fille n'est pas là. Mais quand sa fille n'est pas là, il ne parle plus, et c'est moi qui deviens dépressive. On a beau être costaud, on flanche.

La mère d'Hector : C'est vrai que la mère accepte mieux les difficultés de l'enfant, que le père.

La mère d'Urbain : Mon mari est également dépressif. La femme porte son mari, ses enfants. C'est elle qui devient le chef de famille.

La mère de Patrice : Mon fils a pris un taxi de Paris à Reims, coût quatre cents francs. Il n'avait à la bouche que des injures. Je voulais le faire dormir.

M. M. : Patrice est arrivé ici, comme s'il avait été psychiatrisé pendant des années, enfermé dans les effets de ses drogues. On a changé ses médicaments, il est redevenu accessible. Il a pleuré, on pouvait lui parler. On lui a dit qu'il fallait qu'il puisse supporter le vide, sans avoir tout de suite le médicament pour tout boucher. Il y a un moyen terme à trouver; et Patrice avait regagné le sommeil.

La mère de Patrice : Patrice s'est excusé, mais je me sens moins inquiète quand il est complètement drogué, comme vous dites.

M. M. : Patrice s'arrangera pour opposer la famille à Bonneuil. Il y a une résonance de vérité dans ses plaintes, mais il faut se garder de tout aplatir en y répondant par le médicament, au niveau le plus naïf.

M. P. : Dans un premier temps, Patrice s'est plaint de l'absence de scolarité. On a mis en place des structures scolaires pour lui. Il s'est alors défilé et a reporté ses plaintes sur le problème des médicaments. Il lui faut toujours traquer ce qui ne va pas chez l'adulte. Il recherche la faille. Il fait feu de tout bois.

M. M. : Patrice a peur de faire peur. Et s'il rencontre la peur, c'est la violence qui éclate.

La mère de Patrice : J'ai peur de lui. Je ne peux dominer cette peur; et, en fait, je ne veux plus de mon fils. Je l'aime, mais je n'en veux plus.

La mère de Sandrine : J'ai dû voir un médecin de la Sécurité sociale pour obtenir 100 % d'invalidité. Il m'a posé la question : « Dans quelle école est-elle? » Quand j'ai parlé de Bonneuil, il m'a dit : « Ah, vous avez trouvé du progrès? » J'ai dit : « J'espère et j'y crois. » Il m'a dit : « Il y a d'autres lieux. » Je lui ai répondu : « Il y en a beaucoup, à l'âge qu'a ma fille? » J'ai senti une réticence énorme.

La mère de Théophile : La Sécurité sociale m'a tout supprimé, comme sanction, parce que Théophile ne prenait plus de médicaments. Il faut acheter des médicaments pour pouvoir bénéficier de la Sécurité sociale.

M. M. : C'est important de remarquer cela.

La mère de Théophile : Il ne faudrait pas que les enfants payent le prix des exigences de la Sécurité sociale.

La mère d'Hector : Si les parents d'enfants inadaptés s'occupent de la mise en place d'un lieu, ça ne marche pas?

M. M. : Ça ne marche pas, en effet. On part avec un noyau de parents qui ont déjà effectué un certain trajet, et on se retrouve avec d'autres à qui on ne peut faire faire l'économie de ce trajet. Leur anxiété, c'est sur l'institution qu'ils vont la vivre, en en faisant une machine de protection contre la folie. Et ça n'est pas sans effet répressif. La demande d'un lieu asilaire vient paradoxalement des parents anxieux.

La mère de Sandrine : Les parents peuvent mieux aider quand il s'agit des enfants des autres. Pour les siens, on a des réflexes de peur.

La mère de Théophile : Au début, j'ai eu peur que Théophile ne soit trop bien pris en charge par Bonneuil et peur de ne plus me sentir concernée par Bonneuil.

La mère de Léon : Maud Mannoni rend justement cette réaction-là impossible. L'enfant, elle vous le rend bel et bien.

La mère de Théophile : Quand vous avez tout supporté pendant tant d'années et qu'enfin on se sent aidé et soulagé, eh bien, cet enfant de cauchemar, on est prêt à le donner.

La mère de Léon : Moi, je ne me suis jamais sentie dégagée.

La mère de Théophile : Le danger est de se sentir moins concerné.

La mère de Sandrine : Plus ça avance, plus c'est dur. Quand l'enfant ne s'en sort pas, c'est affreux de le voir devenir un adulte handicapé.

La mère de Théophile : Un enfant en difficulté à quatre ans, ce n'est pas la même chose qu'à quinze ans.

La mère de Sandrine : Je me prépare toujours au pire.

La mère de Théophile : Théophile ne supporte pas qu'on s'occupe d'un autre que lui. Il est impossible de manger en paix quand il est là.

M. M. : Ce qui est sûr, c'est que ça s'arrange moins avec les parents, comme si le résiduel de « méchanceté » devait leur être réservé. Ces enfants vous mènent la vie dure.

La mère de Léon : Plus ils nous aiment, plus ils nous font mal, plus ils sont odieux. Quant Léon tape quelqu'un, c'est une marque d'amitié.

La mère d'Hector : On ne sent pas le moment où on entre dans l'angoisse.

La mère de Théophile : C'est l'enfant qui sent votre angoisse.

XIV

La mère de Julien : C'est merveilleux, la Bretagne, pour Julien.

M. M. : Oui, mais il est important que vous ne vous y installiez pas, sinon il lui faudra trouver encore un autre lieu pour se sauver de vous...

La mère de Julien : Vous croyez? Je voulais m'y installer avec son frère jumeau.

M. M. : Nous avons eu la chance de trouver un lieu qui plaise à Julien, où il peut jouer à la fois son rejet de la famille et de Bonneuil. C'est son lieu à lui, où il n'y a pas sa mère, pas son frère. C'est tout de même important symboliquement, tout ça. Vous lui volez quelque chose, là.

La mère de Julien : J'avais même obtenu que sa famille d'accueil accepte le frère jumeau.

M. M. : Vous introduisez des risques d'échec certains. Vous savez bien que lorsqu'il est avec vous, ça se dégrade rapidement.

La mère de Julien : Au bout d'un quart d'heure, il m'injurie, alors qu'il est calme et normal avec les autres.

M. M. : Et c'est cet enfer que vous voulez recréer.

La mère de Julien : Non, mais pourquoi serait-il normal avec les autres et anormal avec moi?

M. M. : Pourquoi le traquer là où il se sent bien, sans sa famille?

La mère de Julien : C'est moi qui aimerais me trouver à sa place.

M. M. : Comme si vous étiez jalouse de lui; vous êtes capable de faire sentir combien c'est l'enfer, dès que vous apparaissez, et cependant vous n'en tenez aucun compte. Il est « allergique » à sa famille.

On s'est rendu compte de la gravité du problème posé à Julien par le frère jumeau, lorsqu'est venu à Bonneuil un enfant du même âge que Julien. Ils ne se sont jamais trouvés en état de pouvoir être bien l'un avec l'autre. L'un ne pouvait être œuvrant que si l'autre disparaissait. Julien trouve en Bretagne une famille d'accueil dans laquelle il se sent bien, il apprend à lire et à compter, au point de pouvoir démarrer à l'école communale, et vous voulez intervenir dans tout cela, pour y faire quoi? Dans le trajet effectué par l'enfant, il y a des chances qu'on saisit une fois, mais pas deux.

La mère de Julien : Je ne fais pas exprès de tout mettre par terre. C'est plus fort que moi.

M. M. : On a eu le cas d'un enfant parti en Angleterre. C'était ce qu'on appelle un cas désespéré. Il est devenu quelqu'un de bien dans la ferme-école qui l'avait accueilli. Quelqu'un de si bien que son père l'a retiré. Il se trouve aujourd'hui à l'asile. Il y a des ratages dont les effets sont irréversibles.

La mère de Julien : C'est parce que Julien est devenu vivant que j'ai voulu réintroduire le jumeau.

M. M. : Alors que vous savez à quel point il en crève, de cette situation-là.

La mère de Patrice : Cela s'est bien passé pour Patrice.

M. M. : Patrice avait réussi à apporter l'hôpital psychiatrique à Bonneuil. Nous avons été amenés à lui dire qu'il ne pourrait jamais aller en Angleterre s'il continuait à monopoliser les conversations par le récit de ses maux physiques ou troubles psychiatriques. En Angleterre, on parle de la santé de la reine, mais non de la sienne propre. Quelque chose de l'ordre d'un nouveau jeu a été comme introduit là. Patrice a passé une semaine à dormir... au lieu de passer à l'acte. Et puis, il s'est passionné pour la musique et il s'est intéressé au travail des grands. On peut dire qu'il a fait son entrée à Bonneuil dans une présentation de malade mental. C'est à cette identité-là qu'il tenait. Quelque chose a changé quand il a compris qu'il ne faisait pas peur... et que le passage à l'acte était interdit. Il a amené au début, à Bonneuil, sous forme de *répétition,* tout ce qui l'aurait fait étiqueter comme dangereux à l'hôpital. A Bonneuil, il a rencontré des *mots* à la place de la camisole de force, et quelque chose a pu, à partir de là, être dénoué.

XV

M. M. : Comment ça va chez vous?

Le père de Paterne : Paterne apparemment s'en sort. C'est nous qui n'allons pas. Ma femme veut divorcer. L'enfant reste avec moi. Disons que je suis plus disponible à l'enfant.

M. M. : Qu'est-ce que les femmes prennent ces derniers temps, avec Paterne!

Le père de Paterne : Disons que j'en ai gros sur le cœur contre les femmes. C'est un échec difficile à avaler. Ma femme a raison de vouloir partir. Moi, j'aurais patienté. Nous serons devant des problèmes matériels, car j'aurai à rembourser la part de ma femme dans l'appartement. C'est elle qui s'en va et c'est moi qui dois faire les démarches du divorce.

M. M. : Cette histoire du divorce qui éclate là, cela a quelque chose à voir avec le retour de Paterne?

Le père de Paterne : C'est une question de patience. On se rend compte maintenant qu'il n'y a rien à faire. Ma femme n'a jamais voulu de cet enfant. Elle se veut libre. Je supporte mal les femmes non maternelles.

M. M. : On ne peut obliger quelqu'un à être ce qu'il ne peut être, en fonction de ses difficultés propres.

Le père de Paterne : C'est une malade. Son histoire durera six ou huit mois et puis elle retombera. Si je la retiens, je retiens quoi? J'ai déjà gagné une fois, mais ici je vais me détruire.

M. M. : Le problème, c'est que tout se passe comme si ça ne pouvait marcher qu'avec la mère ou avec l'enfant : mais pas avec les deux à la fois. Depuis qu'il a deux ans, il y a comme un marché : ou bien la mère reste ou bien l'enfant part. L'enfant est resté à l'ombre pendant tant d'années. Ce n'est pas banal que, maintenant qu'il est de retour et qu'il va bien, ce soit la mère qui parte. Comme s'il fallait que l'un crève pour que l'autre vive.

Le père de Paterne : Ma femme est infantile. Elle est jalouse du fils et le refuse.

M. M. : Vous ne pouviez être disponible à la mère et au fils? Qu'est-ce qui fait qu'il ne pouvait y avoir qu'une relation homosexuelle d'hommes entre eux, et que la femme était tenue à l'écart?

Le père de Paterne : La vie avec ma femme était la même quand l'enfant n'était pas là. Simplement, je me sens mieux quand l'enfant est là. Et l'enfant, c'est sûr, dans son rapport à moi, tente de remplacer sa mère. Je n'ai jamais digéré que l'enfant ne compte pas pour sa mère.

La mère de Sandrine : Ce n'est pas parce que c'est une femme qu'il ne faut pas accepter d'elle ce qu'on accepte d'un homme. On trouve normal qu'un homme s'en aille. Il faut une force pour s'en aller.

Le père de Paterne : C'est vrai qu'il faut une force pour s'en aller.

M. M. : C'est une chose de faire des enfants, une autre de les élever. C'est vrai que de vouloir rester à tout prix ensemble pour créer l'enfer, ça ne peut mener à rien de bon. L'enfant, lui, se trouve piégé dans cette dispute d'adultes. Il n'y trouve pas de quoi vivre.

La mère de Sandrine : Pour faire changer le couple, on n'est pas toujours capable de changer ensemble. Le temps de l'un n'est pas toujours le temps de l'autre.

M. M. : Qu'est-ce qu'on a dit à Paterne?

Le père de Paterne : On a dit du n'importe quoi. On a quand même dit qu'on n'avait pas les mêmes idées et qu'un divorce réussi, ça pouvait ne pas être dramatique. Il faut que j'essaye de prendre les choses du bon côté. Heureusement qu'il y a le chien. Je ne voulais pas, car ma femme était tellement autoritaire dans les questions de propreté; mais, ce chien, Paterne a fini par l'avoir. Ce chien est un personnage central. Paterne soulève beaucoup de questions de sexe à propos de ce chien, il est axé sur le problème de l'accouplement des chiens.

La mère de Paterne a un amant, actuellement. Elle veut tirer un trait sur son passé. Un trait sur l'enfant. Elle me dit qu'elle a honte de l'enfant. Elle veut refaire un couple avec un autre homme, sans enfant.

Supposons que ma femme équilibre sa vie avec un autre homme et qu'elle me réclame l'enfant, je le lui donnerai.

La mère de Francis : Mais cet enfant n'est pas un ballon. On pourrait lui demander son avis. S'il veut habiter avec le père, je ne vois pas pourquoi on céderait au caprice de la mère. Comme si tout devait se régler selon la loi de son bon plaisir à elle.

La mère de Sandrine : J'ai cru que les difficultés devaient rapprocher un couple. J'ai vécu le contraire. Quand une femme a un enfant, elle a du mal à être femme et mère... Moi je ne veux pas admettre que mon mari puisse aimer une autre femme.

Le père de Paterne : Mais, madame, c'est pas possible qu'au bout de cinq ou neuf ans vous soyez toujours à faire la guerre à votre mari parce qu'il a une autre femme!

La mère de Sandrine : Voilà bien un aspect masculin.

Le père de Paterne : Non, c'est un aspect humain.

La mère de Francis : L'enfant fait les frais d'une telle situation.

La mère de Sandrine : Mme Mannoni avait approuvé la séparation des parents, puis elle a trouvé que le père manquait à Sandrine.

M. M. : On ne peut résumer les choses comme cela. La vie était devenue chez vous un enfer. Il n'y avait pas grand-chose à faire. Le père était déjà parti. Vous ne vouliez pas que l'enfant aille chez son père, parce qu'il avait une femme. Tout s'est trouvé tellement bloqué que l'enfant n'a plus eu d'autre ressource que de se momifier sur place. Sandrine est devenue comme morte. Obliger le père à « rendre visite » à sa fille, ça n'a pas de sens. Cette comédie-là, le père n'a pas voulu la jouer. Il est parfaitement conscient du drame : « Si je fais jouer la loi (juridique), nous dit-il, c'est ma femme qui s'effondre. » Plutôt que de risquer, lui, de devenir responsable de la mort de l'un *ou* de l'autre, le père s'est fait absent. Il a choisi, en fait, de sacrifier sa fille, « déjà handicapée ». Un divorce « réussi » aurait été bénéfique à tous.

5

Quelques propositions

Une grande partie de ce qui se prétend « éthique médicale » est un ensemble de règles paternalistes dont la conséquence évidente est l'infantilisation permanente et la domination du patient par le médecin.

Thomas Szasz,
Le Mythe de la maladie mentale.

15

La formation des adultes, les « soins » et l'ordre administratif

PAR MAUD MANNONI

Aucun diplôme (aucune formation universitaire ou technique) ne peut donner à l'adulte l'assurance qu'il affrontera en toute sérénité, et même avec compétence, son rapport à l'enfant dit handicapé (spécialement s'il s'agit d'un enfant psychotique).

Tout savoir qui ferait de lui un spécialiste risque même, dans un premier temps, d'alimenter les défenses de l'adulte, et de venir occulter un effet de vérité inhérent au discours symptôme tenu par l'enfant. Le trajet que l'adulte a à effectuer avec un enfant en difficulté, est un trajet qu'il effectue d'abord *avec lui-même* (c'est-à-dire avec l'enfant en lui). Seule une analyse personnelle, dit Freud, peut, à son terme, aider l'adulte à se repérer dans la situation où l'entraîne l'enfant « fou ». Avoir bénéficié d'une analyse personnelle, ne veut pas dire pour autant qu'on devienne analyste ni qu'on ait à se conduire en analyste avec l'enfant (et, même, ce n'est pas souhaitable).

L'enfant a besoin de vivre avec des sujets qui « parlent nature », pour s'exprimer comme l'un d'entre eux; c'est-à-dire qu'il a besoin d'adultes qui, en fonction de leurs repères propres, sachent trouver les mots pour répondre à l'angoisse, à la peur et à la haine. Ces mots, on ne les apprend pas sur les bancs de l'école. On ne trouve à les inventer qu'à partir de son propre drame personnel.

Les gens « simples » qui accueillent les enfants autistes et savent leur parler possèdent cette faculté de s'adapter au sujet en difficulté; c'est une faculté qui se perd dans notre civilisation. Dans les cas graves d'autisme, certains adultes sont restés capables « d'être l'autre » au point d'entendre un discours, là où les mots n'ont pas encore pu advenir chez le sujet.

« Écoutez, disait une nourrice à la mère d'un enfant autiste, écoutez ce qu'il est en train de raconter au feu... Je crois bien qu'il est en train de lui dire qu'il m'accompagnera aux champs demain, traire les vaches...

– Mais il ne parle pas, répondait la mère.

– Il est bavard, votre fils, il n'arrête pas. »

Pour l'une, l'enfant était comme mort; pour l'autre, il était la vie même; de ce fait se trouvait introduite entre elle et lui cette aire d'expérience qui est représentée par le jeu. Ce qu'il y avait de déni dans le mutisme de l'enfant étant entendu par la nourrice, la notion du temps, de la durée et de ses limites se trouva par là même introduite. La brave paysanne, si elle ignorait ce qui soutenait son action, était néanmoins très attentive à tout un langage sans paroles qui échappait à la mère, trop en retrait de la vie.

Mais ce savoir-là, comment le transmettre?

« J'ai beau, dit la mère, faire comme la nourrice, avec moi, Ronald est comme mort. »

Avec elle, en effet, Ronald ne subsiste-existe qu'au niveau des excréments dont il badigeonne les murs. Quelque chose fait défaut là, entre sa mère et lui, pour que, de l'excrément, jaillisse le désir des couleurs de vie, dont il aurait pu recouvrir les murs.

Pour contrôler la panique projetée sur le monde extérieur, il faut, rappelait Winnicott [1], « faire des choses »; et il ajoutait : cela prend du temps. De nos jours, les mères absorbées par le rythme de la vie urbaine ne prennent plus le temps de rire, de jouer et de chanter avec leur enfant. Une idéologie éducative fondée sur la notion de « rentabilité » n'admet pas la notion du « temps perdu ». Or, la qualité du rapport de l'adulte à l'enfant est faite de cette disponibilité tissée avec le « temps perdu ».

Ce temps perdu du présent est « temps gagné » pour l'avenir. Car, comme Neill le disait à sa façon dès le début du siècle (étayant ses remarques de nombreux cas cliniques),

1. D. W. Winnicott, *Jeu et Réalité,* trad. C. Monod et J.-B. Pontals, Paris, Gallimard, 1975, p. 59.

« rien n'est plus dangereux pour la société qu'un enfant qui ne sait pas jouer [1] » : il devient destructeur de l'autre. Faute d'avoir pu mettre en scène la férocité inhérente à l'humain, il agit la haine dans le réel, fermé dès lors à toute possibilité de transposition, de déplacement, de jeu. Rien ne devient dialectisable. C'est l'univers de l'affrontement (c'est-à-dire un monde où il n'y a plus guère de place que pour la mort de l'autre).

Si une école d'éducateurs peut enseigner à ses étudiants les mouvements de gymnastique qu'ils auront à apprendre aux enfants (afin que le corps de ceux-ci se conforme à notre idée de la norme), elle ne pourra leur donner des recettes d'ouverture à l'humour et au jeu. Les résistances de l'adulte à entrer dans le domaine du jeu sont liées à la façon dont il a été lui-même déformé de par son éducation. Il ne peut, dès lors, que répéter les effets de cette déformation : à moins qu'un trajet personnel (par l'analyse, mais aussi par les effets d'un travail théorique ayant pour axe la critique des idéologies) ne l'amène à transformer son rapport au monde. Les écoles d'éducateurs, les contrôles de la Sécurité sociale mettent de plus en plus l'accent sur l'« obligation à la santé »; résultat : on infléchit le rapport à l'enfant dans le sens d'un dressage (et on cultive la hantise de « perdre du temps »).

Pour qu'une aire d'expérience soit sauvegardée entre l'enfant et l'adulte, il importe que l'adulte puisse abandonner une position de totale maîtrise et accepte *de ne pas savoir*. Cela est méconnu dans bien des écoles d'éducateurs, qui vont jusqu'à envoyer sur le terrain de stage des « contrôleurs » qui viennent « voir » les gestes accomplis par leurs étudiants, quitte à les corriger ensuite pour non-conformité. Le stagiaire-éducateur se trouve ainsi mis en impossibilité d'inventer, à partir de l'imprévu, une situation nouvelle avec l'enfant. Piégé dans les stéréotypes que lui impose sa « formation », l'éducateur risque d'empêcher toute découverte chez l'enfant et, pis, d'être lui-même ressenti par le psychotique comme « dangereux » (parce que sourd au message non codé de l'autre). L'adulte rigide empêchera l'enfant de

1. A. S. Neill, *Libres Enfants de Summerhill*, Paris, Maspero, 1970.

superposer le subjectif à ce qui peut être objectivement perçu (gênant alors l'enfant dans la découverte qu'il pourrait faire spontanément de l'objet). Tout objet, comme on sait, est un *objet trouvé*. Pour que l'enfant le trouve, encore faut-il qu'il ne se soit pas heurté au savoir de l'adulte, venant interdire toute émergence de sa découverte. (Certains enfants doivent passer des mois, voire des années, en compagnie de cailloux. Ce n'est que bien plus tard qu'ils pourront naître à la découverte d'un corps et découvrir le plaisir d'un *faire* avec un autre.)

Que nos écoles tuent toute expression artistique, c'est bien connu (mon propre fils couvrait, à l'âge de trois ans, les murs de fresques plus belles les unes que les autres; son entrée à l'école signa la mort de toute possibilité de création artistique; il fut perdu à la peinture dès l'instant où on lui apprit à dessiner, comme on apprend aux enfants à « s'exprimer », comme si la langue de l'Académie française était plus riche que l'argot! c'est bien l'argot – comme la peinture – qui dit la vérité que la langue des maîtres camoufle ou supprime...).

Dans l'idéologie pédagogique, il n'y a pas de place pour le *plaisir*. On oublie que si tout apprentissage se heurte à des règles dont on ne peut faire l'économie, ces règles n'auront chance de ne pas servir de repoussoir que si la situation offerte à l'enfant laisse en place ce que Winnicott définit comme un *espace potentiel* (entre mère et enfant); un espace où, à partir d'un sentiment de confiance réciproque, il soit possible à l'enfant d'élaborer, dans la séparation, des possibilités de symbolisation.

Le contrôle pédagogique (ainsi que le contrôle médical), tels qu'ils opèrent actuellement en France, ont pour visée d'assurer la reproduction « correcte » d'un système. La situation (du pédagogue et de son élève, du médecin et de son patient) n'en devient pas plus intelligible pour autant – au contraire.

Le conflit qui a opposé un moment Bonneuil à la Caisse régionale de la Sécurité sociale est un exemple significatif [1].

1. La Caisse régionale de la Sécurité sociale, par le biais de ses médecins, a cherché un moment à défendre l'idée que sa vocation était

Bonneuil y jouait ses possibilités de survie, tant au point de vue *financier* (il ne lui était plus possible de continuer à fonder l'essentiel de son action sur le bénévolat) qu'au point de vue *thérapeutique* (il ne lui était possible d'accepter une aide financière que si on ne lui demandait pas, en contrepartie, l'abolition de son statut expérimental et de ses structures d'institution éclatée). Le problème que nous posions (et que, avant nous, un Bettelheim posa en Amérique) n'avait rien de *politique* (au sens de la politique d'un parti). Le problème posé était essentiellement d'ordre *idéologique :* la réussite de Bonneuil étant liée à la non-médicalisation d'un lieu [1], et c'est cette non-médicalisation d'un « mal à vivre » qui faisait obstacle. Bonneuil mettait, semble-t-il, en question une tradition française, fondée sur ce que l'on peut appeler « l'administration de la médecine ». C'est ce pouvoir administratif que les fonctionnaires médecins de la Caisse régionale de la Sécurité sociale cherchaient inconsciemment à défendre, avec les administratifs. Les hauts fonctionnaires (et la DDASS du Val-de-Marne) étaient, eux, beaucoup plus sensibles à la notion de *service public,* c'est-à-dire à l'importance qu'il y avait à mettre l'expérience de Bonneuil au service des patients. Mais l'intérêt des patients risquait d'être perdu de vue dès qu'on descendait dans la hiérarchie administrative. Et c'est très curieusement « au nom des travailleurs » que se trouvait alors réclamée une « psychiatrie pour tous », qui n'était rien d'autre que celle des hôpitaux psychiatriques dans leurs structures les plus rigides.

Le patient devient ainsi l'enjeu qu'on se dispute (ou qu'on se partage). S'il y a, à la Sécurité sociale, des médecins très conscients des risques qu'on fait courir dans certains cas à l'enfant et à sa famille, en les obligeant à se soumettre à un « contrôle » psychiatrique, il en est d'autres qui

---

de subventionner les hôpitaux psychiatriques, plutôt que des expériences du type de Bonneuil. Ce que la Caisse régionale de la Sécurité sociale cherchait ainsi à défendre (tout en n'ayant pas clairement conscience de ce qu'elle faisait), c'est le *pouvoir médical* (dans ses structures les plus traditionnelles et les plus hiérarchisées).

1. Ce qui n'excluait pas la possibilité d'un référent médical hors de Bonneuil sur le plan pédiatrique, gynécologique, neurologique, etc.

réclament ce contrôle, tout comme dans les institutions traditionnelles on réclame (de l'assistante sociale au médecin) le droit d'avoir un « morceau de corps » du patient. Le partage du patient (et de sa famille) se faisant moins dans l'intérêt de celui-ci, que dans le souci de sauvegarder l'harmonie d'une équipe [1]. Cette position (réclamer un petit bout de l'enfant) est en fait une demande d'amour à travers le patient. Toute demande d'amour étant passionnelle dans sa structure, cela ne facilite ni le dialogue ni la circulation de l'information.

Il faudrait pouvoir se poser la question : au service de qui se tient le prétendu contrôle?

Ce devrait être au service du *patient.* Les contraintes administratives et économiques devraient être conçues de telle sorte qu'elles ne réagissent pas sur les obligations thérapeutiques. Ce n'est pas facile. Et puis ce qui est parfois important pour un fou, c'est qu'on le laisse en paix.

Si c'est au service de *l'exercice d'un pouvoir,* cela mériterait qu'on y réfléchisse. (Les médecins de la Sécurité sociale supportent d'ailleurs très mal eux-mêmes, et ressentent comme répressives, certaines attitudes que leur impose l'idéologie administrative.) Comme le disait Gentis [2], la finalité consciente de leur action ne se situe nullement dans une perspective de coercition; c'est ce qui leur échappe (à un niveau inconscient) qui rejoint, malgré eux, les forces de refoulement, créant ainsi (entre l'administration et ses usagers) un climat que l'on peut qualifier de *violence.* Il y a violence [3] dès que la dialectique est absente et dès que la relation qui s'instaure entre un service public (ici la Sécurité

1. *Éducation impossible, op. cit.*, p. 57-67.
2. P. 39 de ce livre.
3. « Ce qu'elle (la machine) me propose à la place, c'est d'essayer de trouver la paix du cœur dans le respect du règlement. Mais pouvons-nous nous en contenter, Monsieur le Directeur? N'est-ce pas trop nous demander? Elle échouera nécessairement, et ne pourra plus m'offrir qu'un ordre machinal, sanctionné par la police. Nous voyons comment sous nos yeux se prépare le déchaînement de la violence, justifié bien entendu par les règlements. Nous pouvons entrevoir l'étape suivante, où le règlement lui-même ne sera plus justifié que par la violence. » O. Mannoni, *Lettres personnelles à Monsieur le Directeur,* Paris, Seuil, 1951, p. 112.

sociale) et ses administrés est celle de la *contrainte* (que ce soit contrainte *par corps :* on oblige les familles à se déplacer, les faisant parfois attendre plus de quatre heures...; ou *contrainte économique* : on fait planer – s'ils s'écartent d'une ligne idéologique donnée – le danger d'une suspension de la prise en charge; ou *contrainte morale* : on fait pression sur les parents pour que leur enfant soit orienté vers tel lieu, plutôt que vers tel autre). Ces questions gagneraient à être débattues *publiquement*. La Caisse régionale de la Sécurité sociale ignore, en effet, à peu près tout des effets pathogènes de ses interventions. Elle ne sait pas qu'un échange basé sur un rapport de forces (comme l'a montré Basaglia) ne peut produire que mutisme, amnésie ou passage à l'acte... Elle ne saisit pas à quel point ses administrés se sentent parfois sans recours, devant son attitude.

Les cas sont nombreux, où le contrôle médical des Caisses d'assurance maladie se trouve interprété par le patient véritablement comme une *intervention médicale*. Les effets de l'acte allant alors dans le sens de la réapparition ou de l'aggravation du symptôme.

Un médecin contrôleur ayant exigé de voir un enfant de Bonneuil et sa mère a simplement dit : « Ah, je vois. » Il n'y avait d'ailleurs rien à voir. L'enfant, depuis, redonne à voir, ayant repris ses crises épileptiques. Ce contrôle était inutile, l'enfant était suivi déjà par un neurologue et par R. Lefort. Il est difficile de faire comprendre l'importance de ces interventions intempestives, qui seraient reçues comme parfaitement banales et anodines dans un autre cadre.

Là où le contrôle médical est le moins nocif [1], c'est lorsque le contrôleur accepte d'être à l'écoute de l'analyste (ou du médecin) dans ce qu'il peut dire du trajet d'un patient. La nocivité se trouve circonscrite; mais l'existence d'un contrôle risque d'infléchir néanmoins ce qui se fait en un lieu donné (on refusera les cas lourds pour pouvoir continuer à bénéficier de subsides, accordés « si l'on est efficace », l'efficacité se mesurant à un type de « réintégration sociale » qui nous

1. C'est ce qui se pratique actuellement à Bonneuil, où l'on ne refuse pas par ailleurs d'accueillir, comme « hôte de passage », le médecin contrôleur, qui vivra là une journée, en la commençant par l'épluchage de légumes...

amènerait, de nos jours encore, à refouler vers les asiles, les « incurables » du type Artaud!).

La « folie » dit la vérité de l'« ordre » auquel on tente de la « réintégrer ». Le « grand refus » d'une jeunesse en quête d'une autre vie (dans les campagnes, chez les artisans et dans différents types de communautés) doit être considéré (même si on n'est pas d'accord avec ce choix) comme le symptôme d'un malaise (malaise de la civilisation, disait Freud).

Heureusement, à la suite de discussions et de transactions, et grâce à la compréhension des instances les plus élevées de l'administration, Bonneuil a pu échapper aux effets de l'attitude conservatrice de services auxquels elle avait d'abord directement affaire [1].

1. A deux reprises, les administrateurs élus de la Sécurité sociale ont refusé de conventionner Bonneuil (juillet 1975 et juillet 1976). Les usages, en effet, s'opposent aux innovations – en particulier à l'éclatement de l'institution et à la conception des « soins » qui constituent précisément le caractère expérimental de ce lieu. Une administration, en effet, n'est pas à même d'apprécier les avantages que les patients peuvent en retirer dans la réalité. Ce qui lui importe c'est que les usages et les règlements soient respectés dans leur forme. Ainsi, c'est comme si elle savait d'avance pour elle-même ce qui est bon pour ces patients. On sait que c'est ainsi qu'ont été décrites, précisément, les mères de psychotiques.

16

Questions politiques

PAR ROBERT LEFORT[1]

Un savoir plus ou moins codé peut se constituer comme un trait unaire dans l'Autre, pour mettre le sujet dans la dépendance d'une identification fascinée.

C'est bien ce que Patrice nous a montré quand il est arrivé à Bonneuil. Il était plein d'un discours psychiatrique. Il y avait de quoi, puisque à sa naissance son père était déjà interné dans un hôpital psychiatrique, où il est mort lorsque Patrice avait dix ans. Patrice n'a vu son père que deux fois, lors de brefs séjours de celui-ci au foyer. C'est Patrice qui me le dit, lorsque je le vois pour la première fois (il a quatorze ans); et lui-même me tient un discours pratiquement psychiatrique : il pense qu'il est atteint comme son père d'une maladie nerveuse; c'est ce que les psychiatres lui ont toujours dit. Il déclare qu'il a depuis peu des crises qu'il ne peut pas très bien décrire, mais qui sont bien la preuve de sa maladie nerveuse. Alors, il m'en fait la démonstration : il se met à respirer bruyamment, agite convulsivement bras et jambes; c'est à croire qu'il va perdre connaissance; mais il se lève, se saisit de quelques objets à sa portée et les jette à travers la pièce. La crise a duré une quinzaine de secondes. Il se rassoit et me montre une figure accablée, en même temps qu'il se confond en excuses, ajoutant qu'il n'y peut vraiment rien, c'est plus fort que lui. Il pense qu'il s'agit de ce dont les psychiatres ont parlé : la schizophrénie. Son malaise à vivre a pris ainsi le chemin du discours de l'Autre; il finit par parler de lui comme d'un objet d'étude; il se regarde vivre selon les commandements qu'il croit être ceux de la nosologie psychiatrique.

1. Réflexion poursuivie pendant l'été 1975 avec Rosine Lefort.

Sa conclusion est celle du « psychiatre de lui-même » qu'il est : il est prêt à dicter sa propre ordonnance de médicaments, doses comprises.

Il ne fera plus de crises en séance. Il parle de l'atmosphère de sa famille où se mêlent des sentiments de rejet de la part de sa mère et de rivalité de la part de son frère aîné (lui aussi psychiatrisé).

Les grandes vacances arrivent, et il part en province avec un groupe de Bonneuil. Là, va se monter progressivement le scénario d'une tentative de suicide. Patrice commence par une espèce de fugue un soir, où son attention est attirée plus spécialement par un poteau porteur de fils électriques à haute tension. Il l'avait déjà repéré à plusieurs reprises, me dit-il, ainsi que la petite plaque scellée sur le poteau : « défense de monter, danger de mort ». Le lendemain soir, il repart et se dirige vers ce poteau de la mort auquel il grimpe. Heureusement, il semble qu'il n'est pas encore à portée de toucher les fils eux-mêmes lorsque des étincelles l'atteignent et le font tomber sur le talus. Il s'en tirera avec des brûlures superficielles de l'avant-bras droit et de la face interne de la cuisse droite. Il reste au pied du poteau pendant deux heures, lançant des appels au secours qui seront finalement entendus par les habitants des maisons voisines, qui lui paraîtront très effrayés.

Lorsqu'il me raconte cet épisode dramatique, dans un premier temps, il semble encore parler sérieusement de lui comme d'un autre; mais à mesure qu'il s'approche de ce qui concerne sa peau c'est-à-dire les brûlures, il est pris d'un fou rire. Dissociation, diront certains : angoisse, d'autres. Oui, certes, pour l'angoisse, mais qui livre quelque chose de son objet lorsque Patrice dit que la brûlure de la face interne de la cuisse ne guérira pas spontanément. Comme s'il disait que, là, il manquera toujours quelque chose : un bout de peau. Comme si de cette rencontre avec un objet lié à la mort, il devait rester toujours quelque chose d'impossible à retrouver. Le contraste est vertigineux entre le drame qu'il nous est donné d'entendre, incluant un risque de mort réelle, plus que probable, et ce dire qui se conclut dans un fou rire : marque, par le rire et la folie qui sont liés dans le signifiant même, de l'inconscient et de la butée du sujet sur un objet à jamais perdu : la peau ou le poteau dont il a chu?

C'est là peut-être qu'en filigrane se pointe la jouissance qui avait été complètement exclue par le discours de la psychiatrie. On lui avait cousu la bouche. Au lieu d'une écoute et d'un silence, il n'avait trouvé en réponse à sa question angoissée qu'un savoir qui l'avait leurré doublement : en le fascinant, lui qui cherchait dans l'autre des amarres défaillantes, et en le coupant de ses sources corporelles qui étaient restées sa tentation.

« En notre bel Occident, les maîtres ont la vieille habitude d'enseigner l'ordre du monde à leurs serviteurs, à charge pour ces derniers de le déchiffrer avec leurs plaies, de n'être plus qu'une plaie dont les lèvres doivent épeler la loi du despote, ce langage de la Raison [1]. »

LE PSYCHIATRIQUE ET L'ADMINISTRATIF

Le discours de la psychiatrie n'est pas seul en cause; celui de la politique de la santé y est lié. Ce que tous deux établissent, c'est le principe d'une norme où le symptôme se trouve réduit à un signe : celui d'une différence à réduire ou à contenir dans une catégorie.

Patrice dit bien quel piège est tendu au sujet qui essaye, par l'identification, de reprendre quelque maîtrise de soi. C'est un fait que les consultants qui ont déjà fréquenté les milieux « psy » tiennent souvent un discours psychiatrique ou psychanalytique. Ce n'est pas seulement leur inquiétude qui les pousse à devancer une interprétation qu'ils craignent d'entendre. C'est aussi une façon de produire devant l'autre le discours qui est censé répondre à son désir; une façon de se proposer comme l'objet de son désir. Le message de leur propre question mettra plus ou moins longtemps à se dégager de ce discours d'un savoir.

Dans la plupart des cas, pour les parents d'enfants han-

1. André Glucksmann, *La Cuisinière et le Mangeur d'hommes,* Paris, Seuil, 1975, p. 184.

dicapés par exemple, quelque chose va se sceller, d'une part dans un diagnostic médical lié à un pronostic dont il ne sera plus question de sortir, et d'autre part dans une mesure administrative de protection : l'enfermement ou la carte d'invalidité.

C'est l'oracle, le verdict qui condamnent le sujet et ses proches à la désespérance ou au moins à la passivité [1].

Dans cette démarche médicale et administrative, le symptôme se trouve *exclu.* Il se trouve exclu puisque la parole qui pourrait se délivrer de ce qui s'y inscrit de réel ne pourra jamais venir au jour; on ne lui en laisse aucune chance. Elle reste forclose; le symptôme devient alors l'objet d'un aménagement dans la réalité, qui le perpétue : soit que les neuroleptiques tendent à le masquer, soit que l'enfermement isole le sujet qui en est porteur. Dans les deux cas, c'est la diminution du risque et du danger inhérent au symptôme. La question est de savoir si le sujet peut encore, dans ces conditions, trouver la voie de ce qu'il a à dire et à jouer de son symptôme, et qui, bien souvent, n'est pas sans risque (ainsi chez Patrice).

Or, le risque est d'autant plus grand que le symptôme, qui insiste par nature, s'est heurté aux barrières de l'environnement : celles-ci n'ont pas été sans laisser de traces dans le sujet lui-même, soit sous forme de tensions proches du passage à l'acte, soit sous forme de remaniements névrotiques, hystériques. Autrement dit, la politique qui consiste à juguler le symptôme pour éviter le risque, ne fait que repousser ce risque en le renforçant pour le moment où le sujet cessera d'être psychiatrisé. C'était un conflit supplémentaire pour Patrice, qui était devenu psychiatre de lui-même, et qui l'était devenu parce que pour lui le psychiatre était lié à son père.

Ce que le discours politique administrant tend à rejeter et à exclure – c'est-à-dire ce qui n'entre pas dans la norme

1. L'administration exige, pour la prise en charge des enfants, la mention du diagnostic psychiatrique. Certains parents, après l'effort qu'ils ont fait de se reprendre en charge ainsi que leurs enfants, m'ont demandé s'il était possible de ne pas l'indiquer sur les formulaires qu'ils doivent envoyer à leur caisse de Sécurité sociale; c'était pour eux comme la répétition inlassable d'une parole qui condamne.

qu'il définit – c'est ce que l'écoute analytique va reprendre, en se laissant interpeller par le symptôme.

La question se pose alors des conditions dans lesquelles la psychanalyse est invitée à fonctionner. C'est le plus souvent, actuellement, en milieu institutionnel. Ce milieu est loin d'être neutre; et même si le symptôme a tendance à s'y reproduire, ce milieu n'en représente pas moins la société et l'idéologie ambiante qui a exclu le sujet. La psychanalyse ne peut que s'en trouver marquée et entravée. Elle se trouve porteuse, qu'elle le veuille ou non, de ce qui est inclus dans l'institution.

Le sujet vit là son exclusion au nom du symptôme qui dérangeait.

Cette exclusion, des recherches institutionnelles ont tenté du moins de la surmonter en réintroduisant dans l'institution une vie sociale à l'image du monde extérieur : comme pour réinsérer le sujet et le préparer au retour de la vie sociale normale. Dans d'autres cas, l'institution est troublée par des affrontements entre adultes qui essaient de secouer ce qui dans la structure institutionnelle est le décalque de la réalité sociale, avec sa hiérarchie et ses contraintes.

LA POLITIQUE DANS L'INSTITUTION

Avec cette question de la réforme institutionnelle commence à proprement parler le domaine de la politique. Cela ne veut pas dire que nous n'y étions pas auparavant. La « politique de la santé » évoquée ci-dessus, le disait déjà. Mais l'aspect administratif dominant et le discours médical masquaient, par leurs références respectivement à l'institué comme loi et au savoir scientifique, toute possibilité de mise en question. Il est impossible d'interroger, en fait, le désir de l'un ou de l'autre, puisqu'ils suturent à chaque instant ce qui pourrait manquer. Ils annulent ainsi le désir du sujet, en même temps que son symptôme. La politique de l'administratif et du médical n'est sensible que dans leurs effets : quand il n'y a plus de choix.

C'est la réintroduction du choix par la critique de l'institué qui pose vraiment la question politique dans le domaine de la santé. Le désir du sujet et son symptôme peuvent alors cesser d'être annulés, et se laissent réinterroger dans ce registre de l'imaginaire qui est celui de la politique, qu'elle soit réformiste ou qu'elle vise à une remise en question du médical.

Mais, dans les deux cas, les écueils liés à l'imaginaire ou au semblant avec persistance des structures antérieures sont des causes d'échec. Ce qui se réintroduit de l'idéologie ambiante, malgré qu'on en ait, fait effet de répétition.

Antonio Slavich, dans « Mythe et réalité de l'autogouvernement [1] », a bien analysé les contradictions rencontrées par la pratique de la politique réformiste.

Le but en est « un nouveau mode de gestion du pouvoir plus libre et plus *démocratique* au point que le malade mental lui-même y participe... Prise en main par le malade d'un pouvoir de décision élevé et rationnel au sein d'une sorte de *république psychiatrique* ».

Mais la contradiction surgit aussitôt dans le fait que le groupe forme une « microsociété, arbitrairement coupée de la réalité sociale », cette réalité même que le sujet retrouvera à sa sortie.

Parfois, dit Slavich, la réforme s'arrête à ce semblant, sous le prétexte que le pouvoir du malade étant peu digne de confiance, il devra rester encadré dans le plus pur style traditionnel de l'hôpital psychiatrique.

La plupart du temps, « la réduction spontanée des contradictions internes » est supposée se faire « sous l'effet d'une intervention extérieure au groupe, éclairée, d'une orientation technique (médicale ou sociologique) ». Si l'amélioration est certaine par rapport au schéma classique, la contradiction reste fondamentale : ceux qui, « éclairés », ont en charge le groupe, tiennent leur mandat de l'administration, soit en tant qu'administrateurs, soit en tant que médecins supports d'un savoir scientifique. Il s'agit « d'un mandat social toujours et sans cesse délégué en une chaîne qui n'a de solution qu'au contact direct de l'objet du mandat : le malade ».

1. *L'institution en négation. Rapport sur l'hôpital psychiatrique de Gorizia*, sous la direction de Franco Basaglia, Paris, Seuil, coll. « Combats », 1970.

C'est sur ce fond, dénoncé par Slavich, que la question se pose, de la participation du malade dans les décisions du groupe, alors qu'il reste, c'est bien évident, au-delà de tout ce qui est visé, « l'objet d'un mandat de cure et de surveillance ».

Soigner, assister, surveiller, voilà le mandat de l'institution à l'intérieur duquel toute tentative d'interroger le désir du sujet ou son symptôme ne pourra masquer l'exclusion de base dont il est l'objet [1]. Ce n'est d'ailleurs pas une contradiction qui serait circonscrite à l'institution soignante. C'est plutôt le principe même, de l'institution, qui engendre comme une caricature de ce qu'il en est de l'homme en tant qu'administré [2] – est-ce parce qu'elle touche à la folie et à la part de vérité que révèle celle-ci?

« Étrange et riant mécanisme », conclut Slavich, que de « faire accepter au malade cette exclusion *de facto* en lui suggérant la possibilité de recouvrer ses droits civiques dans le cadre même de l'institut (psychiatrique) par une colla-

1. On trouvera dans le présent livre les éléments concrets d'un débat avec l'administration, qui a abouti au refus d'une convention par la Sécurité sociale (juillet 1975).

Les termes du refus n'ont pas été clairement exprimés et ne sont apparus que peu à peu, au cours de divers contacts avec des personnes. En fin de compte, les raisons en étaient basées sur un malentendu, qui n'était peut-être pas si mal entendu que ça : Bonneuil était suspecté de refuser la surveillance, c'est-à-dire le contrôle médical et le contrôle de gestion; en fait, Bonneuil avait rejeté une enquête sentie par les familles comme policière sur ce que les enfants, qui avaient fait un séjour à l'école expérimentale et en étaient sortis, étaient devenus.

Le reproche n'était pas tant fondé sur une réalité que sur ce qui se dit et s'écrit à propos de Bonneuil, ou ce qu'on en a vu dans un film à la télévision : c'est-à-dire ce qu'il en est du sujet et de sa surveillance.

Le médical répond à l'exigence d'étiquetage au moins par une nosologie qui prend la place du sujet dans un dossier. La psychanalyse, qui reprend sa propre dimension, se refuse à un contrôle des sujets, en leur passé inscrit dans un dossier, c'est leur histoire, en un présent, c'est leur corps, en un avenir, c'est leur désir.

2. Jacques Rancière, *La Leçon d'Althusser*, Paris, Gallimard, coll. « Idées », 1975, p. 21. « Ce n'est pas l'idéologie de la libre personne et de l'homme créateur d'histoire, c'est l'idéologie de la surveillance et de l'assistance. L'*homme* de la bourgeoisie n'est pas fondamentalement le sujet conquérant de l'*humanisme*, c'est l'homme de la philanthropie, des humanités et de l'anthropométrie : l'homme que l'on forme, assiste, surveille, mesure. »

boration à la gestion formellement ordonnée de toutes les contradictions internes ».

Le réformisme institutionnel apparaît ainsi comme l'introduction d'un libéralisme qui se propose à la folie comme une pédagogie adaptative. Le sujet aura tôt fait, à sa sortie du milieu protégé, de vaciller lorsqu'il sera confronté aux normes du groupe social. Son expérience d'apprentissage de la réinsertion lui en avait fait rabattre de sa vraie question. L'insistance de sa folie le mènera plus sûrement encore, à son insu, vers la dénonciation d'un leurre dû à l'impasse qu'on a faite sur son symptôme.

Quant au problème de l'accident, mis toujours en avant quand il s'agit de la folie, que ce soit par des psychiatres ou par l'opinion publique, Basaglia [1] en pose la question en ces termes : « Un malade en état de quitter l'hôpital, et qui se voit repoussé par ses proches, par son employeur, par ses amis, par une réalité qui le vomit comme un homme en trop, que peut-il faire sinon se tuer, ou tuer quiconque a pour lui le visage de la violence qu'on lui inflige? Peut-on, honnêtement, dans un tel processus, ne parler que de maladie? »

Dans d'autres lieux de soins, le plus souvent de petites unités médico-pédagogiques, c'est un processus apparemment révolutionnaire qui se développe : une tentative de prise de pouvoir par l'équipe des éducateurs et des soignants de base, contre tout représentant de l'autorité hiérarchique ou administrative. Dans un premier temps, c'est Mai 1968 qui renaît et vient secouer le ronron du fonctionnement de l'institution; mais, très vite, le groupe est sollicité par la nécessité de mettre en place de nouveaux rapports interpersonnels qui vont dominer la scène et faire verser l'entreprise dans une lutte de prestige, avec tout son cortège. Les résultats en sont rapidement paradoxaux par rapport au but que le groupe s'était fixé.

A cela, il y a plusieurs raisons de structure. C'est que le groupe est un réel, et qu'en tant que tel il ne peut s'articuler sur aucun signifiant commun de façon positive, si l'on peut

1. F. Basaglia, *L'Institution en négation, op. cit.*

dire, mais reste accroché au signifiant du discours du maître, celui-là même qu'il cherche à évacuer. Il en est d'ailleurs tellement imprégné qu'il peut se reconnaître dans un leader qui sera le représentant du signifiant manquant. Ce leader sera confirmé à cette place par le pouvoir établi, qui le prendra comme cible, en cherchant à l'éliminer, l'auréolant par là du risque de mort. Les conditions de cette lutte à mort, sans médiation, conduiront à une ambiance paranoïaque, dont le malaise s'émaillera d'affrontements, d'agressions, de projections, de délations, voire de violences. Sur ce fond, se tiennent les discours déboussolés des composantes névrotiques individuelles où chacun, abandonné à lui-même, « est obligé de substituer ses formations symptomatiques [1] » au vide qui s'est créé. Un effet de groupe peut alors se déployer : mesuré, dit Lacan [2], « à ce qu'il rajoute d'obscénité imaginaire à l'effet de discours ». L'inconscient de chacun est invité à une mise en actes en s'appuyant sur tous, dans un phénomène de renforcement et de captation spéculaire.

Et l'enfant? Comme cause instituée du drame, il se retrouvera à la place du déchet, et on en refera un objet de soins et de surveillance, à étudier, à psychologiser, à classer, à orthopédiser.

La politisation même de la situation risque d'occulter toute cette dynamique. Elle survient lorsque le débat est porté sur le plan syndical : ce qui était recherche individuelle et de groupe se déplace et se masque dans la référence à la législation du travail. Ce qui était pulsion de mort contre le représentant de l'autorité prend des allures de lutte de classes et se conforte au-delà de toute trace de culpabilité, signal du domaine névrotique, pour se trouver parfaitement justifié dans une dimension politique. La confusion de la Loi, rapport du sujet au signifiant, avec la réglementation, aboutit, quant à ce qu'il en est des équipes travaillant dans des institutions soignantes, à des impasses totales.

1. Freud, « Psychologie collective et analyse du moi », in *Essais de psychanalyse, op. cit.*, p. 103-163.
2. Lacan, *L'Étourdit*, in *Scilicet*, n° 4, Paris, Seuil.

Les enfants handicapés deviennent comme des opprimés, auxquels s'identifient ceux qui ont engagé la lutte. A ce moment, ils ne comptent plus que pour des enjeux, c'est-à-dire qu'ils retrouvent exactement la place qui avait fait d'eux des débiles et des psychotiques. L'impasse de la politisation du débat est d'autant plus totale que le glissement ne se fait pas seulement du côté des contestataires mais aussi du côté de ceux qui leur répondent, qui finissent par se noyer dans la procédure, appelant à leur aide tous les textes et décrets numérotés de la législation... à moins que, par un coup de force, les « *res*ponsables » ne licencient tout le monde et se retrouvent seuls, quitte à aplatir complètement les buts qui avaient été à la base de leur entreprise.

POLITIQUE ET JOUISSANCE

La politisation reste, malgré tout, une tentation de tous les groupes institutionnels.

La demande d'adaptation de la part du groupe social, trop souvent reprise par une pratique institutionnelle réduite à une école parallèle pour enfants handicapés, ne manque pas de soulever une question : y a-t-il autre chose, dans une telle pratique, qu'un but ségrégatif, même s'il se masque en protection?

La contradiction que nous avons vue jusqu'ici à l'intérieur de l'institution se situe en réalité à l'extérieur, dans le milieu social. On a pu dire qu'il y avait là un problème de société, qui se retrouve à l'état ponctuel dans l'institution. Celle-ci est évidemment un lieu privilégié pour que les questions s'y posent, si l'écoute de la folie y sert de catalyseur. La folie, complètement décalée par rapport au discours commun de la raison, interroge, à l'insu du sujet fou, le champ de la vérité et ce qu'il en est du savoir inconscient.

Au vrai, ce discours de la folie a affaire avec la jouissance, et interroge notre jouissance. Or : « Il n'y a de jouissance que du corps » (Lacan). La dimension du corps en tant que signifiant, s'efface ici derrière celle du corps en tant que jouissance, dans un au-delà de l'opposition, principe de plaisir-principe de réalité. La rencontre du Réel du corps dans une disjonction du signifiant fait qu'ici le corps jouit sans le sujet. La folie boite du côté du corps en tant que signifiant, c'est-à-dire du côté du corps du désir; elle se manifeste du côté du réel, c'est-à-dire du corps de la jouissance. A la limite, elle peut avoir un effet de dévoilement, de retrouvailles de l'objet perdu, celui même du processus primaire; mais une telle irruption n'est pas sans entraîner avec elle ce à quoi elle est liée : la pulsion de mort. Inquiétante rencontre : Patrice, on l'a vu, rencontre sa propre mort dans le rapport à son objet. C'est le prix de sa jouissance, confondue avec la jouissance de l'Autre : le poteau.

Si le névrosé, en son mythe individuel, ne peut atteindre à la jouissance de l'Autre et manque à s'y trouver reconnu, le psychotique y est tout entier branché, s'y perd et s'en révolte (c'est la cruelle jouissance du Dieu de Schreber ou la jouissance de l'Être suprême en méchanceté de Sade). L'horreur de la folie pour nous tient au vertige de notre propre jouissance qui, d'être spécularisée dans l'image du fou, nous laisse sur un sentiment d'étrangeté.

Il y a là quelque chose de hors-discours, qui a affaire avec l'absence de rapports sexuels. Ce hors-discours est aussi bien ce que la folie donne à voir de ce qui, de tout sujet, a affaire avec la jouissance. L'antériorité de l'objet de la jouissance comme perdu, y fait effet de vérité; vérité impossible à dire elle aussi, mais qui serait à la limite libératrice située à l'horizon de toute psychanalyse.

Le discours politique, dans son fait de discours, reste lui, au niveau du couple principe de plaisir-principe de réalité. Il y est question de la lutte pour la levée des contraintes inhérentes à la réalité et, si la jouissance de l'autre y est dénoncée, c'est en tant qu'il « jouit de » et non pas en tant qu'il jouit [1]. Car comment cela se pourrait-il? Le discours

1. J. Lacan, Séminaire 1965-1966, *L'Objet de la psychanalyse*, inédit.

J. Lacan, Séminaire 1966-1967, *La Logique du fantasme*, inédit.

La jouissance y est cernée par Lacan comme « de l'instauration qui résulte des effets de l'introduction d'un signifiant dans le Réel ».

La conjonction des deux termes va jusqu'à la rencontre de l'objet « a », à la limite, objet de corps et ce corps est le lieu de la jouissance.

politique, ou n'existe pas en vérité, ou, s'il existe, n'atteint pas la dimension d'une éthique [1].

Il est systématisé et rate le registre de la jouissance : il ne peut qu'en méconnaître le lieu qu'il exclut défensivement en se voulant « rationnel » et « organisationnel »; comme il exclut le déviant qui en témoigne et ferait tout éclater s'il n'était contenu.

BONNEUIL ET L'ÉCLATEMENT

Bonneuil est une « institution éclatée ». La forme antinomique du terme indique ce qui, de l'institué et du discours établi sur lequel il s'appuie, est, en ce lieu, interpellable par tout sujet, même par celui qui se situe hors discours : le psychotique. La parole entendue et à écouter peut s'inscrire en ce lieu-là jusque dans un discours « le plus vidé de sens qui soit », selon la formule de Lacan [2].

La métaphore de l'éclatement vise à l'ouverture du lieu de vie sur l'extérieur, lieu qui, pour être institué, ne s'en refuse pas moins à se faire le substitut du réseau des institutions où le sujet doit s'intégrer : familiale d'abord, scolaire, professionnelle, sociopolitique, etc. L'éclatement, l'institution le prend à son compte non seulement en se refusant à une visée pédagogique, mais en renonçant à la

---

Ce qui est dénoncé dans le discours politique, c'est la jouissance du maître, non en tant qu'il jouit dans son corps, mais qu'il jouit du travail de l'esclave. C'est prendre l'aliénation au pied de la lettre sans tenir compte de la jouissance de l'esclave qui, comme le maître, a un corps.

1. Seul le discours politique chinois y atteint, de par le discours de sa tradition et celui de Mao. Les Chinois n'ont pas de philosophie, pas de religion; ils ont une éthique. Une éthique en trois volets : le taoïsme, le confucianisme, le légisme.

Ce n'est pas un système de pensée qui suture, il a affaire avec la jouissance, et le dernier venu, le marxisme, s'il pose actuellement comme nécessaire le choix entre Confucius et les légistes, reste très marqué par le taoïsme, qui est une ascèse, une éthique, c'est-à-dire un réel, en tant que structure, plutôt qu'en tant que contenu d'idées. Cette éthique débouche sur une politique et, au-delà, une certaine conception cosmique. L'autonomie et la spontanéité de chaque individu doivent être respectées pour pouvoir s'intégrer à un ordre du monde.

2. J. Lacan, *L'Étourdit*, *op. cit.*

cohésion légiférante d'un discours institutionnel. Un tel discours légiférant, en effet, s'imposerait au sujet sous la forme d'un commandement et d'un impératif qui ne feraient qu'accentuer non seulement la division du sujet (jusqu'à sa dissociation), mais son éclatement au niveau de l'image de corps. Il n'y a qu'à cet autre niveau d'éclatement – celui de l'institution – que quelque chose peut être repris, ou plus exactement mis en suspens, de ce qui serait sens contraignant et oblitérant. Par où on laisse la chance de surgir à un autre discours, celui dont « se fonde la réalité du fantasme, et que de cette réalité, ce qu'il y a de réel se trouve inscrit [1] ».

C'est assez dire le rapprochement qui peut être fait de la place de l'analyste à celle d'une « institution éclatée ». Comme l'analyste, elle se veut un lieu de parole; comme l'analyste, son narcissisme est mis entre parenthèses, dans ce qu'il peut produire d'imaginaire, de réactions de prestige ou de séduction. La fonction de la coupure est représentée par l'alternance des séjours entre Bonneuil et les lieux d'accueil en province ou à l'étranger : mise en œuvre d'une mesure contre la tentation du milieu clos-refuge, où se répéterait l'inclusion-exclusion des sujets. Dans le jeu de la présence et de l'absence par rapport à Bonneuil, un effet de symbolisation peut être induit.

LE TRAVAIL ET BONNEUIL

> « L'inconscient comme savoir qui ne pense pas, ni ne calcule, ni ne juge, ce qui ne l'empêche pas de travailler (dans le rêve par exemple). Disons que c'est le travailleur idéal, celui dont Marx a fait la fleur de l'économie capitaliste dans l'espoir de lui voir prendre le relais du discours du maître... »
>
> J. LACAN, *Télévision* [2].

1. *Ibid.*
2. Paris, Seuil, 1973, p. 26.

Le recours au travail à Bonneuil conduit à une réflexion sur la place structurale du travail.

On sait que la référence au travail est universelle, tant au point de vue social (mise au travail des jeunes et tout ce qu'on en peut dire) qu'au point de vue thérapeutique dans les institutions soignantes (ergothérapie). Les deux points se rejoignent en une certaine mythologie qui fait du travail à la fois un bien, voire une « liberté » pour le sens commun (le « bon » sens), et une malédiction, dont le parfum reste sensible dans la parole des aînés quand ils parlent aux jeunes de la nécessité de travailler. Entre régénération et punition, le travail tient de toute façon une grande place dans le monde pénitentiaire et politique (cf. les camps de travail [1]).

La théorie politique, quelle qu'elle soit, ne peut éviter de prendre position sur le travail. Déjà le *Programme de Gotha* affirmait comme un dogme ce qu'il en est du bien des hommes : « Le travail est la source de toute richesse et de toute culture. » Marx, dans la *Critique du Programme de Gotha,* s'insurge contre une telle affirmation, qu'il considère comme une « phraséologie bourgeoise » ne tenant pas compte des rapports de production, c'est-à-dire des rapports entre travailleurs et possesseurs des moyens de production. Il ne suffit pas de parler du rapport de l'homme à son travail, en faisant l'impasse sur les « conditions objectives » dans lesquelles il travaille. Or, ces conditions ne concernent pas tant le rapport au travail que le domaine proprement politique, c'est-à-dire la lutte des classes et les rapports interhumains, à la limite la question du maître et de l'esclave.

Le raisonnement de Marx tend justement d'abord à régler cette question politique, pour dégager, et purifier en quelque sorte le rapport de l'homme au travail dans une société vraiment juste et égalitaire. Alors, dit-il, « auront disparu l'asservissante subordination des individus à la division du

1. A. Glucksmann, *op. cit.,* cite V. Chalamov, *Article cinquante-huit,* trad. Marie-Louise Ponty, Gallimard, 1969, p. 146-147 : « Revenant du travail, nous devions retourner dans la zone du camp et passer à nouveau la porte au-dessus de laquelle était accroché un écriteau portant l'inscription suivante : le travail est une affaire d'honneur, une affaire de gloire, une affaire de courage et d'héroïsme (Béria). »

travail, et, avec elle, l'opposition entre le travail intellectuel et le travail manuel; le travail ne sera pas seulement un moyen de vivre, mais deviendra lui-même le premier besoin vital ». Si, en toute rigueur, le mot « besoin » nous fait problème, on n'en est pas moins touché par cette visée que Marx ne perd pas de vue, en bon révolutionnaire : la perspective du bonheur. Le *« besoin »* pourrait bien être tout autre chose : *la jouissance,* c'est-à-dire ce qui surgit entre le potier et son pot... à condition qu'il y ait un tiers, l'acheteur peut-être, en tout cas un autre qui mette la marque de son désir sur ce pot, et ainsi « potière » le potier, comme dit Lacan [1]. Il faut bien que quelqu'un le veuille, son pot, qu'il ne lui reste pas sur les bras; sinon, finie la jouissance, qui passe toujours par la jouissance de l'Autre.

Le saut s'est fait du besoin à la jouissance au fil de ma plume, et je m'interroge sur ce saut. Logique, il l'est, si le rapport homme-travail est enfin dégagé des conditions politiques d'asservissement de l'homme. Mais se pose encore la question de savoir si le rapport de l'homme au travail ne se maintient pas jusque dans les pires conditions de vie (on va le voir), et ne saurait se laisser simplement inscrire au compte des motifs de faire la révolution : car ce n'est pas un rapport politique. Il y a une hétérogénéité du politique et du rapport au travail.

La relation d'objet est, par contre, tout à fait impliquée dans le rapport au travail et à son produit.

Le potier, avec son pot sur les bras, et sa jouissance envolée, réinterrogeons-le. Ce qui, de son corps de potier, soit : le pot, devenait valeur d'échange, se rabat sur ce corps comme une partie morte à détruire et destructrice. Ce produit n'est plus l'objet d'un chiffrage, c'est-à-dire objet – non-objet, source de jouissance; mais réel qui n'a pas de sens et qui devient persécutif.

Le pot, comme produit corporel, c'est ce qui est jeu dans la relation, entre la mère et l'enfant par exemple. La psychose infantile illustre assez ce qui, de ce produit corporel, peut tomber dans le réel, au rebut du symbolique;

1. J. Lacan, *Séminaire* 1973-1974, *Les non-dupes errent* (inédit).

soit parce que la mère est empêchée en elle-même de faire valoir son produit par un tiers (le père), soit parce que ce tiers – le médecin, la sage-femme, par exemple – le refuse au nom d'une norme. Les diagnostics intempestifs, en médecine pédiatrique surtout, jouent souvent le rôle du refus du produit-enfant par l'Autre et renvoient cet enfant à la mère, pour qui il risque de devenir une partie morte dans le réel. Il y faut évidemment d'autres composantes : une surdétermination chez la mère, qui la situait à la limite du cas de refus par le père, c'est-à-dire qu'elle était empêchée déjà de faire valoir son produit mais sans le savoir et qu'ensuite elle le sait. C'est l'Autre qui le lui dit... sans le savoir. (Une mère d'enfant psychotique l'a énoncé un jour pour nous, sous cette forme : « Je sais que ma fille dit avec son corps ce que je ne dis pas et ce que je ne sais plus. » Le père, de son côté, disait : « Ma femme et moi nous avons un enfant, ma seconde fille, mais celle-là – l'aînée – elle est seulement de ma femme, et je suis à l'extérieur du cercle où elles sont. ») Ce tiers exclu, c'est le ratage de la symbolisation, l'impossibilité de faire entrer le sujet-objet dans la dimension signifiante.

De la même façon le *produit* du travail a affaire avec la jouissance, ou pas, selon les cas. A interroger le travail *en tant que tel,* en revanche, il n'est pas sûr que nous n'ayons pas à reprendre la formule même de Marx : « le besoin vital ».

Bruno Bettelheim montre, dans *le Cœur conscient* [1], une particulière lucidité dans la réponse à cette question, pour en avoir payé le prix de son expérience des camps de concentration nazis : « Pendant mon séjour dans les camps, je n'ai pas analysé mon comportement ou celui de mes codétenus en vue de l'étude désintéressée d'un problème qui avait éveillé mon intérêt scientifique. Tout au contraire, ce n'était pas une curiosité détachée mais un intérêt vital qui m'y avait poussé. » Il cherchait, dit-il, dans ce travail « à croire que sa vie avait encore un sens »; mais la poursuite de son analyse le mène à un point de vue plus radical :

1. B. Bettelheim, *Le Cœur conscient,* trad. Laure Casseau, Paris, Robert Laffont, 1972, p. 129.

c'est d'abord l'image d'un corps réduit à une pure fonction réelle, en vue de sa survie; puis, la description d'une société qui se crée avec une hiérarchie, une élite, un pouvoir qui coopère avec les SS, et l'apparition de groupes en lutte les uns contre les autres.

Au-delà de toutes sortes d'identifications au persécuteur, se dessine le rôle du travail des prisonniers. L'analyse psychologique avec ses motivations y perd son latin, pour céder le pas à un fait brut : des hommes placés dans les pires conditions de vie matérielle et morale, leur subjectivité confisquée par des traitements dégradants, ces hommes travaillent; et pour beaucoup ils travaillent bien : certains disent qu'il faut « travailler correctement pour se sentir un homme ». Par ce biais du rapport au travail, une organisation aux rapports très durs, avec mise en jeu de la vie et de la mort, s'était installée, et « l'effet en était que plus elle était efficace, mieux elle servait les SS ». C'était le travail, qui, plus que la répression, faisait le jeu des persécuteurs. Bettelheim insiste sur cette fonction du travail en tant que défense contre « une désintégration de la personnalité ». Du côté des persécuteurs SS, le travail apparaît d'ailleurs dans cette même fonction excentrique par rapport à leur système de valeurs. B. Bettelheim cite le cas de Hoess, commandant d'Auschwitz, parlant d'exterminations massives en pur technicien et ne cessant de réclamer à ses supérieurs à Berlin plus de moyens pour faire son travail d'extermination.

Dans le cas des déportés comme dans celui des bourreaux-fonctionnaires, le rapport au travail se double d'un rapport à l'Autre. La subjectivité y est liée à des identifications paradoxales, contra-phobiques, sans que soit tenu aucun compte des valeurs éthiques, dans une perspective purement défensive, avec comme seule valeur « le travail bien fait ».

Les SS dans les camps et les maîtres de Berlin se servaient de ce rapport de l'homme au travail qui peut être, bien souvent, la seule valeur, combien leurrante.

Il n'est pas besoin d'insister sur la constance d'une telle composante dans la résistance au changement de tout ordre social, quel qu'il soit.

Cette référence à une situation limite, nous l'avons prise

pour placer le travail dans la structure et le dégager des apparences du sens.

Le travail constitue un réel, et en tant que tel il est ouvert à tous les sens imaginaires qu'on lui accroche. En tant que réel, il est dans le même registre que le rapport sexuel. Comme le rapport sexuel, il participe à la division radicale du sujet; le sujet du discours le cerne mais ne peut en dire le vrai.

La production d'un objet (matériel mais aussi bien tout autre) dans le réel, nous l'avons dit, c'est ce qui, dans la rencontre avec l'Autre en tant que désirant, peut faire surgir la jouissance. L'objet peut être alors, comme trace de cette jouissance, pris dans un autre registre, celui – *symbolique* – de l'échange, et donner au travail sa dimension sociale.

Mais le travail gardera toujours, dans la structure, sa dimension propre de *réel :* comme une dimension du corps, au-delà de toute signification. C'est le statut du sujet divisé qui est alors en cause, dans la balance incertaine entre son corps et son discours. Qu'il y trouve un certain compte, ce n'est que trop visible, à voir la difficulté d'une mobilisation, pour une lutte politique, des sujets les plus défavorisés au point de vue matériel.

Ainsi, Paul a rencontré dans le travail au restaurant universitaire la reconnaissance de l'Autre. Le chef de cuisine s'en est exprimé sur lui, à un moment, en termes d'avenir. Paul s'est transformé à cette époque de sa vie; il a cessé d'être un enjeu familial dans le réel, et le réel est devenu son travail.

Peut-être y a-t-il eu quelque trop grand espoir de voir Paul sortir de son malaise à vivre, dans cette relation à son travail et à l'Autre. Car il y avait aussi les relations de Paul dans le groupe social, et ce qui s'y joue, comme dans tout corps, pour peu que le groupe soit organisé, de tensions et d'élimination de déchets : c'est ce que Paul est devenu le jour où, après avoir été bien accueilli et même un peu trop protégé, il a fait partie intégrante du groupe en tant que salarié à part entière. Il était devenu un apprenti comme les autres, et ils sont souvent dans les groupes professionnels les souffre-douleur. En bref, il reprenait cette place qu'il connaissait bien et devenait pour le groupe la partie sans nom à éliminer. Il s'engouffra dans cette répétition et confirma le groupe dans son hostilité, en tentant de prendre ses distances par le biais du discours d'une autre classe sociale, celle de sa famille. Le travail ne jouait plus le rôle du réel pour lui : Paul reprenait le discours d'un persécuté et connaissait le blocage déprimant de son désir. Il ne retrouvera les conditions de son désir, après sa dépression, que dans des coupures modulées avec le milieu de Bonneuil, dans son jeu de présence et d'absence, et la possibilité de se retrouver au travail... ailleurs [1].

PSYCHOSE ET POLITIQUE – CONCLUSION

Maud Mannoni souligne dans ce livre même, en reprenant Lacan, que « la psychose, loin d'être un processus morbide, est d'abord et avant tout une réaction de toute la personnalité à une situation de vie éminemment conflictuelle ».

Ces situations conflictuelles ne sont pas sans rapport avec la nature de la société. A chaque époque, dans chaque pays, un certain rapport s'établit avec la folie ou la déviance, qui dépend de la superstructure idéologique. C'est par là qu'un certain pont peut être jeté entre l'image de la folie et la politique. Mais ce pont serait comme un *négatif* du discours politique ambiant : la folie dit, par ce qu'elle est dans ses manifestations, ce qui ne peut *pas* être dit dans le discours commun.

Le discours politique recouvre, lui, ce réel qui ne peut

1. Il n'y a aucune commune mesure entre la question du travail à Bonneuil et celle soulevée par la loi Royer, concernant la mise au travail avant seize ans (âge limite de la scolarité obligatoire) pour les enfants qui n'ont pas un niveau scolaire suffisant. A Bonneuil, c'est d'une problématique du sujet qu'il s'agit, dans une perspective analytique. La loi Royer, elle, est le signe d'une politique générale qui, à une époque encore récente, avait pour résultat de mettre sur le marché du travail une main-d'œuvre non qualifiée et bon marché.

pas se dire : celui du sujet qui serait à la place de la cause [1]. Ce discours prend sa source dans un imaginaire, non pas du sujet, mais de l'être, qui se donnerait à voir théâtralement, sur une scène, et masquerait son impossible à dire par les idéologies [2].

De l'ordre du discours, le réel est irrémédiablement exclu, puisque c'est en quelque sorte ce qui est hors discours qui le constitue. Le sujet a donc affaire avec un double champ : en tant qu'il se constitue dans un effet de discours, et en tant qu'il jouit, à la limite de ce champ, du côté du réel. L'Autre est toujours concerné tant comme lieu de la parole, origine du discours, que comme tiers de toute jouissance.

Il suffira dans ces conditions qu'un des éléments défaille pour que la situation devienne éminemment conflictuelle. Les cas individuels ne manquent pas dans leur singularité (défaillance du rapport à l'Autre et faille dans le rapport au signifiant); mais, sur le plan social, la faille peut entraîner des situations non moins conflictuelles (la défaillance est plutôt alors du côté du réel et de la jouissance). Si la réponse n'est pas, dans ce cas, une structure psychotique, la réaction symptomatique pourra y prendre ampleur à l'échelle du groupe social, ou au moins mesurer le malaise social.

Le discours politique, qu'il se veuille totalisant, voire totalitaire, ou simplement administrant, reste, en tant que discours, décalé dans ses moyens mêmes : l'impératif, le commandement, l'interdit se multiplient d'eux-mêmes, au

1. C'est-à-dire du sujet comme cause de l'Histoire et non comme sujet dont l'objet « a » est la cause du désir. C'est ce que nous avons abordé déjà à propos de la jouissance en distinguant le « jouir » du « jouir de ».

Dans le discours politique, l'aliénation du sujet divisé n'est plus celle de sa subjectivité individuelle, mais celle de la place de « a » de l'Histoire qu'il y prend.

2. Le rapport de ces idéologies au réel donne la mesure de leur consistance : si le réel est la structure, l'idéologie s'en détourne pour ne s'attacher qu'à l'enchaînement logique des idées qui tend à fermer le système, un système qui doit avoir réponse à tout, et selon le cas prône le grand fantasme libertaire ou la justice distributive. Mais du côté du pouvoir, libéral ou pas, c'est toujours le souci de faire respecter l'ordre qui prévaut dans la réalité. (Il faut être Chinois pour pratiquer autrement.)

nom d'une réalité précaire. Précaire, elle l'est, puisque à chaque instant elle peut être mise en échec par la jouissance des sujets qui n'est pas de son ressort. Il n'est pas possible d'administrer la jouissance; mais le sujet peut jouir de l'administration, en tant qu'administrant ou administré. Les limites s'effaçant ici entre l'un et l'autre.

La fiction de Kafka dans *la Colonie pénitentiaire* [1] donne la mesure d'un certain aspect de vérité. Il s'agit de la machine à écrire sur la peau :

« Cette machine est une invention de notre ancien commandant... Nous savions déjà au moment de sa mort que c'était une chose si parfaite que son successeur, eût-il mille nouveaux plans dans la tête, n'y pourrait rien changer...

« Cette machine, jusqu'à présent, il fallait la servir, maintenant elle fonctionne toute seule. »

Suit la description de la machine :

« Le lit et la dessinatrice sont pourvus tous deux d'une batterie électrique... Dès que l'homme est ligoté, on met le lit en mouvement. Il opère des oscillations extrêmement faibles, mais très rapidement, qui s'exécutent à la fois de droite à gauche et de haut en bas. Vous avez certainement des appareils du même genre dans les établissements de santé...

« C'est à la herse que revient la véritable exécution du jugement. Notre sentence n'est pas sévère. On grave seulement à l'aide de la herse le paragraphe violé sur la peau du coupable. On va écrire par exemple sur la peau de ce condamné... : “ Respecte ton supérieur ” – Connaît-il la sentence? – Non, il serait inutile de la lui faire savoir puisqu'il va l'apprendre sur son corps. – Il sait tout de même qu'il est l'objet d'une condamnation? – Non plus...

« Le principe d'après lequel je décide, le voici : la faute est toujours certaine.

« La herse enfonce en vibrant ses pointes dans le corps qui vibre à son tour avec le lit. Pour permettre à tout le

1. Franz Kafka, *La Colonie pénitentiaire et Autres Récits*, trad. Vialatte, Cercle du livre précieux, t. IV, p. 117 (cité par Glucksmann, *op. cit.*).

monde de contrôler l'exécution du jugement, on a construit la herse en verre... On ne peut évidemment pas se servir d'une écriture simple, elle ne doit pas tuer sur-le-champ, mais en moyenne dans un délai de douze heures... Il n'est pas facile de lire cette écriture avec les yeux. Eh bien, l'homme la déchiffre avec ses plaies. »

L'officier maître de la machine s'offre à elle comme pour la sauver ; elle écrira sur son corps : « Sois juste. » Mais la machine crache alors tous ses rouages, les uns après les autres.

« L'appareil se détraquait complètement : son tranquille fonctionnement n'avait été qu'une simple illusion... La herse n'écrivait pas, elle piquait simplement, et le lit ne retournait pas le corps, il se contentait de le lever et de le planter sur les aiguilles... Déjà la herse se levait de côté avec le corps empalé comme elle ne le faisait d'ordinaire qu'à la douzième heure... »

Une histoire de peau : une surface où quelque chose peut s'inscrire et où il peut y avoir des trous.

C'est dans ce hors-discours, dans ce réel du corps, que bascule la castration, quand le sujet ne veut rien en savoir [1]. La clinique des psychoses illustre combien les sujets privés de la dimension du manque dans un cadre symbolique sont compulsionnellement poussés à le retrouver dans le réel. Ils le retrouvent sous la forme d'auto-agression mutilante dont le lieu privilégié est bien souvent la peau, ou les phanères (cheveux, ongles). L'absence de distance entre le psychotique et son Autre, sa mère par exemple, peut tout aussi bien le mener à l'agression du corps de cet Autre : certaines mères de psychotiques portent sur la peau des stigmates de cette relation indifférenciée avec leur enfant (griffures du visage et des mains, hématomes). Inversement, la mère peut, refusant inconsciemment cette position indifférenciée de l'Autre que lui donne son enfant, glisser, pour s'affirmer malgré tout en tant qu'Autre, vers une position curieusement éducative de l'enfant psychotique. Nous en avons connu

1. Cf. l'épisode hallucinatoire du doigt coupé de *L'Homme aux loups* chez Freud.

une qui, pour apprendre à son enfant à se méfier des choses qui brûlent, lui avait mis la main sur une plaque chauffante électrique : l'enfant avait eu tous les doigts et la paume de la main brûlés.

Le discours de l'Autre trouve ainsi pour se faire entendre des expressions qui sont une pure violence. Il n'est pas besoin d'insister sur cette dimension, qui dépasse largement le cadre particulier de la psychose et constitue la limite toujours atteinte d'une relation des sujets au groupe social [1]. Il est d'ailleurs difficile de dire, comme dans les cas évoqués par nous, le point de départ de cette violence : soit le sujet et sa demande de limites, soit l'Autre saisi par la responsabilité de l'ordre et de l'éducation. L'aspect a-dialectique de cette relation dans le réel aboutit à ceci que, comme dans la fiction de Kafka, c'est aussi bien l'administré que l'administrant qui se font la caution de l'ordre dans le réel.

Ce réel, la structure, en tant qu'y appartenant, nous le montre comme étant ce versant de la jouissance. Le corps, ou une partie de corps, y apparaît comme le reste de la division du sujet, « ce reste *(a)* où se réfugie la jouissance qui ne tombe pas sous la coupe du principe de plaisir [2] ». C'est à ce niveau du *(a)* que peut s'interroger la jouissance, en tant que corps, chez tout être; mais la psychose et la perversion en sont des illustrations que notre pratique nous livre comme des verres grossissants.

« Nous sommes les machines de la Providence », disait, à son époque, Voltaire; nous sommes aujourd'hui les machines de la bureaucratie et de l'État. Dans cette machinerie d'une jouissance méconnue et délirante, les rôles sont distribués, mais ne sont jamais fixés, entre l'Autre et le *(a)*.

C'est en ce sens que le fou dit, dans son délire et dans son corps, quelque chose de la vérité, au travers d'une jouissance paradoxale.

1. Répressions policières, univers concentrationnaire, explosions racistes, exploitations esclavagistes... où l'offre crée la demande.

2. J. Lacan, *Séminaire* 1965-1966, *L'Objet de la psychanalyse* (inédit).

ANNEXE

Extrait d'un débat à l'université de Bologne [1]

Auditeur : Bonneuil n'est autre chose qu'une institution, c'est-à-dire quelque chose qui isole d'une certaine façon. Pourquoi ça? Oui, d'accord, le handicap est vu comme... un jeu. Mais il existe, il existe justement dans la mesure où on ressent la nécessité de s'en libérer. En réalité on ne s'en libère pas, parce que les exorcismes faits avec les comédies et les fêtes n'éliminent pas le handicap. Oui, d'accord, le handicapé, au lieu d'être rejeté en marge, on joue avec lui, dans un film ou au théâtre, mais il reste un handicapé; même son intégration dans divers lieux n'est qu'une intégration au niveau expérimental, pas une intégration réelle. Par exemple, même le fait de les laisser jouer sur une scène de théâtre est mystificateur à 100 %, parce que, dans une société comme la nôtre, qui joue de cette façon est un fou. Et ces gens-là restent des fous. Madame, vous avez dit que vous ne connaissez pas les effets politiques de votre travail. Excusez-moi, mais c'est vraiment étrange. Comment peut-on concevoir quelqu'un qui agit au niveau de la personne, qui est incluse au niveau de la société, mais qui ne sait pas quel effet elle produit sur la société? Le défaut des psychologues, c'est qu'ils interviennent au niveau individuel, au niveau pédagogique, et pas au niveau social et politique, au niveau des effets pas au niveau des causes (parce que, en réalité, le handicap est un effet, pas une cause; l'effet d'une ségrégation qui existe *a priori,* qui est une sélection de classe), enfin, vous avez bien dû lire Marx et Althusser, là où on dit que le réel est réalité de lutte de classes; tout mouvement n'est que lutte de classes. Et alors

1. Février 1975.

le discours se déplace du malade à la société, de l'institut au milieu. C'est seulement dans cette perspective-là qu'on peut avoir une solution au problème des handicapés.

M. M. : Vous avez posé des questions importantes [1]. J'ai dit que Bonneuil ne se donnait pas comme lieu idéal à

1. Celui qui m'a interpellée est un quadraplégique, venu dans son fauteuil d'infirme.

Note à la date du 11 mars 1975.

Les difficultés de la langue, de la traduction et de l'improvisation n'ont pas toujours permis de répondre exactement aux intéressantes demandes des auditeurs de Bologne. Une des leçons d'une certaine façon de comprendre le handicap de la débilité mentale, ça a été, dès avant la création de Bonneuil, la découverte que ce n'était pas si simple, la notion de handicap mental et, dans ce cas, *intellectuel*. Que des enfants dont le quotient intellectuel n'a que peu varié grâce à la thérapie, sans devenir beaucoup plus intelligents (selon la sorte d'intelligence que mesurent les tests), puissent être mis à même de se débrouiller beaucoup mieux, d'être moins *sots* et plus au fait des réalités du monde, avec l'intelligence dont ils disposent, ce n'est pas une question de rééducation, c'est très différent. Ce dont ces enfants souffrent, ce n'est pas seulement du handicap, mais de la phrase : « toi, tu as un handicap, tu ne peux pas faire ce que font les autres, tu es à part, tu es à plaindre, ne désire pas plus que tu ne peux d'après nous, etc. ». Il n'y a aucun doute, à voir les résultats de Bonneuil, que les moyens des handicapés puissent se développer d'une façon surprenante. Un enfant qui dit : « il n'y a rien à faire, je ne peux pas calculer », répète ce qu'on lui a dit. Quand les circonstances réelles font qu'il comprend à quoi ça peut servir – réellement – de calculer, que le désir lui en vient, il calcule. Son QI n'aura peut-être pas varié. On n'en est pas sûr, parce que à Bonneuil on reçoit des enfants à qui a déjà été attribué un certain QI, mais on ne mesure jamais aucun QI à Bonneuil.

Octave Mannoni raconte l'histoire suivante : les enfants d'un village du sud de Madagascar étaient *nuls* à l'école. Quand les parents surent qu'on y enseignait le système métrique, et que cela pouvait servir à contrôler les calculs des acheteurs de ricin (production de ce village), ils demandèrent aux enfants de s'y intéresser. Les enfants apprirent le système métrique en un temps record, et l'apprirent à leurs parents, au grand dommage des acheteurs de ricin. Après quoi les parents pensèrent avoir tiré suffisamment d'avantages de l'école, et retirèrent leurs enfants. C'est quand même une question *politique,* au niveau du village.

La politique, telle qu'elle apparaît vue de Bonneuil, c'est que la société peut faire des places valables, sans charité ni altruisme, à des enfants qui ne sont pas capables de prendre n'importe quelle place. Ils ne supporteront pas l'école, par exemple, ni le travail à la chaîne. Mais ils apprendront ce qu'on apprend dans les écoles, dans la mesure imiter. *On ne se libère pas plus de son handicap qu'on a à se libérer de sa négritude; c'est une identité* et c'est à partir de cette identité-là que l'on peut mener en vainqueur son combat. Notre principal souci, dans le trajet que font les enfants, c'est qu'ils arrivent à se prendre en charge, en se situant avec leur désir, du lieu même de leur difficulté. Il s'agit d'inaugurer quelque chose de l'ordre d'une désinstitutionnalisation des symptômes. Ce qui est important c'est cette participation du public et des enfants à une interrogation mutuelle. La façon dont on se trouve interpellé par l'autre n'est pas indifférent. Le « normal » est interpellé par celui qui est censé ne pas l'être et il y a là un effort pour rompre une solitude mutuelle. Lorsque je parle de faits politiques *je n'ai nulle prétention de maîtriser le politique;* je suis seulement très consciente de la façon dont Bonneuil dérange les institutions en place et permet à partir de là une dialectique et des changements qui ne sont pas sans effets politiques.

---

où ils en découvrent l'utilité, et ils supporteront un travail d'artisan. Il faut reconnaître que ce genre de succès n'est pas garanti pour tous.

L'effet *politique* de Bonneuil n'est pas facile, pour diverses raisons, à préciser. Disons, sans insister, qu'avec un peu de temps il fera, peut-être, réviser les attitudes excessivement, et inutilement, ségrégatives (et peu efficaces) des centres de soins traditionnels.

17

Questions cliniques

PAR MAUD MANNONI

> *Si vous voulez, vous adressant au physicien qui fait de la physique théorique, découvrir quelle est la méthode qu'il utilise, je vous conseille de vous en tenir étroitement à ce principe : N'écoutez pas ce qu'il dit, fixez votre attention sur ce qu'il fait.*
>
> A. Einstein, *The world as I see it.*

PSYCHANALYSE ET PSYCHIATRIE

« Tous ceux, écrit Winnicott [1], qui parmi nous se sont occupés d'enfants psychotiques savent jusqu'à quel point *nous devons être fous pour partager ce monde.* Si nous voulons pratiquer une thérapie, force nous est de le partager, et cela pendant de longues périodes. »

Cet aveu concernant notre propre « folie » est bien ce qui sépare la position de l'analyste de celle du psychiatre. Pour l'un, la rencontre avec le patient est tout entière faite de la possibilité qu'a (ou non) l'adulte de s'identifier à l'autre (c'est-à-dire à se sentir atteint par le malheur de l'autre, au point de faire de ce malheur un *drame commun*). Pour l'autre, la rencontre avec le patient scelle une séparation : le sujet, à peine se trouve-t-il reconnu dans son étrangeté, qu'il se trouve implicitement rejeté par la médecine de la position de sujet, au profit de « l'objectivité nosographique ». Il quitte dès lors la place de « l'autre moi-même » pour occuper la position (impersonnelle) d'un objet (d'étude, de soins). A devenir un cas (de la médecine), il perd la parole. Piégé dans une relation qui le rejette de la place de sujet en proie au désir (la parole

1. D. W. Winnicott, *De la pédiatrie à la psychanalyse, op. cit.*, p. 107.

du patient n'étant plus entendue que comme « parole de fou »), le patient va donner à entendre le discours de la psychiatrie et prendra désormais à son compte les défenses du psychiatre. C'est même en tant que « psychiatre de lui-même » que le sujet risque de faire carrière (du côté des internés) [1] trouvant, dans l'exercice de « joutes oratoires », matière à aliénation supplémentaire.

Le jour où le patient « psychiatrisé » trouve un autre à qui parler (d'autre chose que de « maladie »), il perd, en quittant les repères de la psychiatrie, les stéréotypes de ses symptômes et de son discours. C'est alors le début d'une longue démarche, qui exige le support d'adultes capables de se laisser interpeller et marquer par les effets de ce qui, de l'intolérable d'un drame, ne peut trouver à être nommé. La rencontre (de celui qui parle avec celui qui écoute) n'est susceptible de se faire qu'au lieu d'une commune impuissance; c'est à partir de là que le sujet pourra tenter de quitter la scène du drame pour celle de la comédie. La psychiatrie, en isolant la « maladie », impose au sujet un *modèle* qui vient redoubler la place prise par les « figures du destin » et empêche que s'opère le jeu évoqué par Lewis Carroll quand il fait dire aux personnages d'Alice : « Tu n'es qu'un château de cartes », c'est-à-dire : ta colère, ta dépression, tes obsessions, tout ça, on peut souffler dessus et partir ensuite autrement. A ériger en monument (scientifique) une image du patient qui pourrait bien se révéler aussi fragile qu'un « château de cartes », on piège le sujet (et sa famille) dans l'idée que se fait la médecine de son état. La pratique est là pour nous rappeler à quel point les pronostics les plus graves peuvent se trouver démentis; il suffit pour cela d'un peu de chance : la qualité d'une rencontre avec un sujet qui ait du temps pour vous entendre et vous parler [2].

L'intérêt du public pour les films de Bettelheim n'est pas

1. Certains vont, on l'a vu, jusqu'à dicter leurs propres ordonnances, ce que le psychiatre dans sa naïveté estime être un progrès dû a son libéralisme! Or, celui qui dicte ses ordonnances ne peut plus se passer de la psychiatrie (sa « maladie » est devenue sa seule passion).

2. Les lettres reçues à Bonneuil, de toutes les régions de France, après la projection du film de Guy Seligmann, font état d'un même

sans révéler le désir des patients français de se voir autrement traités. Que Bettelheim (en Amérique) et Melanie Klein (en Angleterre) soient les deux personnalités qui aient apporté le plus sur le plan de la thérapeutique des psychoses chez l'enfant (tout en étant non-médecins l'un et l'autre) peut inquiéter certains médecins français, mais remplit d'espoir le public des patients qui demande une approche nouvelle à son problème. Les conflits d'autorité (médecins non-médecins) lui semblent dérisoires (voire déplacés), à côté de l'ampleur des questions humaines à résoudre, ici et maintenant, pour des milliers d'enfants psychotiques. C'est à un Anglais (le pédiatre et psychanalyste Winnicott) que revient le mérite d'avoir rappelé, d'une part, qu'on ne trouve cliniquement aucune ligne nette de *démarcation* entre la santé et la schizophrénie avérée [1], et souligné, d'autre part, que les analystes avaient trop esquivé, dans leur approche du problème de la psychose, le facteur *environnement*. La psychose, loin d'être un « processus morbide », est d'abord et avant tout une réaction de toute la personnalité à une *situation de vie* éminemment conflictuelle [2]. Et cette situation de vie, faite d'échanges réciproques, de réponses adaptées ou non de l'adulte aux appels (d'abord) du bébé, n'est pas sans évoquer la stratégie des jeux. Dans son rapport à l'autre, chacun se trouve en quelque sorte prisonnier de son propre jeu, prisonnier des règles qu'il se donne pour accéder ou non au désir du partenaire au sein d'un système défensif de protection : au point que lui est ôtée jusqu'à l'envie d'adresser un appel.

---

malaise : tout se passe comme si les spécialistes s'étaient réservé le droit de regard sur le « mal à vivre » des citoyens, les laissant ainsi plus démunis que jamais. Ce qui nous était demandé dans ces lettres, c'était un écho à une détresse; demande d'une parole qui laisse la possibilité d'une place pour la parole de l'autre. Actuellement, les Français ne trouvent à qui parler que dans l'administration, qui justement s'efface pour ne laisser parler que les règlements. Cela produit une situation collective bloquée, dans laquelle s'originent bien des malentendus, dépressions et réactions « paranoïaques ».

1. D. W. Winnicott, *Jeu et Réalité, op. cit.*, p. 93.

2. J. Lacan développait déjà cette thèse dans *De la psychose paranoïaque dans ses rapports avec la personnalité* en 1932, Paris, Seuil, 1975.

S'ADAPTER A L'ENFANT

L'enfant, donc, dans les premiers mois de sa vie, a besoin d'un adulte capable de *s'adapter à lui.* Cette adaptation à l'autre se retrouve dans le champ thérapeutique : c'est à travers cette capacité de *s'adapter au patient* que l'analyste permet le surgissement, entre lui et le patient, d'un champ, qui n'est autre que celui du jeu. « Ce sont deux aires de jeu qui se chevauchent, celui du thérapeute et celui du patient [1] », avec l'inconscient de l'un et de l'autre, une approche de l'autre est tentée, réussit ou échoue; réussit dans la mesure où une *expérience* s'inaugure. Tout ce qui se tisse là comme relation est fait de confiance mutuelle, mais aussi de sentiments de toute-puissance magique, d'omnipotence, d'hostilité, d'amour et de crainte. Au début, l'enfant se plaît à jouer devant quelqu'un. Ce n'est que petit à petit qu'il prend plaisir à s'affronter au jeu de l'autre; le jeu va devenir alors pour lui un moyen de maîtriser les situations angoissantes puis de s'éveiller à la culture.

Les psychotiques plus que tout autre nous rendent sensibles aux ressources insoupçonnées de production créatrice chez tout individu fût-il le plus « malade ». Pour que cette production trouve à se réaliser, il faut qu'elle puisse être reçue par l'autre comme production de vie et non comme signe de maladie (si la parole doit demeurer « parole de fou », le sujet renoncera rapidement à se faire entendre et s'enfermera dans un discours de stéréotypes : graphisme, peinture, etc.). C'est à cette possibilité de création que nous avons été sensibles à Bonneuil; mais il est apparu très vite que toute forme d'expression était liée à un contexte qui en favorisait ou non l'émergence. Un outil est donné à l'enfant pour l'aider à transposer son « mal à vivre », mais cette transposition n'est réussie qu'à partir du moment où l'enfant *arrive à se surprendre lui-même.*

1. D. W. Winnicott, *op. cit.*, p. 76.

Claude Halmos a bien montré plus haut [1] la part prise par elle, au début, dans le blocage de Sandrine devant la peinture. Tant qu'elle demeurait pédagogue, toute rencontre avec Sandrine était vouée à l'échec. Située hors du temps et de l'espace, Sandrine n'était saisissable que dans la fuite – et c'est bien au lieu de cette fuite (dans un passage à l'acte de violence) qu'un jour Sandrine trouva une écoute. Maintenant que tous les pots de peinture avaient été (par elle) cassés, peut-être aurait-elle quelque chose à peindre? lui demanda Claude. Et c'est de fait avec de la peinture prise sur ses doigts dans la main de l'adulte que Sandrine entama alors son premier tableau, se découvrant un espace à elle, et accordant peu à peu son temps avec celui des autres, ce qui relevait du drame ne put être transposé à un autre niveau qu'à partir de l'instant où quelque chose de cette indicible violence avait été reçu par l'autre. C'est Sandrine révoltée qui se mit à peindre; Sandrine la soumise n'avait pu qu'errer les yeux dans le vague et les mains vides.

Armand, dans ses crises d'angoisse, témoignait de son allergie aux autres enfants. Brusquement surgissait en lui une terreur insurmontable; il hurlait à la nuit, au jour, au soleil. Il s'en prenait aux éléments, dans un mouvement où il ne savait plus qui, de lui, ou d'eux risquait le plus l'éclatement, l'effondrement. Armand, poignant dans sa détresse, cherchait toujours un humain à agresser, comme limite à ce qui le lançait *« hors-du-corps-limite »*, situation où par moments il se sentait projeté. Seul l'isolement lui permettait de retrouver la paix et de reconnaître comme des fictions les figures de son monde fantasmatique. L'expérience théâtrale *(Alice s'émerveille)* lui fit découvrir une sorte de dédoublement entre le jeu et la réalité perçue; entre lui, adolescent, et le personnage théâtral qu'il incarnait. Le texte transposé au théâtre était à chaque fois répétition-transposition de ses angoisses; il y hurlait « j'ai peur »; seulement il pouvait lui être répondu que ce « je » n'était pas lui, mais Alice, le Roi ou les nains. Il apprit ainsi à jouer ses angoisses sur scène, en faisant d'un autre (imaginaire) le support de son drame – au point de ne plus

1. P. 106 à 109.

savoir où il était lorsqu'il criait sa haine et son désespoir. Jusqu'au jour où, comme je me promenais avec lui dans le jardin, il se remit à hurler au ciel « j'ai peur », cherchant dans sa panique un couteau pour se défendre contre un éventuel agresseur. Et alors, *brusquement, il se surprit à s'entendre,* il se calma net et me dit d'une voix posée, *« mais je joue à faire peur, je joue à avoir peur ».* A partir de là, Armand s'ouvrit à l'humour et put parler de toutes les identifications qui l'avaient submergé au point de le déposséder de son être même. A d'autres moments, les paroles d'Alice, « coupez-lui la tête », lui tenaient lieu de compagnie : une compagnie plus rassurante que ne l'avaient été auparavant les voix de ses hallucinations auditives. Pendant longtemps, il oscilla encore entre une unité retrouvée (de lui et de l'autre) et le risque d'avoir à affronter la décomposition du monde. L'utilisation du *jeu d'Alice* (et du répertoire de Lewis Carroll) avait du moins été un premier pas vers l'accès à une maîtrise de ses fantômes. Il put s'ouvrir (sans en mourir) à la négativité. Il nous fit clairement savoir qu'il voulait quitter Bonneuil. Nous lui trouvâmes un lieu chez un berger. Il y gardait le troupeau, fabriquait le fromage et le vendait sur la place du marché. Nous devînmes alors présents pour lui dans notre absence, et il se mit à vouloir nous écrire, pour se situer dans ses activités et trouver de nombreux repères à son présent et à son devenir. Jusque-là, il avait été mis en face de choix impossibles (« choisis où tu veux aller », disait sa mère, et de lui faire croire qu'il pourrait retourner à son ancienne école ou vivre à Bonneuil... Armand choisissait Bonneuil en sachant bien que l'ancienne école ne voulait plus de lui). Le rejet de Bonneuil qui lui était devenu possible lui permit pour la première fois de sortir de l'*illusion* qui lui avait été donnée jusqu'alors quant à sa liberté de choix. Un discours en propre put être tenu par lui, un discours non parasité par les commandements des adultes.

L'éclatement institutionnel joua ici comme brèche introduite dans la permanence du cadre (utilisé comme résistance à tout changement). Après le jeu d'Alice, voici qu'il était confronté à un autre jeu (dans le réel) : une vie hors institution, avec comme compagnons, les moutons, les chiens, l'espace et le silence de la terre. Une institution close sur elle-même aurait eu pour effet d'accroître une stéréotypie de protection, en mettant l'adolescent à jamais à l'abri des fluctuations du temps. Ce qui fut important, ce ne fut pas de demander à l'enfant de s'adapter à notre monde (qu'il avait, comme le rappelle Bettelheim, quitté par désespoir), mais de lui permettre de se créer un univers en propre, étranger au nôtre, dans lequel il pourrait se supporter.

I

L'ÉCHEC DE LA SYMBOLISATION

Au départ, comme le montre encore Winnicott [1], le nourrisson *ne sait pas* que son sentiment de bien-être englobe à la fois lui et le milieu ambiant. C'est lorsque ce milieu ambiant empiète sur son territoire au point de le mettre mal à l'aise, que le nourrisson utilise des mécanismes de rejet, pour retrouver « le sens d'un *self perdu* ». (L'impression que le monde l'agresse peut très bien surgir de l'« agression physique » d'une maladie organique, par exemple.) En principe, une adaptation suffisamment bonne de la mère à son bébé permet à celui-ci d'utiliser l'illusion d'appartenance comme premier mode de contact avec la réalité perçue (le sein, etc.) : le nourrisson en paix avec lui-même a l'impression que l'autre (le sein, etc.) vient là en continuation de lui-même. Ce n'est que petit à petit qu'il fera la distinction entre ce qui est lui et n'est pas lui (il le fera à travers l'épreuve de la réalité). Les soins maternels attentifs des premiers mois de la vie n'ont d'autre effet que de permettre au nourrisson une oscillation entre un mouvement qui le porte à découvrir l'environnement et un mouvement qui le porte à le refuser (ou encore à l'halluciner). La recherche de l'isolement constitue toujours chez le nourrisson un essai pour retrouver un peu de sécurité. Si cette oscillation (entre

1. D. W. Winnicott, *De la pédiatrie à la psychanalyse, op. cit.*, p. 102.

un retour à l'isolement et une recherche de l'environnement) n'a pu se faire de façon heureuse, le bébé se sentira dès les premiers mois « envahi » de façon persécutive par un monde extérieur qu'il vivra sur un mode hostile. C'est cette même hostilité persécutive de l'enfant devenu psychotique à un âge plus avancé qui nous enveloppe lorsque nous avons affaire à lui.

L'enfant en insécurité face à un monde extérieur qu'il ressent comme menaçant *« porte avec lui, le souvenir perdu d'une angoisse impensable*[1] *»,* et ses symptômes ne sont rien d'autre qu'une façon désespérée de se défendre contre le retour de cette angoisse-là. Quand le désordre s'est développé trop tôt, il arrive même que l'enfant n'ait plus rien à défendre et vive entièrement replié dans son monde de magie, cherchant protection dans une stéréotypie maximale. Pour un enfant de ce type, le temps s'est arrêté; l'enfant et sa « loi » gouvernent alors les humains dans un ordre immuable.

Dans ce que Winnicott appelle la *dépression psychotique,* l'enfant en arrive à perdre le sentiment de certaines parties de son corps (sa bouche lui est devenue étrangère, en même temps que se trouve tenue en échec toute possibilité de symbolisation de la mère). La symbolisation suppose, en effet, que l'enfant ait pu établir des équivalences entre son corps propre et les objets externes. C'est en réalisant le plus grand nombre possible d'équivalences que l'enfant arrive à une maîtrise sur les objets. L'instauration du symbolique permet le jeu de la fantaisie (et la création).

Dans notre rapport à l'enfant autiste, nous nous heurtons au fait que pour lui, dans un premier temps, la réalité n'est pas symbolisable. On peut même dire que c'est pour lui une façon de demeurer à l'abri de l'anxiété que de chercher à vivre dans une réalité à l'état pur. L'anxiété surgit dès que le sujet est en quête de repères; c'est pourquoi il s'efforce de vivre sans affects. Le tournant dans l'évolution de l'enfant autiste se constitue autour de la possibilité retrouvée de vivre avec des affects sans

1. D. W. Winnicott, « La schizophrénie infantile en termes d'échec d'adaptation », in *Enfance aliénée,* UGE, coll. « 10/18 », 1972, p. 77.

risque d'annihilation. Mais c'est aussi au moment où l'enfant perd son blindage qu'il risque de passer par des épisodes suicidaires. L'accès à une possibilité de *symbolisation* n'est rien d'autre que l'accession de l'enfant à la possibilité de *parler d'un être nommé avec un autre* (Lacan). C'est ensuite que la réalité devient symbolisable. L'inconscient (comme le rappelle Lacan) n'est pas dans le sujet! C'est le discours de l'Autre qui fonctionne comme inconscient, et permet à un moment de faire bouger l'inertie moïque de l'enfant (c'est-à-dire d'introduire un élément *tiers* dans la *coalescence de l'imaginaire et du réel* qui sont, pour l'autiste, équivalents).

Pour que le symptôme cède, il faut que la parole de l'analyste résonne au niveau du décentrement du sujet [1] et non pas au niveau d'une reconstruction des étapes du passé que l'enfant serait censé avoir manqué dans son développement. Nous avons vu que c'est au moment où Armand s'est surpris à *jouer à avoir peur* que quelque chose de décisif s'est opéré, comme un tournant. Il importe non pas de s'attaquer aux défenses de l'enfant autiste, mais plutôt de demeurer à l'écoute de la vérité de ces défenses.

Émile passa ses premières années de vie à Bonneuil dans une alternance de masturbation compulsive et de réparation d'objets non moins compulsive. Il traînait derrière lui des kilomètres de Scotch, destinés à faire tenir ensemble des morceaux de corps épars, fabriqués avec des cocottes en papier. Le moindre vent mettait en danger cet édifice instable et l'enfant perdu dans une terreur sans nom hurlait : « cassé! parti! il faut le réparer ». A d'autres moments, l'angoisse de perdre son zizi fut telle qu'il supplia qu'on le mène voir un chirurgien, pour qu'il l'en délivre et qu'on n'en parle plus (plutôt être castré que de risquer d'avoir à le perdre). Ensuite, il se mit à fabriquer des zizis géants et à agresser les gens avec ses fèces « pour les casser ». Le jeu théâtral lui permit toutes sortes de transpositions, introduisant une différenciation entre fiction et réalité. Émile s'était fabriqué un masque, qu'il portait avec deux paires de

1. J. Lacan, *Séminaire* du 8 décembre 1954 (inédit).

lunettes. L'interrogation : « mon zizi est-il toujours là ? » s'était reportée sur l'équilibre instable formé par le masque et les lunettes. A l'abri du regard d'autrui, Émile criait sa douleur d'être habité par un corps étranger qui le pourrissait intérieurement. La perte des lunettes, du Scotch, du masque, le plongeait par moments dans des crises de rage immaîtrisables, jusqu'au jour où on put cerner ce qui dans sa *séparation* d'un être cher le menaçait au point d'en perdre la vie même. Émile à cette époque était incapable de *dépression* : l'envahissement persécutif rendait tout deuil (et toute séparation) impossible. On peut même dire qu'une façon de nier la perte de l'être cher, fut d'y superposer l'anxiété intolérable d'un corps pourri, cassé ou en perdition.

Tout ce qui échappait à une possibilité de contrôle était désigné par Émile comme mauvais. Mais dans le fantasme, le mauvais, c'est aussi le bon; et le jeu théâtral permit à Émile, en quête de repères, de chercher un sens à l'absence, à la bouche, au sexe et au sein. Quelque chose était à saisir pour lui au-delà de l'opposition simplificatrice bon/mauvais, soi/non-soi. Perdu dans une série d'identifications, il posait son rapport au désir à travers l'angoisse. Ce qui surgissait de son corps comme excitation sexuelle le laissait sans recours, comme le laissait sans recours tout ce qui se *séparait* de lui; comme si ce qui se coupait de lui, mettait son corps à lui en danger d'exploser. S'il détruisait le mauvais objet, il s'annihilait lui-même, porté par la question : « Émile est-il ce mauvais objet ou a-t-il encore ce bon pénis ? » Que signifie cette énigme d'un objet expérimenté comme mauvais sur le plan de l'avoir, alors que la question qui sous-tend Émile sur le plan de l'être serait : Émile est-il ou non mauvais ?

Le « parti ! cassé ! » ponctua un long trajet, au cours duquel l'adulte servit à un moment de support à l'anxiété de l'enfant (d'un enfant qui put alors abandonner ses idées de toute-puissance).

Le masque et les lunettes-objets-réparés-cassés furent un jour enterrés par l'enfant au fond du jardin, dans un lieu où il se plaisait à déposer des excréments. Cet enterrement des objets, venant après une mise à feu de toutes les productions graphiques, marqua le début d'un processus de deuil, qui rendit possible la symbolisation de l'absence (ce quelque chose qui s'était, à un moment donné, trouvé en défaut entre l'enfant et sa mère tournait essentiellement autour de l'*odorat* et de son refus à elle des excréments du nourrisson voire même du corps de celui-ci. D'une certaine façon, quelque chose de l'ordre de la *réalité humaine* fut refusé à l'enfant en son démarrage dans la vie. Il y répondit par la négation de toute réalité corporelle, suspendu entièrement autour de ce qui, de ce corps, risquait de se séparer de lui et de l'annihiler).

C'est quand la symbolisation de l'absence devint ainsi possible que l'enfant fut encouragé à effectuer des séjours en province, où il se découvrit des mains en tant que maçon : transposant cette fois dans le réel sa compulsion à réparer et construire.

L'OBJET AUTISTIQUE

L'enfant autiste traîne généralement avec lui un objet qui fait partie intégrante de son corps propre – et qui a pour fonction de pallier toute émergence d'un non-soi qui est ressenti comme menaçant.

Cet objet (qu'il soit chiffon de papier, vêtement maternel, cailloux, ou jouets électifs) a une fonction de *clôture* [1]. C'est lorsque l'enfant est le plus perdu dans ses repères qu'il fait appel à l'objet autistique, comme pour lui demander de le soutenir (au sens que donne à ce mot Winnicott lorsqu'il évoque le « holding » maternel dont le bébé a besoin pour se sentir en sécurité). La fonction du bout d'étoffe (que l'enfant traîne derrière lui) est de nier sa séparation d'avec l'autre. C'est à proprement parler le *manque* qui est nié, et cela rend impossible l'accès à l'usage de *l'objet transitionnel* [2] (lequel représente l'objet de la première relation, antérieure à l'établissement de

1. Frances Tustin, *Autism and Childhood psychosis*, Science House inc., 1972. (Trad. fr. : *Autisme et Psychose de l'enfant*, Paris, Seuil, 1977.)

2. D. W. Winnicott, *De la pédiatrie à la psychanalyse*, *op. cit.*, p. 18.

l'épreuve de réalité, et est voué au désinvestissement progressif au profit d'une ouverture à la culture : quand l'objet interne est par trop persécutif, il n'y a pas de place pour l'objet transitionnel).

Pour l'enfant autiste, les objets du monde extérieur font partie de lui-même. L'absence de vide (ou espace) entre lui et l'autre, ne laisse aucune place à la parole de l'autre; que la bouche de l'autre soit ressentie comme la sienne propre, et tout échange est rendu impossible.

Urbain, dans ses débuts à Bonneuil, passait le plus clair de son temps à se remplir la bouche de pâte à modeler. Inerte, les yeux dans le vague, il lui fallait ne jamais quitter une foule de petits objets dont il se remplissait la bouche. Seuls l'attiraient les objets cassés. Lorsqu'on lui enlevait la terre qui tapissait ses dents et sa langue, l'enfant se défendait en hurlant. Ce n'est que bien plus tard qu'il put nous faire comprendre la nécessité qu'il y avait pour lui de boucher tous les trous, de sucer compulsivement tout ce qui lui tombait sous les mains : cette activité magique le garantissait contre la catastrophe qui le menaçait de façon permanente. Ces objets n'étaient le départ d'aucun jeu; ils étaient utilisés pour tenir le désastre à distance et nier toute séparation.

L'autiste est demeuré un attribut de l'être de sa mère [1], fermé à toute possibilité de *s'avoir* dans un corps à lui, et ne se soutenant qu'au niveau de l'être. Il n'y a dès lors, pour lui, pas d'objet perdu : puisque *l'objet perdu,* en ce cas, c'est le sujet lui-même. Le rapport de ces enfants au travail ne peut déboucher sur rien, tant qu'ils demeurent uniquement dans une relation *moi-toi* à l'autre.

Il a fallu à Corine beaucoup de temps, pour quitter une pure position de voyeur chez le matelassier qui l'employait. Elle se sentait travailler à travers la main de l'autre. Les mains de l'ouvrière venaient comme « des morceaux » appartenant à l'enfant. Le jour où Corine put entreprendre *un faire avec un autre,* elle prit conscience du corps dans sa forme et réclama des vêtements distincts de ceux de ses sœurs (avant, il lui fallait les mêmes vêtements; le jour où

1. Françoise Dolto.

Corine a commencé à *s'avoir* dans son corps, elle a exigé la différence).

D'UNE INCERTITUDE

Les auteurs anglo-saxons font généralement une différence entre ce qu'ils appellent l'*autisme primaire* où l'enfant a du mal à distinguer sa mère de son corps propre, et l'*autisme secondaire* où la mère est perçue mais pour être aussitôt annulée. Dans le premier cas, ces auteurs soulignent les risques de détérioration irréversible; tandis qu'une guérison spontanée semblerait marquer l'issue heureuse d'un autisme plus tardif. Dans le premier, aucune expérience de l'autre n'a jamais été possible; dans le second, l'expérience d'autrui a été vécue de façon si éprouvante que l'enfant a, ensuite, pour se défendre, dressé une barrière autistique, barrière dont une analyse peut arriver à comprendre la nature et à lever l'obstacle. Seulement, comme le rappelle Winnicott, tout trouble grave évoque chez le jeune enfant une maladie de caractère organique (et fatal). Ce n'est que lorsque l'enfant sort de sa psychose qu'on s'aperçoit qu'il s'agissait de tout autre chose que d'une maladie organique. A dire à une mère : « votre enfant est foutu », « votre enfant est irrécupérable », on intervient très directement dans l'échange mère-enfant, et on provoque l'arrêt de toute possibilité de communication. L'enfant laissé pour compte n'a plus d'autre ressource que de se supprimer (c'est ce que certains donnent à voir au cours de tentatives d'auto-mutilation). *Au lieu de condamner l'enfant par un pronostic qui ne laisse plus aucun espoir, il vaudrait mieux que le médecin avoue son impuissance.* Car c'est peut-être à partir de cette impuissance que parents et enfant accepteront de tenter une aventure hors des chemins battus.

C'est la négation par l'enfant du monde extérieur qui a fait soulever l'hypothèse d'une barrière autistique. En fait, la barrière est surtout de notre côté, et constituée de défenses contre ce qui nous interpelle dans les explosions de rage de l'enfant, dès que nous tentons d'établir un contact avec lui.

Certains enfants, terrifiés, ont l'air d'être sourds et aveugles. Ils se laissent par moments submerger par l'urine, les excréments, les larmes. Avant de leur parler, il faut apprendre à lire leurs gestes et à comprendre ce qui se dit dans leur langage sans paroles. Ces enfants ont besoin avant tout de « jeux d'eau et de peau [1] » : c'est par là qu'on a accès à ce qui, d'eux, est demeuré vivant derrière l'apparence de mort.

Les jeux d'eau ont occupé à Bonneuil une place très grande dans la vie de ces enfants – et il a fallu pour certains un trajet de cinq ans avant que puisse jaillir dans les mots ce qui jusqu'alors demeurait perdu dans la détresse et les crises clastiques. L'enfant se reconnaît ensuite séparé de l'autre en même temps qu'il acquiert la notion de l'espace, d'un intérieur et d'un extérieur.

Animé par un sentiment d'omnipotence, l'autiste a l'impression que ceux qui l'entourent sont des « créatures » créées par lui, sur lesquelles il a pouvoir de vie et de mort. Dès que ces enfants se mettent à parler, c'est pour dire qu'ils se sentent perdus. D'une certaine façon, ils sont moins en danger tant qu'ils demeurent à l'abri de la parole et dans l'illusion qu'ils ne font qu'un avec le monde extérieur. Dès que l'illusion d'unité se trouve rompue, l'enfant introduit les oppositions bon/mauvais, mâle/femelle, accueil/rejet. Ce qui ne va jamais sans un bouleversement, au cours duquel les difficultés (avant de céder) se trouvent même parfois aggravées, au point que l'enfant en arrive à refuser toute sollicitation sensorielle du monde extérieur. L'enfant, dans son délire, témoigne ainsi du danger dont on le menace

1. Cf. *Histoire de deux mères*, Denoël/Gonthier, 1970, p. 191 à 287.

« Nous avons, écrit la mère d'une petite oligophrène, les jeux de peau,
les jeux d'air et les jeux d'eau ;
les jeux de choses,
les jeux de n'ose pas et d'ose,
les jeux de mots, les jeux du chien,
les jeux sonores,
les jeux de tout, les jeux de rien,
les jeux d'encore. »

(danger fait souvent de l'hyper-sollicitude des adultes à son endroit).

LA SÉPARATION

Aussi n'est-ce pas à n'importe quel moment qu'une séparation peut être introduite entre l'enfant autiste et sa mère (ou Bonneuil). Et la durée de cette séparation, éminemment variable d'un enfant à l'autre, ne doit pas dépasser ce que l'enfant peut effectivement supporter. Une séparation trop prolongée risque de faire disparaître chez l'enfant toute présence (dans l'absence) de l'imaginaire parental, rendant du même coup difficile toute possibilité de symbolisation. Lorsque la séparation n'est pas supportée par l'enfant, il le donne immédiatement à voir sur le plan organique (l'enfant est capable d'accumuler dans un espace de temps très réduit et de façon spectaculaire toute une série de somatisations qui donnent à penser au « marasme » ou à la « misère physiologique » dont parle Spitz à propos des hospitalisations précoces [1]). Le seul remède, dans ce cas-là, est le rapatriement de l'enfant.

Si l'on a pris soin d'amorcer la séparation de façon progressive (l'enfant étant accompagné au début de ses trajets par un adulte qu'il connaît), on assiste à une sorte de « libération », « libération » qui se manifeste aussi bien dans une naissance à un autre corps (l'enfant quitte le corps asilaire dans lequel il se donnait à voir à sa famille).

Dimitri qui, à Bonneuil, errait en se tapant les oreilles avec les mains, absent aux gens et aux choses, s'est découvert un corps au sommet d'un tas de foin de deux mètres cinquante, y recevant en riant les bottes de foin qu'on lui lançait, présent à partir de là au monde. Quant à Armand, c'est après avoir appris à s'occuper de chevaux dans un haras (et à monter ces chevaux) qu'il nous revint, méconnaissable. Et, cependant, la campagne, les artisans ne sont pas en soi, des solutions magiques ; les campagnes ne réservent parfois une place au handicapé que pour l'exploiter. Ce qui

1. R. Spitz, *De la naissance à la parole*, Paris, PUF, p. 206-232.

nous a paru capital, c'est la possibilité de créer des liens d'amitié avec les artisans et les paysans à la campagne, de les sensibiliser au sens d'un travail effectué avec ces enfants; c'est, ensuite, dans ce *réseau* d'échanges humains, que les enfants de Bonneuil sont accueillis. La métamorphose des enfants étant due à la façon dont ils ont participé à la vie des adultes, en s'y trouvant une place.

Cela nous demande beaucoup de temps et de disponibilité. Dans l'Aude, c'est un infirmier, enfant du pays, qui nous a ouvert toutes les portes. Parlant le patois, il fait tomber la méfiance des paysans, au point que chaque enfant (si démuni soit-il) fut accueilli en un lieu pour la journée entière durant une période qui, pour certains, dépassa deux mois. Les enfants apprirent à vivre au rythme des saisons (lors de la récolte des abricots, la journée commençait à quatre heures et demie du matin). Les exigences étaient celles de la nature et des bêtes. Pour des citadins coupés du monde, élevés en serre chaude, ce contact avec la rudesse d'une vie radicalement autre les aida à sortir de leur coquille. Tous, sans exception, se sont découvert des mains, hors de Paris – et ce ne fut pas sans effet sur leur évolution ultérieure. Cela se traduisait pour eux dans une possibilité de naître à la formation du symbole (les objets transitionnels venant prendre la place des objets autistiques).

LA COMMUNICATION

Le premier progrès de l'enfant autiste se situe quand il peut répondre à l'appel d'autrui. Cela suppose un Autre qui ne soit plus utilisé par l'enfant comme un objet mort, un Autre qui puisse enfin fonctionner (dans sa parole) comme référent vivant.

Une ère de mutuelle dépendance s'installe entre l'enfant et l'adulte qui s'en occupe plus précisément. C'est dans cette expérience commune, partagée, que s'origine la communication. Cette communication ne peut faire l'économie des terreurs, délires et dépressions, partagés par l'adulte à certaines étapes de l'évolution de l'enfant. L'insomnie vient parfois scander l'intolérable du trajet, c'est-à-dire l'intolérable d'une *perte* que l'enfant n'arrive pas à symboliser (et qu'il vit en projetant sa terreur sur ses organes, comme s'il risquait de se réveiller avec un corps ayant perdu pénis, bras, jambes, etc.). La confusion des registres (imaginaire, réel, symbolique) rend impossibles les *mots* pour désigner le lieu d'un manque, d'un vide ou d'un drame. A l'acmé d'une situation de détresse, l'enfant autiste cherche à boucher les trous; il ne supporte, par exemple, pas qu'une baignoire se vide, comme s'il risquait, avec l'eau qui s'écoule, d'être entraîné lui-même dans le tout-à-l'égout. Il se sent rassuré quand l'eau déborde, il appelle pourrait-on dire l'inondation, comme si elle seule pouvait venir assurer sa propre survie (c'est-à-dire nier la séparation; l'eau fonctionne aussi comme élément de protection-barrage contre un extérieur qui est ressenti comme hostile ou menaçant).

II

L'ADOLESCENCE

Les adolescents « en crise » auxquels nous avons affaire ont tous en commun ceci : une *intransigeance morale* (même s'ils sont délinquants) qui les pousse à rejeter tout compromis et les amène à traquer sans cesse le « vrai »; c'est-à-dire à dénoncer la *fausseté* du monde des grandes personnes. Ce comportement entier, sans concession aucune, s'affirme sur le mode du défi permanent à l'adulte; adulte qui se trouve récusé continûment dans son autorité et dans ses repères moraux. L'adolescent lui oppose sa morale faite de violence, de générosité... et de très grande dépendance à l'égard de l'adulte aimé-rejeté.

L'adolescence n'est pas une *maladie,* c'est une étape entre les rêves de l'enfance et les réalisations de l'adulte; étape au cours de laquelle l'adolescent dévoile ce qu'il y a eu de raté dans la génération qui l'a précédé.

Si l'adulte ne supporte pas qu'on le récuse et oppose son autorité à la violence de l'adolescent, une incompréhension et une violence redoublées seront la réponse donnée par ce dernier, réponse (avec ses composantes de persécution) dont l'effet n'est souvent pas sans évoquer le tableau des troubles qu'on appelle schizophréniques (troubles qui reflètent une difficulté à vivre, que les adolescents expriment en termes de difficulté à se sentir réels). Le film *Orange mécanique* illustre comment, *faute de vie imaginaire,* l'adolescent en arrive à transposer dans le réel les fantasmes de cruauté, au point de ne se sentir exister qu'à travers le meurtre de l'autre, meurtre qui le laisse apparemment indifférent, mais qui lui est bien nécessaire pour sauvegarder son être (ce qu'il tue dans l'autre, c'est sa propre image « mauvaise »).

La lobotomie de ces jeunes (telle qu'elle s'est pratiquée aux États-Unis et telle qu'on voudrait l'introduire en France) n'apporte aucune solution au problème posé (la pratique est là pour montrer à quel point cette mutilation chirurgicale entraîne, à plus ou moins brève échéance, une véritable perte de la vivacité intellectuelle. Les jeunes sont rendus débiles et deviennent quasi inutiles à la société).

En réponse à un malaise à vivre, la violence médicale ne résout rien. Plus l'adolescent se montre fragile (dans ses impulsions au suicide et au meurtre), plus il est nécessaire de lui opposer tolérance, compréhension (en n'oubliant pas qu'il interroge nos repères de vie et récuse les manifestations d'autorité d'un adulte cherchant à user d'un quelconque pouvoir).

Paul a gardé une vulnérabilité à tout excès d'autoritarisme. Il y répond de façon aveugle, prêt à « casser la gueule » à l'ennemi du moment. Et, cependant, il est capable d'une grande stabilité dans le travail, d'une grande patience aussi : il lui suffit, pour cela, de se sentir en sécurité. C'est l'insécurité et l'injustice qui le font réagir de façon « inadaptée » à des événements qui le submergent. Il dit, à ces moments-là, la vérité de la violence dont sont victimes les jeunes travailleurs. On ne peut demander à ces jeunes révoltés de s'adapter à l'injustice. Mais on peut tenter de trouver pour eux un mode de vie hors des structures sociales traditionnelles, où ils seront pris dans un réseau d'échanges humains plus satisfaisants affectivement. (Si les communautés de jeunes reproduisent dans leur majorité une situation qui favorise les passages à l'acte de violence, il n'en va pas de même dans un certain monde de travail non axé sur la « rentabilité » – l'artisanat. Dans ce nœud de relations, l'enfant trouve de quoi vivre et créer.)

Prosper était considéré comme un catatonique quand il est arrivé à Bonneuil. Cet adolescent n'était, en effet, que refus, au point de ne donner à voir de lui que l'apparence d'un cadavre momifié. Il en était, chez lui, à refuser de quitter sa chambre, puis à refuser de se nourrir. Son accueil dans un des camps d'été de Bonneuil ne fut pas chose aisée. Il refusait de quitter sa tente, apparemment indifférent à tout ce qui se passait autour de lui. C'est un autre enfant qui arriva à le sortir de son mutisme et qui l'aida à émerger du sommeil dans lequel il avait trouvé refuge. Ce qui aida Prosper, c'est la possibilité qu'il eut de pouvoir s'opposer à tous sans que lui ou nous en mourions. Le désir de rattraper le scolaire (une année perdue à dormir) lui vint ensuite parce que nous ne lui demandions rien sur ce plan-là. Notre seule exigence était qu'il ne gêne pas les autres et ne les empêche pas de vivre, eux. Apparut alors un noyau délirant (qu'il avait tenu soigneusement caché), centré sur sa maigreur : il ne pouvait, disait-il, se montrer en public, car on risquait de voir *ce qui lui manquait.* Ce manque d'un quelque chose au réel du corps, Prosper put en parler le jour où il comprit qu'à Bonneuil on ne l'étiquetterait pas « fou » pour autant. Ainsi, l'affirmation de Laing, « je suis convaincu que bon nombre de psychotiques " guéris " sont en fait des patients qui ont décidé pour une raison quelconque de *jouer à être sains d'esprit* [1] », se vérifiait-elle en quelque sorte dans le cas de Prosper. Tant qu'il ne put parler de son corps, il mima sa détresse somatiquement (en étant mort à la vie); dès qu'il put en parler, il lui fut possible d'être œuvrant de ses mains et passionné par les études – à cela près que *jouer à être sain d'esprit* dans sa relation à l'extérieur à Bonneuil, demeura pendant longtemps une de ses préoccupations essentielles. Au médecin, il demandait un diagnostic sans appel, tout en cherchant à se protéger de ce diagnostic par toute une série de rites

1. R. D. Laing, *Le Moi divisé,* trad. Claude Elsen, Paris, Stock, 1970, p. 134.

conjuratoires. Si Prosper avait reçu les « soins » médicaux qu'il réclamait (tout en les refusant), il n'aurait, à coup sûr, pas échappé si facilement à la carrière de schizophrène à laquelle, à un moment donné, la psychiatrie le destinait.

La crise spectaculaire de Prosper n'était pas sans relation avec un *non-dit* de dépression chez l'un de ses deux parents. L'adolescent exprimait ainsi son refus d'un certain monde adulte dont il récusait les valeurs.

Patrice, lui, avait été étiqueté par la médecine schizophrène paranoïde. Le père était mort, interné; les frères et sœurs avaient tous, à un moment ou l'autre, été hospitalisés pour « schizophrénie ». Patrice, qui était venu à Bonneuil pour fuir l'hôpital psychiatrique, n'en avait pas moins transposé là ses exigences de demeurer *le psychiatre de lui-même*. Déçu par la non-médicalisation de Bonneuil et par le peu d'effet sur les adultes de ses crises de violence, il choisit de dormir. Pendant huit jours, il refusa de s'alimenter, de s'habiller, garda le lit. Ensuite, c'est la *normalité* qu'il opposa aux « dingues » de Bonneuil; une normalité qui était celle d'un sur-moi familial féroce. Identifié à la psychiatrie, Patrice s'identifia dans un autre temps à la pédagogie, avant de pouvoir naître à une parole à lui. Comment conserver une parole en propre dans cet univers où le moindre faux pas peut vous conduire à l'asile? Rejeter ce « refuge », sans risquer pour autant d'être abandonné des dieux, tel fut le trajet difficile que cet adolescent eut à accomplir (et qu'il accomplit, tout en sollicitant des verdicts d'incurabilité, à travers des provocations à être interné).

Arabelle, renvoyée d'un hôpital de jour parisien, n'eut de cesse à Bonneuil d'interroger nos limites, traquant les désaccords qui survenaient chez les adultes et témoignant ainsi de la vérité de la situation. C'est la place du procureur qu'elle occupa pendant un certain temps, mettant en question les failles des adultes. Cette mise en question de soi, l'adulte la vit souvent très mal – et une façon de se débarrasser du malaise consiste à exclure celui qui en est la cause (l'exclusion se fait souvent en invoquant des nécessités thérapeutiques, alors qu'il suffirait pour ramener le calme d'entendre ce qui se dégage comme vérité du symptôme chez le jeune que nous nommons « perturbé », mais que Winnicott, à juste titre, classe parmi les contestataires en « bonne santé ». « La menace que représente l'adolescent, s'adresse à cette partie de nous qui n'a pas eu réellement son adolescence, et qui fait que nous en voulons à ceux qui peuvent avoir ce passage. *Cela nous fait souhaiter de trouver une solution pour eux*[1]. »

Les « solutions » sont, la plupart du temps, de *fausses solutions*, et la meilleure thérapeutique consiste bien souvent en l'absence de toute thérapeutique, ce qui est difficilement réalisable lorsque les structures de « soins » sont hypermédicalisées. Un enfant comme Prosper aurait facilement pu faire une carrière asilaire s'il avait été retenu longtemps en milieu psychiatrique. Les repères à son identité, c'est là (du côté des internés) qu'il aurait fini par les trouver. Et d'un adolescent comme Paul, il n'est pas certain qu'il continue à pouvoir échapper à l'hospitalisation : il suffirait pour cela d'un peu de malchance, malchance qui lui ferait réaliser ce qu'il en est du destin familial – dans le discours de la famille une place lui est réservée à l'hôpital à l'instar de l'oncle paternel, comme si de génération en génération, il fallait maintenir la place d'un exclu, pour que le reste de la famille puisse arriver à vivre en paix –; Paul a trouvé à présent un équilibre dans une vie marginale, il a trouvé une réussite dans un métier, mais il demeure d'humeur labile, prêt à répondre à une frustration par des solutions extrêmes (y compris le suicide). Bien qu'ayant atteint l'âge de la majorité légale, il n'est pas sorti de l'adolescence. Ce dont Paul a besoin, ce n'est pas de mesures de surveillance médicale, mais d'une place où vivre (libre) à son rythme. Que Paul puisse, par moments, fuir Bonneuil pour vivre et travailler dans un autre lieu, cela a constitué d'une façon certaine l'élément le plus important dans la disparition de ses passages à l'acte suicidaires (mieux vaut, disait-il, prendre l'avion que se flinguer). Ce sont de telles situations de *fuite* que nous devrions pouvoir ménager continûment aux jeunes : leur ménager des solutions suggérées par eux et non induites

1. D. W. Winnicott, *De la pédiatrie à la psychanalyse, op. cit.*, p. 266.

par nous. La fuite ne *solutionne d'ailleurs rien,* mais elle permet à l'adolescent de poursuivre sa route en se supportant mieux (à un âge où se supporter mal peut se traduire par le suicide).

Être à l'écoute de l'adolescent ne veut pas dire que nous ayons à perdre pour autant nos repères, ou que nous ayons avantage à ériger le laisser-faire en dogme. Ce qui nous semble important, c'est que toute intervention intempestive de l'adulte risque d'aggraver la situation conflictuelle, alors que l'abstention thérapeutique constitue souvent la seule attitude susceptible de réserver, par la suite, une possibilité thérapeutique.

La rupture recherchée avec l'environnement se fait toujours sur un fond de dépendance, et l'indépendance absolue constitue toujours un leurre. Le sujet cherche de façon plus ou moins confuse à appartenir à un groupe social donné (ou revendique une solitude en opposition à tout groupe social). Il est plus fréquent de voir des jeunes (et moins jeunes) *vivre leur vie par procuration,* c'est-à-dire parvenir à une forme d'accomplissement par le truchement d'un autre qui réussit à vivre. L'accomplissement personnel se fait dans une unité sociale donnée, unité (ou structures) sans cesse à édifier et à reconstruire. Le monde fantasmatique de l'adolescent garde toujours, rappelle Winnicott [1], une place pour *la mort de quelqu'un.* Fait qui devrait pouvoir s'exprimer au maximum, non seulement dans la parole, mais dans des œuvres d'imagination (théâtre, peinture); et toute latitude devrait être donnée pour l'accès chez l'adolescent à toutes les possibilités de transposition créatrice. Ce sont ces possibilités qui sont freinées lorsqu'on demande à un adolescent de devenir adulte trop tôt, en l'écrasant sous des responsabilités qu'il n'est pas en état d'assumer. En revanche, partager le travail de l'adulte, gagner de l'argent, peut être situé par lui comme un jeu. Loin de risquer de le rendre, par là, adulte trop tôt, on lui donne des possibilités de se dépasser, dans une activité qui lui permet de demeurer disponible à l'invention.

1. D. W. Winnicott, *Jeu et Réalité, op. cit.*, p. 200.

UN DOUBLE DISCOURS

Le discours fasciste tenu par Jacques (p. 20-22 de ce livre) a choqué beaucoup de téléspectateurs. Ils n'ont pas compris mon impassibilité, m'en ont voulu de demeurer souriante et d'avoir l'air de donner mon aval à tout ce qui était développé, non seulement comme « racisme anti-filles », mais encore comme position a-politique (indéfendable, dans la mesure où Jacques s'affirmait à la fois « neutre » et « poujadiste », sans place aucune pour un rapport à la dimension éthique du problème).

« Vous auriez dû, m'écrivait-on, traiter cet adolescent de " fils de Pétain " et l'interroger sur la conduite de ses parents durant la dernière guerre. »

A la provocation de Jacques, il m'était demandé, en somme, de répondre du lieu d'une *position d'autorité,* afin de « casser » quelque chose dans le discours de suffisance du garçon. C'était oublier que le discours nazi de Jacques renvoyait à des fantasmes de mort (à l'égard du père), fantasmes qui existent chez tout adolescent « normal ». C'est faute d'avoir pu jouer suffisamment avec ces fantasmes-là (qui le conduisirent à un internement, à l'âge de douze ans) que Jacques était devenu un dictateur précoce en conflit avec les jeunes de son âge (les filles en particulier). Ce discours fanfaron le renvoyait, en fait, à un sentiment tragique d'impuissance (et à la crainte que jamais une fille ne veuille de lui). Ce type de discours est du même ordre que les défenses contraphobiques de tel enfant de trois ans, qui, face à la tortue qu'on lui avait donnée en cadeau, alla chercher une panoplie de guerre, nous disant, une fois bien armé, « j'ai pas peur ». Jacques, à cette étape de son évolution, n'était pas encore sorti entièrement de ses peurs : peurs qui le conduisirent même à un moment à se droguer. La drogue, comme l'idéologie nazie, put être abandonnée dans un autre temps, quand il n'eut plus besoin, *pour se sentir réel,* de provoquer l'adulte.

J'avais été sensible quant à moi au *jeu avec la folie* (au niveau signifiant). Et c'est bien parce que l'écoute n'avait pas porté sur le signifié (et l'exploitation politique qu'on aurait aisément pu en faire) que la possibilité fut laissée à ce garçon de passer par des métamorphoses et transpositions successives, sans que jamais une interprétation-dénonciation l'ait figé dans une identité (identification au « fou », au « pervers », au nazi). La confiance en une approche dynamique de la situation nous met, en tant qu'analystes, en position de support d'un discours (renvoyant à un autre discours) qui, à se tenir, finira par recevoir, du lieu de l'Autre, la réponse à sa question. Dans ces cas-là, des interventions hâtives portant sur le *contenu conscient,* font beaucoup plus de dégâts que l'*abstention* (celle-ci a au moins l'avantage de laisser au discours le temps de se tenir, quitte à rompre les chiens [1], quand le moment pour conclure est arrivé, le temps pour comprendre ayant été respecté).

C'est le jour où l'analystc (Octave Mannoni) put dire à Jacques : « Tu n'es pas un drogué, la drogue c'est ton " système ", comme tes théories anti-filles et ton discours nazi », que s'opéra chez Jacques, le véritable tournant (et l'abandon immédiat de la drogue). Tournant qui, d'ailleurs, ne fut rendu possible qu'à travers un épisode dépressif, correspondant à l'abandon des défenses.

LES PARENTS

Ce qu'on a pu lire plus haut, des dialogues avec les parents, diffère des « dialogues avec les mères » de Bettelheim en ceci que je n'y parle pas d'une place d'autorité. C'est en m'identifiant aux mères que je les rends sensibles à la dimension du combat (au-delà de leur enfant et au-delà d'elles-mêmes) et que je permets que se tienne un discours où les parents vont, à certains moments, s'instituer comme soignants les uns des autres. Parfois, je parle de ma place d'analyste (quand le temps pour conclure et le moment de rompre les chiens est venu...). Sinon, c'est à une place de non-spécialiste que je me tiens, afin de permettre que se

1. J. Lacan, « Le temps logique et l'assertion de certitude anticipée », in *Écrits,* Paris, Seuil, 1966, p. 206.

pose une question, au-delà de moi. Toute parole devient impossible si le discours s'adresse à un spécialiste censé détenir la réponse : on demeure au niveau des recettes et on perd la dimension de vérité inhérente à toute situation conflictuelle. Le lecteur n'a pas à s'étonner que mes interventions paraissent parfois peu analytiques.

Les parents (spécialement les mères) de Bonneuil se sentent concernés par l'existence de Bonneuil au-delà du problème de leur enfant. Bonneuil les a arrachés à une passivité (faite de résignation) et les a amenés à faire face, au jour le jour, à l'imprévu, à y faire face en ne se sentant plus isolés. Ce que Bonneuil leur a apporté de plus utile, c'est une écoute et une solidarité; cette solidarité n'est rien d'autre qu'une tentative collective pour faire face aux cas les plus désespérés, y faire face à partir d'une position qui fait appel aux ressources d'invention de chacun, lui laissant la charge de réinventer la vie (ou d'autoriser l'enfant à la réinventer *sans se référer aux parents*).

18

A la rencontre de la psychanalyse et de l'anti-psychiatrie

PAR MAUD MANNONI [1]

Bien que l'expérience de Bonneuil se soit déroulée, depuis sept ans, d'une façon plutôt satisfaisante, elle peut, comme toute expérience échouer devant des obstacles accidentels, techniques ou administratifs. Ce qui importe n'est pas tant son succès ou son échec, que ce qu'on aura pu y apprendre. Le travail théorique qui s'y effectue est donc essentiel.

Pour bases théoriques, au départ, nous avions celles de la psychanalyse, celles de Freud et de Lacan; mais aussi celles de Winnicott. Il y a dans notre pratique en outre des éléments nés directement de l'expérience elle-même, de nos essais, de nos erreurs, que nous devons essayer de théoriser, et dont une partie probablement conservera, fût-ce provisoirement, un aspect empirique.

I

FONCTION DU THÉRAPEUTIQUE

Nous nous proposons ici de réinterroger la pratique de Bonneuil. Il ne nous paraît pas inutile de rappeler que Bonneuil est né d'une rencontre de la psychanalyse et de ce qu'était l'anti-psychiatrie à l'époque (Laing, Cooper).

Ce que nous avions retenu de l'apport de Laing, c'est sa pure position de clinicien; c'est-à-dire, ce en quoi sa pratique était redevable à Winnicott. L'un et l'autre nous avaient d'ailleurs posé la même question : pourquoi parlez-vous

1. Réflexion poursuivie pendant l'été 1975 avec Octave Mannoni.

toujours de cure? La langue anglaise possède, en effet, deux termes pour désigner notre mot *traitement;* l'un se rapporte plus particulièrement à la question de la cure, l'autre évoque des « soins » ordinaires et la possibilité pour le sujet de trouver un appui dans l'autre.

L'opposition des médecins à Freud était due au fait qu'il réduisait l'écart qui sépare le normal de l'anormal. La normalité était pour lui une fiction idéale [1] tandis que le moi normal lui paraissait ressembler, beaucoup au moi du psychotique (ce que reprend Lacan d'ailleurs, dans son étude sur la paranoïa).

Ces idées, que nous qualifierions aujourd'hui volontiers d'« anti-psychiatriques », avaient donc été avancées par Freud dès les années trente. Mais l'Amérique allait accepter Freud de façon tellement massive, qu'on peut dire sans exagérer qu'elle l'a accepté au prix de l'annuler. Le développement de la psychanalyse a été récupéré aux États-Unis par les médecins, aux fins d'une formation de spécialistes, appelés d'ailleurs plus tard des « super-psychiatres ». Il n'y a dès lors rien d'étonnant que n'ait été conservé de Freud que ce qui en pouvait être intégré dans le mode de pensée psychiatrique. Il n'y a évidemment pas de place en psychiatrie pour l'idée que le normal coexiste avec l'anormal en nous.

Or, ce refus de poser une limite entre le normal et l'anormal devait être essentiel pour le progrès de la pratique, au point qu'on sait aujourd'hui qu'il vaut mieux éviter de *demander* au psychotique de s'adapter à notre monde.

L'ENVIRONNEMENT

Freud estimait que l'analyste n'a pas à modifier le cadre dans lequel le patient est appelé à vivre. « Essayer de recréer un monde en fonction de nos vœux, c'est comme ça, ajoutait-il, qu'on devient fou [2]. » Le meilleur moyen de ne pas devenir fou, c'est qu'il y ait possibilité pour l'individu de dominer

1. S. Freud, *Analysis terminable and interminable*, Standard Edition, 1937.
2. S. Freud, *Civilization and its discontents*, p. 81. *Malaise dans la civilisation*, trad. Ch. et J. Odier, Paris, PUF, 1971.

une situation par le travail, les sciences, les arts, etc., tout en échappant aux mirages du moi. Cette remarque de Freud, que l'analyste n'a pas à modifier le milieu, est une remarque technique. Il ne faudrait pas l'interpréter comme signifiant que l'environnement *(c'est-à-dire le discours dans lequel le sujet se trouve pris)* n'a pas d'importance; surtout dans la psychose. C'est à propos de la psychose, justement, que Lacan et Winnicott ont mis l'accent sur l'importance de l'environnement [1], qu'il faudrait d'ailleurs aborder dans son rapport au langage (c'est-à-dire en termes de *lieux* et de *relations*). Dans les cas de psychose, il leur a semblé vain de privilégier une écoute de l'organisation des défenses du sujet. Être à l'écoute du drame du sujet n'est possible que si, au-delà de ce qu'il dit, on arrive à situer (tout en y faisant la part respective de l'imaginaire, du réel, du symbolique) en quoi l'environnement a failli dans son rôle formateur.

Ainsi, la situation se trouve-t-elle retournée par Winnicott : il ne demande plus au patient psychotique de s'adapter à un monde qui est perçu dans son fantasme comme hostile (au point qu'il serait prêt à le quitter en se tuant). Il pose plutôt la question : qu'est-ce qui, dans l'histoire de cet individu-là, s'est trouvé à un moment bloqué, qu'est-ce qui a fait défaut dans sa rencontre avec l'autre? La *crise* d'un sujet, voire *l'épisode régressif* qu'il traverse, se trouve, de même, interprété par Winnicott comme une tentative (saine) pour sortir d'une situation gelée. De là vient l'idée que la psychose, pourvu qu'elle rencontre une occasion favorable, peut, avec de la chance, guérir spontanément. C'est même en cela que Winnicott différencie psychose de névrose. Dans la névrose, dit-il, on n'assiste pas à une guérison spontanée. La *psychose, elle, est directement liée à la santé* [2].

C'est de cette conception qu'est sortie la théorie de la métanoïa : pour qu'il y ait dégel (d'une situation bloquée

1. D. W. Winnicott, *De la pédiatrie à la psychanalyse, op. cit.*, p. 136.
J. Lacan, *De la psychose paranoïaque dans ses rapports avec la personnalité, op. cit.*
2. D. W. Winnicott, *De la pédiatrie à la psychanalyse, op. cit.*, p. 137.

avec un autre), il faut créer une situation nouvelle rendant à nouveau l'imprévu possible, et réintroduire « les phénomènes curatifs de la vie ordinaire : les amitiés, les soins au cours de maladies physiques, la poésie [1] ». On ne doit d'ailleurs pas croire, que la question soit simplifiée pour autant : car comme l'ont montré les chercheurs de Palo Alto [2], *ça change toujours quand on s'y attend le moins.* A vouloir diriger le changement, on obtient l'immobilisme (fait de défense à tout changement). L'art consiste à utiliser la résistance même du patient au changement, pour qu'à partir d'elle surgisse une nouvelle possibilité de jeu, qui rende l'ancien jeu caduc. Cette nouvelle possibilité de jeu est aussi *l'occasion* d'une rencontre.

Cette occasion de rencontre, c'est très exactement la possibilité donnée au sujet de découvrir, à travers celui qui l'écoute, d'autres mots que ceux utilisés jusqu'alors par lui pour façonner son histoire. Une mère a écrit [3] comment, depuis dix-huit ans, elle avait raconté l'histoire de sa vie (et celle de son fils) à un nombre incalculable de médecins, jusqu'à ce qu'un jour elle reprît chez Lefort l'anecdote cent fois rabâchée (celle de la sage-femme qui ne supportait pas qu'elle fume et lui avait dit ensuite tout de go : « nous avons des craintes pour la vie de votre bébé », sous-entendu : « cela se pourrait bien qu'il en meure »). Si rencontre, il y eut, c'est que Lefort, en entendant cela, s'écria : « mais c'est elle qui vous l'*a tué* ». De cette non-collusion avec le « corps » médical jaillit tout à coup pour la mère un espace où tout devenait possible. Ce qui avait constitué pour le sujet l'intolérable de son drame s'était trouvé écouté. L'anecdote, elle l'avait répétée au fil des ans, au rythme d'un magnétophone – et voilà que quelqu'un un jour, l'arrêtait en disant : « Mais ces mots vous ont meurtrie, ces mots ont forgé un destin. C'est de votre vie qu'il s'agit. » Sa vie, comme celle du fils, avait occupé une place importante dans des dossiers médicaux, elle en était venue à oublier

1. D. W. Winnicott, *ibid.*, p. 138.
2. Watzlawick, Weakland, Fisch, *Changements, Paradoxes et Psychothérapie,* trad. Pierre Furlan, Paris, Seuil, 1975.
3. Paule Giron, « A Bonneuil, j'ai compris que mon fils n'était pas un cas », in *Elle,* 19 mai 1975.

qu'elle en avait une, de vie, à elle, en propre. Plus les dossiers médicaux accumulent des renseignements, plus ils confisquent aux sujets la vérité de leur histoire. C'est cette vérité qui put, à un moment où elle ne s'y attendait pas, lui être rendue. Mais en même temps que cette vérité lui était rendue, la fuite dans la santé [1] lui était rendue impossible. Elle put (comme tout un chacun) se laisser aller à être dépressive (sans en mourir pour autant). Et le fils, du coup, put à son tour retrouver une parole et le désir d'orienter sa vie autrement.

UN LIEU POUR VIVRE

Ce que Bonneuil a offert aux enfants, aux adolescents (et en quelque façon à leurs parents), c'est un lieu *pour vivre et parler.*

Patrice, à son arrivée à Bonneuil, cherchait qui était le médecin, qui était le psy, et qui le « fou ». Il avait appris à fournir son « discours au spécialiste ». Mais le « parler à tout le monde », il l'avait à ce point désappris que, pour le retrouver, il lui fallut passer par une période éminemment régressive (il vécut enfermé dans sa chambre, se fit porter malade, chercha à se faire hospitaliser; il y aurait sûrement réussi ailleurs) avant qu'il se risque à se laisser aller à une quelconque authenticité; et une parole en propre ne lui vint pas aisément (perdu qu'il était dans des identifications successives). Ce qui, pour lui, joua comme une occasion de rencontre ce fut la possibilité retrouvée d'une vie ordinaire partagée avec de jeunes adultes, aux prises eux-mêmes avec leur propre questionnement. Pour qu'un progrès personnel soit possible, il faut parfois peu de chose : un certain accueil, une disponibilité, mais surtout l'assurance de trouver un adulte *qui ne vous demande pas de changer.* Le sujet, barricadé jusqu'alors dans ses défenses, pourra désormais sans danger se laisser aller au risque d'un changement de registre (et de jeu). Ainsi, la meilleure intervention devant celui qu'on nomme psychotique est-elle d'abord *l'absten-*

1. D. W. Winnicott.

tion; mais une abstention dans un cadre qui ne soit pas celui de l'abandon [1].

Il faut ajouter que, pour entendre l'enfant psychotique en ne l'analysant pas de manière sauvage et manquée, il est nécessaire d'être soi-même analysé.

Cette disponibilité de l'adulte et ce non-formalisme sont autant de points sur lesquels s'est opérée, à Bonneuil, une rencontre entre la psychanalyse et l'anti-psychiatrie, sans qu'on ait jamais cherché à ajouter l'une à l'autre comme on ajoute des ingrédients dans un médicament.

DES OCCASIONS DE RENCONTRE

Quand on dit que la psychanalyse n'a pas à apporter aux enfants ce qui leur a manqué (en suppléant aux carences), on a raison. La psychanalyse n'est pas un remède des carences, dans la mesure où ce qui a manqué aux enfants, ce n'est pas forcément un *apport* (en amour, en paroles, en compréhension), mais plutôt des *occasions :* c'est-à-dire une forme d'ouverture qui aurait permis, par exemple, à tel enfant d'aller jusqu'au bout de sa colère, à tel autre, d'aller au bout de sa demande. Ces *occasions perdues* ont fonctionné pour le sujet comme une clôture, à partir de quoi, il s'est trouvé pris dans un nœud (l'englobant lui et les autres), enfermé dans l'idée qu'il est fou, mauvais, bon à rien. Son identité est celle qui lui a été donnée par un autre; à partir d'un échec on l'a nommé dans ses insuffisances. Dans sa relation à l'Autre, le sujet va dès lors souvent provoquer une réponse qui lui confirme qu'il est bien fou, mauvais, bon à rien. Ainsi se crée un cercle dont il n'est plus possible de sortir que par la violence.

Quand Prosper (catatonique pour la médecine) arriva (après un séjour dans un des camps d'été de Bonneuil [2]) dans un lieu où deux couples de contestataires lui expliquèrent leur refus, non seulement du travail qu'ils limitaient à deux jours par semaine pour assurer leur subsistance,

1. Cf. p. 279 et 281 de ce livre.
2. Cf. p. 279 ci-dessus.

mais encore leur refus de se laver, de s'habiller (ils vivaient dans la saleté la plus grande, et dans une absence totale d'hygiène), Prosper approuva. Qu'est-ce qui fait qu'il en eut non seulement assez au bout d'un mois, mais que son désir de renouer avec le scolaire se développa à partir de là? Occasion lui avait été donnée là (et cela va à l'encontre de toutes les idées reçues en pédagogie) de trouver de jeunes adultes « en rupture » avec les normes sociales traditionnelles et dont le mode de vie correspondait somme toute assez bien à ce qui était son mode de vie à lui, étiqueté comme pathologique par la médecine. Pour avoir rencontré là des adultes qui avaient choisi comme lui le *freinage de toute activité,* il put se dégager d'une forme d'opposition familiale dans laquelle il avait fini par se trouver piégé... et prendre à son compte un désir de vie (alors qu'auparavant sa recherche de vérité n'avait pu l'amener qu'à une inertie où s'exprimait une quête de l'impossible... c'est-à-dire de la mort).

Ce même lieu de jeunes en « rupture », s'il permet à chaque fois à Paul de sortir d'une crise aiguë (suicidaire) et de changer de registre dans les vingt-quatre heures, pourquoi Paul ne peut-il jamais y « vivre » longtemps? Paul, comme Prosper, ne s'y supporte guère plus d'un mois. Mais, à la différence de Prosper, il risque de le quitter sur un passage à l'acte de violence; passage à l'acte qui dit, en somme, la vérité de sa situation dans un monde qui l'*exclut.* Car, contrairement à Prosper, Paul, indifférent aux intérêts culturels des jeunes de l'endroit, ne peut trouver à s'insérer [1] dans ce qui se trouve être la *norme* d'un groupe qui se croit sans norme (la norme, en l'occurrence, étant de se montrer passionné de lectures, de musique, d'art, etc.). De façon très curieuse, c'est là justement qu'on lui indique son statut de « fou », avec ses effets dans la réalité (les métiers nobles et les métiers-pour-handicapés). On lui trace ses limites (comme à la cuisine de la Faculté où on lui dit : « T'es pas assez bien pour pouvoir être cuisinier »). Et Paul, à ce

1. Cette réflexion sur le séjour effectué en province par Paul et Prosper, nous avons pu la mener à bien à partir de questions soulevées par Gilles Van Hove qui y séjourna un temps avec ces enfants et nous fit le récit de certaines impasses.

moment-là, donne raison dans les faits à ceux qui le désignent comme « fou » et « débile ». La violence dans le passage à l'acte dit la vérité d'une situation « raciste » qui l'exclut de tout échange symbolique. L'acte d'échange [1] est rendu impossible, là où la réciprocité dans la reconnaissance a disparu. Le sujet perdu dans ses repères (symboliques) se trouve alors happé dans le pur jeu d'un affrontement imaginaire.

Paul réussit de façon répétitive à dévoiler l'idéologie ségrégative des groupes rencontrés, il témoigne ainsi de la fonction de l'inconscient créé et supporté par la collectivité et se manifestant du même coup à l'égard du collectif. L'inconscient n'est pas dans le sujet, il constitue la position tierce par laquelle tout message (adressé à un Autre) se trouve en quelque sorte pourvu de son propre receveur (Lacan). Ce n'est pas tant le *contenu* du message qui importe, que le désir de communiquer (Ta préoccupation, dit Lacan, est avec l'Autre, dans le discours), et ce désir de communiquer de Paul appelle de façon répétitive l'exclusion. S'il n'a pas échoué (jusqu'à présent) à l'hôpital psychiatrique, c'est parce que Bonneuil est intervenu au moment de ses crises dépressives pour lui permettre d'aller ailleurs. Dans les moments où tout va bien, Bonneuil joue comme support de sécurité, qui permet à Paul de trouver du travail et de s'y maintenir un certain temps.

II

ASPECT ANTI-PSYCHIATRIQUE

Essayons d'approcher Bonneuil du point de vue anti-psychiatrique. L'aspect anti-psychiatrique, cela veut dire en tout cas : *la psychiatrie n'apporte pas ce qu'il faut.* Elle décide de ce dont le patient a besoin et ne lui donne pas les occasions (quelle que soit la nature de ces occasions) où quelque chose pourrait advenir. La psychiatrie désire à la

1. Marcel Mauss, *Essai sur le don*, Paris, Plon, 1923.

place de l'enfant; elle commande au nom de la raison, de la logique, de la crainte du désordre et cela entraîne nombre de difficultés.

A quoi tiennent-elles?

Elles sont liées au désir du psychiatre de garder son savoir (un savoir qui le constitue en autorité), face à un patient censé ne rien savoir. A la différence de Winnicott, qui conseille au pédiatre de se faire l'assistant des mères (pour les aider à renouer avec un savoir présent en elles), le psychiatre s'érige en maître d'école ou directeur de conscience. Et, ce faisant, il intervient dans la vie du patient, une vie que lui (ou les organismes de tutelle) va dès lors gérer et administrer. Certaines familles doivent se battre pour retrouver un jour le libre choix et du médecin et de l'établissement scolaire de leur enfant. D'autres fois les enfants se trouvent oubliés dans tel internat de province [1] vers lequel un jour ils ont été orientés en fonction de difficultés caractérielles qui rendaient leur maintien à la maison insupportable aux parents : et quand de tels parents ont par la suite à « reprendre » leur enfant, les difficultés sont parfois telles qu'elles menacent l'équilibre du couple (équilibre naguère fondé sur l'exclusion de l'enfant). Les années d'internat, si elles ont donné quelque répit aux parents, ont cependant laissé entier le problème familial dans ses interrelations complexes couple-enfant. (Ce qui, ici est en question, c'est moins l'internat en soi, que l'internat comme solution, dans un contexte où aucune place n'a été laissée à la dialectisation des difficultés.)

Ainsi, la pratique psychiatrique tend-elle (et de plus en plus), à trouver dans le concret des *remèdes*. Or, à trouver des remèdes à la place du patient, *on lui confisque sa vie* au nom du savoir médical.

ALTERNANCE DES SÉJOURS

Le choix d'un séjour proposé à tel enfant peut prendre après coup, pour lui, l'effet d'un acte analytique. Ce qui se

1. Christian Flavigny a attiré notre attention sur ce problème, qui commence à être bien connu des pédo-psychiatres.

trouve introduit par l'alternance des séjours (entre Bonneuil et un autre lieu) n'a rien à voir avec un quelconque colmatage de problèmes dans l'urgence du présent. Ces « interventions » fonctionnent comme des coupures ou des scansions du discours, et le guide en est l'enfant. Ce qui est mis en mouvement à travers cet aller et retour, c'est en fait le passage du besoin au désir, à travers le défilé des demandes. La présence de l'adulte auquel il s'est attaché, devient *absence,* et l'enfant découvre que dans ce système de substitutions (et permutations), il ne pourra jamais retrouver un substitut adéquat à l'objet perdu à l'origine. C'est la primauté de l'ordre symbolique, qui crée l'ordre du réel comme dans le jeu du *Fort! Da!* où l'on voit comment la naissance d'un sujet passe par l'absence imaginaire d'un objet et par la marque signifiante (oscillation de la bobine) qui signe son absence [1]. Dans cette oscillation entre un ici et un là-bas, se trouve introduit un espace signifiant où l'enfant est amené à se perdre (et à perdre la mère) pour se donner l'illusion de renaître, en se soutenant comme sujet par le jeu de la scansion présence-absence. A l'occasion d'une séparation réussie, l'enfant devient sujet en tant qu'il est l'objet absent. Et il en joue dans le choix ou le refus d'un retour au lieu antérieur.

Cette même scansion, dans l'alternance d'un séjour ici et là-bas, met en jeu – chez le psychotique – quelque chose d'essentiel, dans la mesure où l'enfant arrive alors à occuper une place dans un espace imaginaire, jusque-là inhabité par lui. Il ne faut pas oublier que cette alternance des lieux utilisant aussi la *négation* (Bonneuil que l'on vomit) va rendre possible, en un autre temps, la reconnaissance d'une parole [2] ouvrant à toutes les possibilités de transformation.

1. S. Freud, « Au-delà du Principe de plaisir », in *Essais de psychanalyse, op. cit.,* p. 13-17, comporte la célèbre observation de Freud sur le jeu d'un enfant de dix-huit mois. Cf. aussi le commentaire qui a été fait dans *Éducation impossible, op. cit.,* p. 74.

2. Que cette parole, ne puisse parfois prendre une fonction que dans une langue étrangère (qui n'est pas la langue de la mère) laisse ouverte une question. Dans *Le Schizo et les Langues,* Louis Wolfson (en difficulté avec sa mère) montre bien comment il lui faut à chaque fois changer de langue quand il a établi une relation trop intime avec quelqu'un. Il est en quelque sorte en quête de possibilités toujours

THÉRAPIE NÉGATIVE

A côté de ce qu'on pourrait appeler la thérapie *positive,* il y a la thérapie *négative* qui consiste à s'abstenir de toute intervention précipitée et à être d'abord à l'écoute de l'enfant, attentif au rythme qui est le sien. Être à l'écoute de l'enfant (dans les cas d'autisme), cela veut dire le laisser vivre sans lui imposer notre présence. Ce n'est que petit à petit que nous pourrons entrer dans son monde, après lui avoir assuré un espace dans lequel il se sent bien.

Pourquoi le spécialiste a-t-il tant de mal à s'adapter à l'enfant? C'est une question à laquelle il n'est pas facile de répondre. Toujours est-il qu'à Bonneuil ce sont les jeunes internes qui sont le plus mal à l'aise (ils n'ont jamais tenu le coup plus de deux mois); la *fonction* de spécialiste (qui *intervient* sur l'autre) protège par trop l'adulte.

Vivre avec l'enfant une vie quotidienne et ordinaire semble être de l'ordre d'un exploit dont tout le monde n'est pas capable. Dans la relation qui se tisse à travers les choses ordinaires de la vie (épluchage de pommes de terre, etc.), l'enfant interroge les repères de l'adulte. Or, ici on se heurte à un autre type de difficultés : s'il est souhaitable, dans l'ensemble, que les adultes soient analysés, il est tout à fait néfaste qu'ils se conduisent en analystes (en spécialistes). Une attitude de pure « neutralité analytique » deviendrait éventuellement le départ de toutes les complicités perverses (au niveau du passage à l'acte). Dans ce à quoi l'enfant a besoin de se confronter, il y a place aussi pour l'instance *éducative* (quelle qu'elle soit, et fût-ce pour s'y opposer). C'est seulement par rapport à certains repères que la notion de *liberté* peut prendre un sens pour l'enfant, fût-ce pour

---

renouvelées de mascarades. Ce sont les mots qui deviennent investis d'un imaginaire, au point de rejoindre les figures les plus féroces et les plus menaçantes. Dans la réalité du névrosé, il y a une possibilité de recours à la fantaisie. Cette fantaisie est une fonction qui est comme à retrouver dans la psychose (d'où la place importante laissée par Bonneuil au théâtre).

en découvrir les limites, les contraintes même, et son caractère fondamental de leurre.

Les adultes de Bonneuil qui séjournèrent dans la Communauté contestataire où avaient été accueillis Prosper et Paul furent frappés par le caractère volontariste qu'y avait pris l'idée de « jouir de la vie et ne pas s'aliéner dans le travail ». Le monde finalement était ramené au groupe, et ceux des enfants qu'il accueillait n'avaient de place que s'ils obéissaient à ce qui apparut très vite comme une norme (jouir de la vie). Cette jouissance imposée par un Autre était à ce point contraignante que c'est à cette contrainte-là (aliénante dans ses effets) que les adolescents voulurent échapper ensuite. On saisit ici tout l'écart qu'il y a entre *besoin* et *désir*.

Si, à Bonneuil, l'enfant peut trouver la latitude d'une « régression » totale (au point de pouvoir passer des mois seul en compagnie de cailloux), cette « régression » n'est pas à confondre avec un abandon. Les difficultés que nous avons parfois rencontrées avec les stagiaires de passage (particulièrement ceux qui viennent pour les camps d'été) ont toujours tourné autour d'une interrogation chez ceux-là concernant la liberté et la jouissance, l'enfant étant chargé par eux de donner la réponse (ce qui ne pouvait que le laisser totalement démuni). Si nous avons introduit l'idée de mettre l'enfant au service d'un travail (chez l'artisan, etc.), c'est pour introduire entre l'enfant et l'adulte un troisième terme, fonctionnant comme médiation. A partir de là, l'enfant peut naître à un désir (fût-il refus, rejet et désir d'autre chose). En privilégiant le laisser-faire intégral (ce qui serait une forme d'abandon), on oublierait que, se saisir comme sujet, le sujet ne peut le faire que du lieu de l'Autre [1] : d'un autre qui pense à lui, ce qui laisse s'instaurer la relation que vulgairement on appelle de confiance, relation que l'enfant mettra à l'épreuve, pour vérifier s'il peut ou non *compter sur un Autre.*

Se constituer comme sujet, c'est pas si simple, et on peut même dire, que c'est sur ce point-là qu'il y a rencontre entre l'enfant et les jeunes adultes de Bonneuil encore en questionnement dans leur analyse personnelle.

1. J. Lacan, *Séminaire* du 20 mai 1959 (inédit).

Quand le « mal à être » de l'enfant rejoint les interrogations métaphysiques des jeunes adultes en analyse, l'effet n'est pas toujours heureux (car c'est l'enfant qui sera alors chargé de résoudre la question de l'adulte). Aussi, ce qui serait idéalement souhaitable, c'est que les jeunes adultes aient déjà accompli un parcours suffisant en analyse pour ne pas se servir de Bonneuil comme d'un substitut du divan analytique.

L'enfant a besoin de rencontrer un adulte qui tout à la fois ait des repères et accepte de s'exposer. La présence de jeunes adultes (suffisamment « nature ») qui ne sont pas en analyse est même importante pour l'équilibre du groupe, tant il est vrai que c'est aussi avec le non-entendre de l'adulte que l'enfant fait son chemin.

« Le jeu de l'authenticité » auquel se livrent parfois les jeunes adultes entre eux est éminemment meurtrier et dû à une conception erronée de ce qui est mis en jeu dans une analyse. Un fantasme sur Bonneuil (qui court hors Bonneuil) est que l'adulte vient à Bonneuil « pour y vivre ses affects »! Comme si le « vécu » et l'« affect » étaient si aisément saisissables. Ce qui est en question c'est une position du sujet par rapport à l'être, c'est-à-dire par rapport à une dimension *symbolique,* dans laquelle fait irruption un réel dérangeant [1]. Cela n'a rien de commun avec la relation *imaginaire* qu'un sujet peut avoir avec le « vécu ». S'il y a une dimension éthique qui se dégage pour la présence de jeunes adultes dans un lieu comme Bonneuil, c'est que l'accès au désir (le leur), ce ne soit pas l'enfant qui ait à en payer le prix. Le danger de certaines communautés tient très exactement à cela (il en faut toujours un qui paye le prix de l'épanouissement de l'autre) : on se heurte alors à un défaut de structure qui reproduit les méfaits des familles de psychotiques. Ce à quoi les membres de la communauté se heurtent, c'est à la *Loi du caprice* incarnée par un adulte (ce qui a pour effet d'annuler chez l'autre toute émergence de parole; faute de repères, seul demeure en place un affrontement meurtrier).

La liberté accordée à Bonneuil, est surtout liberté de

1. J. Lacan, *Séminaire* du 14 janvier 1959 (inédit).

parole et respect de toutes les positions de refus. Adultes et enfants peuvent s'attacher ensemble à une tâche ou avoir en commun la passion d'un projet (d'ordre culinaire, culturel, artistique, etc), mais il est laissé à l'enfant la possibilité de se soustraire à tout ce qui se trouve mis ainsi en place; de s'y soustraire jusqu'à refuser toute compagnie avec les adultes et les enfants.

LA NÉGATION

C'est cette possibilité donnée à la *négation* dans un contexte, qui n'est ni d'abandon ni de laisser-faire spontanéiste, qui va permettre à l'enfant de se situer par rapport à ce qu'il veut. Les activités mises en place à Bonneuil (jeux d'eau, peinture, cuisine, etc.) sont essentiellement des *occasions de rencontre* (et de transformation d'attitude) sous l'influence du transfert.

Nous ne savons pas pourquoi les jeux d'eau ont une telle importance à Bonneuil ou plutôt nous ne savons pas en quoi ils sont opérants, à cela près que les enfants y apportent toute une fantasmagorie kleinienne, qu'ils l'apportent avec un tiers présent, ponctuant ce qui s'y joue, comme dans une analyse.

Quant à la peinture (qui n'est pas le dessin), c'est également dans une situation transférentielle que quelque chose s'y dit, s'y vit et s'y dénoue. Ce serait aller un peu vite que de réserver les jeux d'eau aux équivalents d'urine et la peinture aux équivalents de fèces. La question de ce qui se joue dans ces différents lieux est évidemment plus complexe. On a relaté à plusieurs reprises plus haut, l'histoire de Sandrine, pour qui un déblocage s'est opéré à partir du moment où elle a cassé tous les pots de peinture. Ce déblocage, il tenait à l'écoute de l'adulte pour une détresse. Mais cette écoute aurait tout aussi bien pu avoir lieu à la cuisine, dans une situation où Sandrine aurait pu renverser et casser toute la vaisselle, mangeant, à partir de là, une nourriture prise de la main même de l'adulte.

Le théâtre, il fonctionne autrement; et pour le dire : par la théâtralisation des identifications. On a vu comment

Armand a pu y découvrir la négation, se créer à partir de là un Imaginaire, et dire : j'ai pu imaginer que j'avais peur et reconnaître que ce n'était pas vrai, c'est-à-dire le nier. Le théâtre fonctionne aussi éventuellement comme identification à l'agresseur. Si l'enfant a peur des fantômes, on dit que le fantôme, c'est lui. Les choses qui font peur changent alors de registre (du réel à l'imaginaire, par le moyen du symbolique), et cela met en place les structures. Melanie Klein agissait de cette façon sans le savoir. Elle disait : on ne va pas faire ça, ça ne serait pas commode; on va seulement faire semblant. Faute d'autres repères, elle faisait ce qu'il fallait, sans pouvoir l'expliquer.

JEU ET TRAVAIL

Ce qui attire les enfants dans le travail chez l'artisan se situe aux limites du travail réel et du travail comme jeu. Nous avons raconté à quel point Jacques s'est trouvé à un moment embarrassé, voire tiraillé, entre le travail réel et le travail comme jeu [1] : dès qu'il n'a plus été le maître du jeu, ça ne l'a plus intéressé. On rejoint ici un problème politique : qui est le Maître du Travail? Quand il y a grève, les ouvriers essaient de faire entendre que ce sont eux, les maîtres du travail. Quand il n'y a pas grève, le patron apparaît comme le maître du travail. Ce problème, Jacques l'avait rencontré, mais d'une façon qui n'était pas correcte. Il voulait être maître du travail, tandis que son patron lui disait qu'en dernier ressort, le maître du travail, c'était le client. Jacques n'en a rien voulu savoir. Et pourquoi? Parce qu'il n'avait pas réussi vraiment à séparer le travail du jeu. Cela ne peut se faire prématurément. L'apprentissage est ce passage insensible du jeu à l'activité professionnelle. Dans les civilisations primitives, les enfants *jouent* à tirer à l'arc, jusqu'au moment où ils *apprennent*, avec de vrais arcs.

Comment cela se passe-t-il avec les enfants qui vont chez des artisans? Il faut encore que la transition soit possible

1. In *Éducation impossible, op. cit.*, p. 171 et ici p. 147.

entre jeu et travail. Il faut que l'enfant puisse supporter une perte quelque part et il ne faut pas que cette perte soit trop grande (le travail à la chaîne, ce type d'enfants ne le supporterait pas). Pour que les enfants de Bonneuil puissent vivre en société, il faut donc que la société soit suffisamment variée pour qu'eux (sur le plan du désir) y trouvent leur compte.

On nous a reproché de ne pas mettre ces enfants à l'usine, en nous disant que nous les ôtions ainsi à un syndicalisme militant. Mais le syndicalisme est un moyen de se défendre contre les méfaits du travail à l'usine. On ne peut donner comme valeur du travail à l'usine, le syndicalisme! Autant dire que la maladie est utile, puisqu'elle permet la médecine.

Il y a donc une difficulté d'origine historico-sociale. Dans une société qui mettrait tout le monde au travail à la chaîne, il y aurait beaucoup plus d'exclus que dans une société variée, avec mendiants, artistes, clochards, artisans, et une place pour chacun. Il existait même, naguère, une place pour l'idiot du village, qui permettait à ce dernier de vivre. On en retrouve encore les traces dans certains villages français, où la place réservée au « fou » est devenue celle du souffre-douleur et de l'exploité. C'est pourquoi l'idée d'une vie rurale n'est pas à prendre en soi comme une panacée universelle [1] pour des enfants en difficulté.

Il faut pouvoir demeurer attentif à ce qui se joue entre l'enfant et les habitants du lieu. Nous avons été très sensibles à l'importance qu'il y avait, pour l'enfant de Bonneuil, à ce que des adultes de Bonneuil maintiennent des liens chaleureux avec le réseau de ceux qui sont amenés à l'héberger et à l'accompagner dans son travail, car l'enfant se trouve ensuite pris dans ce *réseau de liens transférentiels*

1. Le projet de Bonneuil risque de se trouver récupéré dans une idéologie de « rééducation et réadaptation par le travail », qui masque le désir, à des fins de profit : on utilise alors le handicap (à travers des entreprises industrielles, agricoles, commerciales) dans un contexte qui accentue la ségrégation dont ces enfants font déjà l'objet. Cette position mercantile appelle, en réaction, la position fondée sur une idéologie libertaire de non-travail absolu : l'adolescent s'y piège tout aussi bien. Le problème, en effet, est ailleurs.

et a ainsi chance d'échapper aux effets « racistes » inhérents à tout groupe.

On se trompe tout à fait quand on interprète les attitudes thérapeutiques de Bonneuil en termes sociopolitiques. Bonneuil ne propose pas de privilégier la vie campagnarde, le travail artisanal, les mythes archaïsants. Mais nous pensons pouvoir utiliser ce qu'il en reste dans notre Société, à des fins thérapeutiques indispensables. Cela suggère, peut-être, sur le plan sociopolitique, que ce reste remplit une certaine fonction, et que si on le réduisait par trop, dans un souci d'uniformisation, il y aurait encore plus d'individus, auxquels la société ne pourrait plus fournir que des « places d'exclus » – dans des institutions qui, quelque nom qu'on leur donne, sont des lieux de renfermement, à plein temps ou à temps partiel.

ÉCHAPPER À L'HÔPITAL PSYCHIATRIQUE

Un lieu pour vivre, c'est ce qui manque le plus cruellement aux plus démunis des enfants qui pourtant, une fois adultes, pourraient échapper à l'hôpital psychiatrique s'ils trouvaient dans un village une possibilité d'accueil (et d'activités qui les passionnent, car ces enfants sont capables de passion, et sont ouverts à toutes les formes de dépassement).

L'enfant qui, à l'âge adulte, ne pourra regagner le circuit normal de production devrait avoir le choix entre une vie où il refuse le travail (en subvenant pourtant à ses besoins), ce qui suppose un minimum d'aide financière (mais la vie dans les montagnes est peu coûteuse; certains schizophrènes s'y trouvent bien et finissent par se faire adopter par le village), et une vie où il pourrait choisir le travail à l'intérieur d'une gamme d'activités très variées.

Au lendemain de Mai 1968 [1], Winnicott s'interrogeait sur l'agitation étudiante et insistait sur la nécessité de maintenir la confrontation entre les générations. Il lui semblait que

1. « Newcastle Upon Tyne », 18 juillet 1968, British student health association, in *Jeu et Réalité, op. cit.*, p. 206-207.

les adultes avaient à apprendre des jeunes, mais que ces derniers avaient aussi besoin d'adultes responsables qui n'abdiquent pas. La confrontation, se plaisait-il à dire, a sa forme propre et doit être maintenue, pour que demeure la liberté des idées. D'ailleurs, ajoutait-il, ce ne sera pas nécessairement une partie de plaisir (et il évoquait là ce qui, au niveau du fantasme, dans l'opposition des générations, se trouve toujours mis en jeu comme forces de vie et de mort).

De ces *états d'adolescence,* la Société a besoin, au même titre que de la sagesse des vieux. Les marginaux (y compris les fous) posent une question qu'il faudrait accepter d'entendre. Cette question est celle de la *différence* qu'ils revendiquent. Comment leur donner les moyens de vivre, sans exiger d'eux une « réinsertion sociale » à tout prix? Ce problème est un de ceux de notre époque.

Index

Index des auteurs

Index des textes cités *

* Les chiffres entre parenthèses renvoient aux pages de ce livre où ces textes sont cités.

PIRANDELLO (Luigi), *Le Bonnet du fou*, in *Théâtre*, Paris, Gallimard, 1956, t. VII (105).
– *Henri IV*, in *Théâtre*, Paris, Gallimard, 1950, t. I (58).
RANCIÈRE (Jacques), *La Leçon d'Althusser*, Paris, Gallimard, coll. « Idées », 1975 (241).
SAMUEL (P.), *Pourquoi la mathématique?*, Paris, UGE, coll. « 10/18 », 1975 (102).
SEARLES (Harold F.), « The Effort to drive the other Person crazy », *British J. Med. Psy.*, n° 32; trad. fr. : « L'Effort pour rendre l'autre fou », in *Nouvelle Revue de psychanalyse*, n° 12, Paris, Gallimard, 1975 (192).
SPITZ (R.), *De la naissance à la parole*, Paris, PUF, 1968 (275).
SZASZ (Thomas), *Le Mythe de la maladie mentale*, Paris, Payot, 1975 (225).
TUSTIN (Frances), *Autisme et Psychose de l'enfant*, Paris, Seuil, 1977 (271).
VOLTZ (Pierre), *L'Onirisme et l'Insolite dans le théâtre français contemporain*, Paris, Klincksiek, 1974 (174).
WATZLAWICK (P.), WEAKLAND (J.), FISCH (R.), *Changements, Paradoxes et Psychothérapie*, Paris, Seuil, 1975 (289).
WINNICOTT (D.W.), *Jeu et Réalité*, Paris, Gallimard, 1975 (228, 263, 264, 282, 302).
– *De la pédiatrie à la psychanalyse*, Paris, Payot, 1969 (122, 261, 267, 271, 281, 288, 289).
– « La schizophrénie infantile en termes d'échec d'adaptation », in *Enfance aliénée*, Paris, UGE, coll. « 10/18 », 1972 (268).
WITTGENSTEIN, *Réflexions philosophiques*, Paris, Gallimard, 1975 (84).
WOLFSON (Louis), *Le Schizo et les Langues*, Paris, Gallimard, 1970 (295).

Index des noms des enfants cités et de leurs parents *

* Les noms des enfants et de leurs parents sont évidemment des noms fictifs.

Table

III. D'UN TRAJET HORS DE BONNEUIL

IV. DÉBATS

V. QUELQUES PROPOSITIONS

CET OUVRAGE A ÉTÉ COMPOSÉ ET ACHEVÉ D'IMPRIMER
PAR L'IMPRIMERIE FLOCH À MAYENNE
DÉPÔT LÉGAL JANVIER 1984. N° 6690 (21347)

Collection Points

1. Histoire du surréalisme, *par Maurice Nadeau*
2. Une théorie scientifique de la culture *par Bronislaw Malinowski*
3. Malraux, Camus, Sartre, Bernanos, *par Emmanuel Mounier*
4. L'Homme unidimensionnel, *par Herbert Marcuse* (épuisé)
5. Écrits I, *par Jacques Lacan*
6. Le Phénomène humain, *par Pierre Teilhard de Chardin*
7. Les Cols blancs, *par C. Wright Mills*
8. Stendhal, Flaubert, *par Jean-Pierre Richard*
9. La Nature dé-naturée, *par Jean Dorst*
10. Mythologies, *par Roland Barthes*
11. Le Nouveau Théâtre américain, *par Franck Jotterand* (épuisé)
12. Morphologie du conte, *par Vladimir Propp*
13. L'Action sociale, *par Guy Rocher*
14. L'Organisation sociale, *par Guy Rocher*
15. Le Changement social, *par Guy Rocher*
16. Les Étapes de la croissance économique, *par W. W. Rostow*
17. Essais de linguistique générale, *par Roman Jakobson* (épuisé)
18. La Philosophie critique de l'histoire, *par Raymond Aron*
19. Essais de sociologie, *par Marcel Mauss*
20. La Part maudite, *par Georges Bataille* (épuisé)
21. Écrits II, *par Jacques Lacan*
22. Éros et Civilisation, *par Herbert Marcuse* (épuisé)
23. Histoire du roman français depuis 1918 *par Claude-Edmonde Magny*
24. L'Écriture et l'Expérience des limites, *par Philippe Sollers*
25. La Charte d'Athènes, *par Le Corbusier*
26. Peau noire, Masques blancs, *par Frantz Fanon*
27. Anthropologie, *par Edward Sapir*
28. Le Phénomène bureaucratique, *par Michel Crozier*
29. Vers une civilisation du loisir?, *par Joffre Dumazedier*
30. Pour une bibliothèque scientifique, *par François Russo* (épuisé)
31. Lecture de Brecht, *par Bernard Dort*
32. Ville et Révolution, *par Anatole Kopp*
33. Mise en scène de Phèdre, *par Jean-Louis Barrault*
34. Les Stars, *par Edgar Morin*
35. Le Degré zéro de l'écriture, *suivi de* Nouveaux Essais critiques *par Roland Barthes*
36. Libérer l'avenir, *par Ivan Illich*
37. Structure et Fonction dans la société primitive *par A. R. Radcliffe-Brown*
38. Les Droits de l'écrivain, *par Alexandre Soljénitsyne*
39. Le Retour du tragique, *par Jean-Marie Domenach*
41. La Concurrence capitaliste, *par J. Cartell et P.-Y. Cossé* (épuisé)
42. Mise en scène d'Othello, *par Constantin Stanislavski*
43. Le Hasard et la Nécessité, *par Jacques Monod*

44. Le Structuralisme en linguistique, *par Oswald Ducrot*
45. Le Structuralisme : Poétique, *par Tzvetan Todorov*
46. Le Structuralisme en anthropologie, *par Dan Sperber*
47. Le Structuralisme en psychanalyse, *par Moustafa Safouan*
48. Le Structuralisme : Philosophie, *par François Wahl*
49. Le Cas Dominique, *par Françoise Dolto*
51. Trois Essais sur le comportement animal et humain, *par Konrad Lorenz*
52. Le Droit à la ville, *suivi de* Espace et Politique, *par Henri Lefebvre*
53. Poèmes, *par Léopold Sédar Senghor*
54. Les Élégies de Duino, *suivi de* les Sonnets à Orphée *par Rainer Maria Rilke (édition bilingue)*
55. Pour la sociologie, *par Alain Touraine*
56. Traité du caractère, *par Emmanuel Mounier*
57. L'Enfant, sa « maladie » et les autres, *par Maud Mannoni*
58. Langage et Connaissance, *par Adam Schaff*
59. Une saison au Congo, *par Aimé Césaire*
60. Une tempête, *par Aimé Césaire*
61. Psychanalyser, *par Serge Leclaire*
63. Mort de la famille, *par David Cooper*
64. A quoi sert la Bourse?, *par Jean-Claude Leconte* (épuisé)
65. La Convivialité, *par Ivan Illich*
66. L'Idéologie structuraliste, *par Henri Lefebvre*
67. La Vérité des prix, *par Hubert Lévy-Lambert* (épuisé)
68. Pour Gramsci, *par Maria-Antonietta Macciocchi*
69. Psychanalyse et Pédiatrie, *par Françoise Dolto*
70. S/Z, *par Roland Barthes*
71. Poésie et Profondeur, *par Jean-Pierre Richard*
72. Le Sauvage et l'Ordinateur, *par Jean-Marie Domenach*
73. Introduction à la littérature fantastique, *par Tzvetan Todorov*
74. Figures I, *par Gérard Genette*
75. Dix Grandes Notions de la sociologie, *par Jean Cazeneuve*
76. Mary Barnes, un voyage à travers la folie *par Mary Barnes et Joseph Berke*
77. L'Homme et la Mort, *par Edgar Morin*
78. Poétique du récit, *par Roland Barthes, Wayne Booth, Philippe Hamon, Wolfgang Kayser*
79. Les Libérateurs de l'amour, *par Alexandrian*
80. Le Macroscope, *par Joël de Rosnay*
81. Délivrance, *par Maurice Clavel et Philippe Sollers*
82. Système de la peinture, *par Marcelin Pleynet*
83. Pour comprendre les media, *par Marshall McLuhan*
84. L'Invasion pharmaceutique *par Jean-Pierre Dupuy et Serge Karsenty*
85. Huit Questions de poétique, *par Roman Jakobson*
86. Lectures du désir, *par Raymond Jean*
87. Le Traître, *par André Gorz*
88. Psychiatrie et Anti-psychiatrie, *par David Cooper*
89. La Dimension cachée, *par Edward T. Hall*

90. Les Vivants et la Mort, *par Jean Ziegler*
91. L'Unité de l'homme, *par le Centre Royaumont*
 1. Le primate et l'homme
 par E. Morin et M. Piattelli-Palmarini
92. L'Unité de l'homme, *par le Centre Royaumont*
 2. Le cerveau humain, *par E. Morin et M. Piattelli-Palmarini*
93. L'Unité de l'homme, *par le Centre Royaumont*
 3. Pour une anthropologie fondamentale
 par E. Morin et M. Piattelli-Palmarini
94. Pensées, *par Blaise Pascal*
95. L'Exil intérieur, *par Roland Jaccard*
96. Semeiotikè, recherches pour une sémanalyse
 par Julia Kristeva
97. Sur Racine, *par Roland Barthes*
98. Structures syntaxiques, *par Noam Chomsky*
99. Le Psychiatre, son « fou » et la psychanalyse, *par Maud Mannoni*
100. L'Écriture et la Différence, *par Jacques Derrida*
101. Le Pouvoir africain, *par Jean Ziegler*
102. Une logique de la communication
 par P. Watzlawick, J. Helmick Beavin et Don D. Jackson
103. Sémantique de la poésie, *par T. Todorov, W. Empson, J. Cohen, G. Hartman et F. Rigolot*
104. De la France, *par Maria-Antonietta Macciocchi*
105. Small is beautiful, *par E. F. Schumacher*
106. Figures II, *par Gérard Genette*
107. L'Œuvre ouverte, *par Umberto Eco*
108. L'Urbanisme, *par Françoise Choay*
109. Le Paradigme perdu, *par Edgar Morin*
110. Dictionnaire encyclopédique des sciences du langage
 par Oswald Ducrot et Tzvetan Todorov
111. L'Évangile au risque de la psychanalyse (t. 1)
 par Françoise Dolto
112. Un enfant dans l'asile, *par Jean Sandretto*
113. Recherche de Proust, *ouvrage collectif*
114. La Question homosexuelle, *par Marc Oraison*
115. De la psychose paranoïaque dans ses rapports
 avec la personnalité, *par Jacques Lacan*
116. Sade, Fourier, Loyola, *par Roland Barthes*
117. Une société sans école, *par Ivan Illich*
118. Mauvaises Pensées d'un travailleur social
 par Jean-Marie Geng
119. Albert Camus, *par Herbert R. Lottman*
120. Poétique de la prose, *par Tzvetan Todorov*
121. Théorie d'ensemble, *par Tel Quel*
122. Némésis médicale, *par Ivan Illich*
123. La Méthode
 1. La Nature de la Nature, *par Edgar Morin*
124. Le Désir et la Perversion, *ouvrage collectif*
125. Le Langage, cet inconnu, *par Julia Kristeva*
126. On tue un enfant, *par Serge Leclaire*

127. Essais critiques, *par Roland Barthes*
128. Le Je-ne-sais-quoi et le Presque-rien
1. La manière et l'occasion, *par Vladimir Jankélévitch*
129. L'Analyse structurale du récit, Communications 8
ouvrage collectif
130. Changements, Paradoxes et Psychothérapie
par P. Watzlawick, J. Weakland et R. Fisch
131. Onze Études sur la poésie moderne
par Jean-Pierre Richard
132. L'Enfant arriéré et sa mère, *par Maud Mannoni*
133. La Prairie perdue (Le roman américain)
par Jacques Cabau
134. Le Je-ne-sais-quoi et le Presque-rien
2. La méconnaissance, *par Vladimir Jankélévitch*
135. Le Plaisir du texte, *par Roland Barthes*
136. La Nouvelle Communication, *ouvrage collectif* (à paraître)
137. Le Vif du sujet, *par Edgar Morin*
138. Théories du langage, théories de l'apprentissage
par le Centre Royaumont
139. Baudelaire, la Femme et Dieu, *par Pierre Emmanuel*
140. Autisme et Psychose de l'enfant, *par Frances Tustin*
141. Le Harem et les Cousins, *par Germaine Tillion*
142. Littérature et Réalité, *ouvrage collectif*
143. La Rumeur d'Orléans, *par Edgar Morin*
144. Partage des femmes, *par Eugénie Lemoine-Luccioni*
145. L'Évangile au risque de la psychanalyse (t. 2)
par Françoise Dolto
146. Rhétorique générale, *par le Groupe* μ
147. Système de la Mode, *par Roland Barthes*
148. Démasquer le réel, *par Serge Leclaire*
149. Le Juif imaginaire, *par Alain Finkielkraut*
150. Travail de Flaubert, *ouvrage collectif*
151. Journal de Californie, *par Edgar Morin*
152. Pouvoirs de l'horreur, *par Julia Kristeva*
153. Introduction à la philosophie de l'histoire de Hegel
par Jean Hyppolite
154. La Foi au risque de la psychanalyse
par Françoise Dolto et Gérard Sévérin
155. Un lieu pour vivre, *par Maud Mannoni*
156. Scandale de la vérité, *suivi de*
Nous autres Français, *par Georges Bernanos*